Pamela Kribbe

Gespräche mit der verbotenen Frau

Konversation mit Maria Magdalena

www.eft-edition.com

ISBN 978-3-938814-60-4

Die deutsche Nationalbibliothek verzeichnet diese Publikation in
der deutschen Nationalbibliografie unter dem Titel:
Die verbotene Frau spricht - im Dialog mit Maria Magdalena

Übersetzung: Yvonne Mohr

Lektorat: Ingrid Riemann

Herausgeber: EFT-Edition

Titel der Englischen Originalausgabe 2018
„The Forbidden Female Speaks" veröffentlicht bei Booklocker.com Inc

Titelfoto: Mark Mook

Umschlaggestaltung
Deutscher Titel: Jilka Lüdemann

Printed in Germany

Inhaltsangabe

Einleitung 6

Teil I Gespräch mit Maria Magdalena

Kapitel 1 Die verbotene Frau 12

Kapitel 2 Die verwundete Frau 29

Kapitel 3 Die männliche Energie des Herzens 37

Kapitel 4 Die Schattenseite der weiblichen Energie 43

Kapitel 5 Die weibliche Wunde heilen: drei Schritte 55

Kapitel 6 Weibliche Weisheit: Rückkehr der Intuition 68

Kapitel 7 Die männliche Wunde heilen: drei Schritte 83

Kapitel 8 Sexualität auf Herzebene 102

Teil II Channelings von Maria Magdalena

Kapitel 9 Die Kraft im Bauch 124

>> Die Kraft im Bauch

Kapitel 10 Dich selbst aus einem alten Gefängnis befreien 131

Kapitel 11 In deine Kraft kommen 135

>> Der Weg nach innen

Kapitel 12 Wut willkommen heißen 140

Kapitel 13 Eine neue Definition der Männlichkeit 146

Kapitel 14 Deine Individualität umarmen 152

>> Die Tabuisierung der Individualität

Kapitel 15 Alte Seelen 158

>> Alte Seelen

Kapitel 16 Deinen eigenen Kanal öffnen 164

Kapitel 17 Der Kern aller Heilung 168

>> Der Kern aller Heilung

Kapitel 18 Das Tor 173

Kapitel 19 Beziehungen, basierend auf Seelenerkennung 178

Kapitel 20 Drei Schritte zu einer liebevollen Beziehung 184

>> Plädoyer für das Menschsein

Kapitel 21 Das Große und das Kleine in dir 191

Kapitel 22 Liebevolle Sexualität 197

>> Lust und Liebe

Kapitel 23 Herz und Kopf verbinden 203

Danksagung / Kontaktinformationen 209

Weitere Veröffentlichungen 210

Einleitung

Die verbotene Frau spricht - dieser Titel wirft möglicherweise Fragen auf, denn was ist denn heutzutage noch verboten? Die Frauen-Emanzipation scheint im Westen weit vorangeschritten zu sein. Vor dem Gesetz haben Frauen dieselben Rechte und Pflichten wie Männer. Frauen dürfen arbeiten, Karriere machen und Besitz anhäufen. Sie können sich frei entfalten. Zudem sieht man Frauen in den modernen Büchern und Filmen mehr und mehr als tatkräftige, selbstbewusste Wesen auftreten. Ist am Frau-Sein noch etwas verboten?

Die Antwort, die ich in diesem Buch gebe, ist Ja. Obwohl Frauen nun, formell betrachtet, den Männern gleichgestellt sind, ist, als Resultat jahrhundertelanger Missachtung und Verzerrung der weiblichen Energie, eine Verletzung in der Frauenseele entstanden. Diese Verletzung ist Gegenstand dieses Buches. Die verbotene Frau ist vor allem eine verwundete Frau. Eine verwundete Frau kann in dieser Welt vielleicht Karriere machen, Beziehungen eingehen und 'ihren Mann stehen', aber unter der Oberfläche wuchern oft Selbstzweifel und ein Gefühl der Unwürdigkeit. Verwundete Frauen neigen dazu, viel zu geben und tief zu fühlen, aber sie empfinden es als schwer, für sich selbst einzustehen und ihre Grenzen zu bestimmen. Dies führt zu Selbstverlust und mangelnder Erdung. In Frauen leben Kreativität, Inspiration und Liebe, die sie mit der Welt teilen möchten; die größte Schwierigkeit dabei ist allerdings, dass sie nicht sicher wissen, ob sie es wert sind. Ist ihr wahres Gesicht willkommen?

Ich bin der verbotenen Frau in mir selbst begegnet, als ich nach Fertigstellung meiner Dissertation in der Philosophie der Universität und der akademischen Welt Lebewohl sagte. Ich erfuhr einen starken Ruf in meinem Herzen, mich mit Lebensfragen und Spiritualität zu beschäftigen, jedoch auf eine eher gefühlsmäßige und weniger intellektuelle Weise. Ich hatte in der Zeit aufgrund des Scheiterns einer Beziehung das Gefühl, mir würde der Boden unter den Füßen weggezogen und war am Ende meiner Weisheit. Intellektuelle Nahrung konnte meinen Hunger nach einer Sinngebung und Liebe nicht mehr stillen. Ich habe mich damals intensiv in esoterische Bücher vertieft und nahm voller Freude an einer Ausbildung zum Aura-Reading teil. Ein ganz neues Kapitel brach an. Ich war damals dreißig, und ein paar Jahre später, nachdem ich meinen heutigen Partner traf, gründete ich eine eigene Praxis als Aura-Reader und Spiritueller Therapeut. Nicht lange danach begann ich in Kontakt mit spirituellen Führern zu treten und via Channelings Botschaften zu empfangen, die später in Buchform publiziert wurden.

Mit dieser Arbeit nach Außen zu treten, ging mit enormer Angst und Zögern einher. Es gab viel Aufmerksamkeit und Interesse und viele positive und herzerwärmende Reaktionen, doch ich litt noch lange unter einem tiefsitzenden Selbstzweifel und tiefer Unsicherheit. Die verbotene Frau in mir war eine intuitive, hellsichtige Frau, die zum Kern des Lebens vordringen wollte, die mit dem Herzen und nicht mit dem Kopf fühlen und begreifen wollte. Ich hatte allerdings furchtbare Angst, diese Seite von mir öffentlich zu zeigen; es gab einen angepassten, konfliktvermeidenden Teil in mir, der sich vor Abweisung und Spott fürchtete. Erst nach und nach begann ich mich während der Workshops und Lesungen mit der Anwesenheit von (immer mehr) Menschen wohlzufühlen.

Womit ich zu kämpfen hatte, war, dass ich zu keinem der Hilfegesuche, die mich erreichten, Nein sagen konnte. Ich konnte meine Grenzen nicht gut aufzeigen und war dazu auch sehr sensibel für den Schmerz und das Leid der Menschen, die zu mir kamen. Das führte letztendlich zu einer schweren Krise. Ich bekam eine Gastritis und erlitt einen Nervenzusammenbruch, der in eine klinische Depression mit psychotischen Merkmalen mündete (beschrieben in meinem Buch 'Die Nacht meiner Seele'). Am Tiefpunkt dieser Krise begegnete ich dem, was all diese Not verursachte: dem Gefühl, wertlos, sündig und fehlerhaft zu sein. Deswegen musste ich unentwegt mein Allerbestes geben, um Zustimmung und Liebe zu bekommen und ich musste zugleich meine eigenen Bedürfnisse unterdrücken. Dieses destruktive Gefühl der Unwürdigkeit saß so tief in meinem Herzen, dass es mich beinahe das Leben gekostet hätte. Nach meinem Wiederauftauchen aus dieser dunklen Nacht nahm ich in mir selbst zum ersten Mal eine Basis der Selbstliebe wahr: sich selbst lieben wie man ist und nicht wie man sein muss. Diese Basis ist noch nicht vollständig ausgereift, aber sie hat mir dennoch bereits bedeutend mehr Stabilität und Selbstbewusstsein gegeben. Ich fühle mich nun mit der Arbeit, die ich tue und dem Leben, das ich führe, oft sehr glücklich und erfüllt. Die verbotene Frau in mir darf endlich herauskommen.

In diesem Buch führe ich ein Gespräch mit einer verbotenen Frau aus der Vergangenheit: Maria Magdalena. Sie repräsentierte in der Geschichte des Christentums die Frau, die verboten, tabu war. Sie war der Überlieferung zufolge eine Hure, eine Unzüchtige, eine wilde Frau, die durch Jesus von ihren Sünden befreit werden musste. So jedenfalls lautete die offizielle Darstellung. In meiner Begegnung mit Maria Magdalena erlebte ich sie als eine kraftvolle und zugleich liebevolle Lehrerin. Manchmal direkt und konfrontierend, weit öfter jedoch mild und voller Verständnis für unsere menschlichen Emotionen. Sie ist in meinen Augen keine Feministin, sondern eine weise und leidenschaftliche Frau, die den Schmerz in Männern als auch in Frauen benennt und für ein Miteinander zwischen der männlichen und der weiblichen Energie plädiert. Es gibt in Männern wie auch in Frauen eine verbotene weibliche Energie, so sagt Maria Magdalena, die mit dem Gefühl, der Intuition und dem Herzen in direktem Zusammenhang steht. Der Sinn liegt in dieser heutigen Zeit darin, dass diese weibliche Energie in beiden Geschlechtern erwacht. Immer mehr Menschen fühlen den Ruf, aus ihrer Seele heraus zu leben und auf ihr Herz zu hören statt auf die alten Stimmen von Angst, Ego und Zwang. Das Leiden auf der Erde, sowohl der Menschen als auch der Natur, verlangt eine gravierende Bewusstseinsveränderung. Hierzu gehört die Wiederherstellung der weiblichen Energie, die das Tor zum Herzen bildet und die für mehr Gleichgewicht in uns selbst, in unseren Beziehungen und auch auf politischer und gesellschaftlicher Ebene sorgen kann.

Wie kam ich zu Maria Magdalena und welcher Art waren die Gespräche mit ihr? 2011 reisten mein Partner Gerrit Gielen und ich nach Südfrankreich, um in einer französischen Gruppe Workshops auf dem Gebiet der Spiritualität und des inneren Wachstums zu geben. Wir waren damals in unserer Praxis bereits seit fast zehn Jahren aktiv, und ich hatte mehrere Bücher mit gechannelten Texten von Jeshua (der aramäische Name von Jesus) geschrieben, die auch auf Französisch erschienen waren.

Channeling bezeichnet das Empfangen von Botschaften eines Lehrers oder einer Quelle, die außerhalb des Irdischen liegt. Das Empfangen dieser Botschaften findet innerlich statt, was heißt, über ein intuitives, nicht-denkendes sich Öffnen zur Quelle der Information. Ich höre keine Stimme und sehe auch keine Erscheinung. Channeln ist für mich kein sinnhaftes Wahrnehmen, es kommt von innen heraus auf eine fühlende, wissende Weise. In diesem Kontakt bin ich der Erzähler oder die Brücke, die die Strömung hereinkommender Einsichten in irdische Worte und Begriffe übersetzt. Dabei kann und wird immer eine gewisse Filterung stattfinden. Ich bin nun einmal ein Mensch, und ich arbeite aus meinem Wortschatz und meinem persönlichen und kulturellen Hintergrund heraus. Channelings lassen sich am besten nach ihrem Inhalt einschätzen: Spüre, ob du davon berührt wirst, ob sie dich inspirieren und dir einleuchten, ob sie dir ein Gefühl der Entspannung, Ermutigung und Wärme geben. Wenn ja, dann kann diese Informations-Quelle hilfreich, unterstützend sein. Wenn in gechannelten Botschaften Urteil oder Angst widerhallen, bin ich geneigt, sie ad acta zu legen. Urteil und Angst haben keinen Platz in einem Bewusstsein von Liebe und Wahrheit. Letztendlich liegt der Maßstab, welches Wissen wertvoll für dich ist, in dir selbst. Das gilt für alle Wissens-Quellen, ob sie nun gechannelt sind oder nicht. Verwende deine Intuition, um zu unterscheiden, was sich gut anfühlt und was nicht.

Ich erwartete, während der Workshops Jeshua zu channeln. Es kam allerdings anders. Ich saß vor einem Saal mit interessierten, erwartungsvollen französischen Menschen, und auf einmal schien es, als ob ich von der Welle einer Energie angehoben wurde, die neu für mich war. Ich hatte Angst vor dem, was geschah, aber beschloss, mich dahinein zu ergeben, weil es sich gut anfühlte. Ich fühlte die Energie von Maria Magdalena durch mich hindurch strömen und war ergriffen. Obwohl ich sie vorher noch nicht gechannelt hatte, erkannte ich ihre einzigartige Energie unmittelbar als sie ihren Namen sagte. Es war die charakteristische Mischung von Kraft und Sanftheit, Tiefgang und Milde, die zu ihr gehört. Ich begann, in ihrem Namen zu sprechen, und es war als ob da etwas Altes und Kostbares zum Leben erwacht: die verbotene weibliche Energie. Die Ergriffenheit war im Raum fühlbar, und einige Frauen - die wegen des Mangels an Stühlen mit mir auf dem Boden saßen - begannen sanft aber unaufhörlich zu weinen. Nun bin ich (als Niederländerin) ziemlich nüchtern und (als promovierte Wissenschafts-Philosophin) skeptisch, aber dies berührte mich tief. Maria Magdalena sprach in der ersten Botschaft über die 'Wunde im Bauch von Frauen', wie sie es nannte. Sie sagte, dass die Schwächung der weiblichen Energie Spuren, vor allem im Bereich des Bauches, hinterlassen hat. Im Energiefeld vieler Frauen ist dort eine Leere wahrnehmbar, die mit dem Mangel an Selbstwert zusammenhängt. Diese psychische Wunde kann nicht (allein) durch die Wiederherstellung gleicher Rechte für Frauen auf juristischer und sozialer Ebene geheilt werden. Es ist eine tiefergehende Heilung notwendig, und das ist es, worum es in den Botschaften von Maria Magdalena (über mich) geht.

Im Laufe der Jahre habe ich eine Reihe von Botschaften von ihr empfangen, von denen fünfzehn in den zweiten Teil dieses Buches aufgenommen wurden. Diese Texte basieren auf Channelings, die während Workshops, in Anwesenheit von einer Gruppe von Menschen, stattfanden. Sie handeln von weiblicher und männlicher Energie, Beziehungen, Sexualität und Heilung der weiblichen Wunde im Bauch. Neben Informationen wird durch die Texte eine Energie der Liebe und Ermutigung angeboten. Es ist die energetische Verschiebung, die ihr beim Lesen der Texte fühlen könnt, worum es tatsächlich geht. Diese gechannelten Botschaften haben zum Ziel, euch näher zu euch selbst zu bringen - mehr als nur Informationen zu verbreiten, wollen sie euch in Kontakt mit eurer eigenen Wahrheit und Weisheit bringen.

Der erste Teil dieses Buches besteht aus einem Gespräch mit Maria Magdalena, in dem ich ihr allerlei Fragen darüber stelle, wer sie war, über die verbotene weibliche Energie in uns, über Liebe, Leidenschaft und Sexualität. Ich fühlte während des Schreibens, dass auch Maria Magdalena selbst eine Zahl von Themen zur Sprache bringen wollte. Zunächst weist sie auf die Wichtigkeit hin, zu unterscheiden zwischen einer Herz-getragenen, liebevollen männlichen Energie und einer stark auf Kontrolle basierenden männlichen Energie, die unsere jüngste Geschichte dominiert hat, die stark voneinander abweichen. Das Erwachen der höheren männlichen Energie ist in dieser Zeit von fundamentaler Bedeutung, so sagt sie. Ferner geht sie auf die dunkle Seite der weiblichen Energie ein: die manipulative, besitzergreifende oder von Hass getragene Form, die die weibliche Energie annehmen kann, wenn Frauen ihr Selbstbewusstsein verlieren. In Bezug auf die weibliche Energie macht sie einen Unterschied zwischen einer auf Angst und Kampf basierenden und einer liebevollen, Herz-getragenen Variante. Sie erzählt vom Kampf, der sich zwischen Männern und Frauen ausbreiten kann, wenn sie keine Verantwortung für ihre jeweils eigene Schattenseite übernehmen. Sowohl Frauen als auch Männer können in dem verwickelten Spiel, das in Beziehungen gespielt wird, Opfer und Täter sein. Der Weg zu Gleichgewicht und Harmonie besteht aus dem Integrieren der männlichen und weiblichen Energien in uns selbst. Nur dann können wir innerlich heil werden, mit unserer Seele in Kontakt kommen und aus diesem Seelenkontakt heraus Beziehungen mit Anderen eingehen.

Darüber hinaus, dass sie der Verwundung im Bauch von Frauen und dem damit einhergehenden Mangel an einem Fundament und an Selbstwert Aufmerksamkeit widmet, geht Maria Magdalena spezifisch auf die Verwundung der männlichen Energie ein. Sie spricht über eine Wunde im Herzen von Männern, die sie davon abhält, sich ihrem Gefühl und ihrer Intuition hinzugeben. Das Heilen dieser Wunde ist ebenso wichtig wie die Wiederherstellung der Bauchkraft der Frauen. Diese sich voneinander unterscheidenden Wunden erfordern jedoch eine jeweils eigene Herangehensweise. Maria Magdalena beschreibt sowohl für Männer als auch für Frauen einen Weg zur Heilung in drei Schritten. Wenngleich der Weg zur Heilung für beide Geschlechter unterschiedlich ist, führt sie letztendlich zu demselben Ziel: innerliche Freiheit, Kontakt mit der Seele und ein liebevolles Erleben der Sexualität.

Teil 1
Gespräch mit Maria Magdalena

Kapitel 1
Die verbotene Frau

In diesem Dialog sind meine Fragen jeweils kursiv gedruckt und auf sie folgen die Antworten von Maria Magdalena.

**In welcher Hinsicht warst du eine verbotene Frau und wie hat dich das beeinflusst?*

Ich wurde mit einem starken Unabhängigkeitsgefühl geboren und ich empfand Abscheu, wenn Menschen, insbesondere Männer, sich mir aufdrängen oder mir ihre Sichtweise aufzwingen wollten. Ich ging meinen eigenen Weg, wollte Erfahrungen sammeln und auf deren Basis meine Gedanken über etwas selbst definieren. Ich stand also gut im Kontakt mit meiner männlichen Energie. In der damaligen Zeit war das allerdings ein Problem, denn von Frauen wurde erwartet, dass sie sich an die eng begrenzten Rahmen und Richtlinien hielten, die ihr Leben bestimmten. Man wurde als Mädchen auf die Ehe und die Mutterschaft vorbereitet. Ihren eigenen freien Geist zu entwickeln und dem häuslichen Leben Lebewohl zu sagen, kam für eine Frau einem sozialen Selbstmord gleich. Damit wurde sie zu einer Geächteten, einer Verstoßenen.

Als junge Frau bin ich, etwa um meinen achtzehnten Geburtstag herum, mit einem älteren Mann auf die Reise gegangen. Er hatte einen sehr freien Geist und ich fühlte mich wohl mit ihm. Wir waren nicht verheiratet und hatten das auch nicht beabsichtigt. Wir hatten ein freies und abenteuerliches Leben, und ich spürte, dass ich mich bei ihm nicht zurückhalten musste. Ich war eine leidenschaftliche Frau mit festen Vorstellungen über Recht und Unrecht und über die ungleiche Position der Frau. Ich entwickelte mich beständig weiter und ging bei den spirituellen Lehrern in die Lehre, denen ich an verschiedenen Orten begegnete. Ich war bereits damals eine ‘verbotene Frau‘, weil ich mich nicht auf vorgebahnten Pfaden bewegte, und als ich einige Zeit später ein Verhältnis mit einem jüngeren Mann einging, wurde ich zu einer ‘Frau mit einer lockeren Moral‘, einer Dirne. Ich war keine Prostituierte, wie die Bibel es erzählt, sondern eine Frau, die mehrere Beziehungen hatte, mitunter zur gleichen Zeit. Ich zögerte, mich zu stark an einen Menschen zu binden, weil ich Angst hatte, meine Unabhängigkeit zu verlieren. Ich wollte frei bleiben. Die Beziehungen, die ich hatte, waren oft intensiv und abenteuerlich, es gab darin keine Häuslichkeit und Stabilität.

Mein freier Geist wurde auf die Probe gestellt, als ich Jeshua begegnete. Ich erkannte in ihm eine hochentwickelte Seele mit einer außergewöhnlich kultivierten, feinen Ausstrahlung. Überdies sah ich in ihm ein Beispiel gut ausbalancierter männlicher Energie. Es berührte mich tief, wer er war und was er repräsentierte. Er hatte die Fähigkeit, Menschen schon allein mit seinen Augen, seiner Stimme und seiner Energie anzurühren. Durch seine Anwesenheit wurde ich mir dunkler Aspekte meiner selbst bewusst, die ich davor nicht recht im Blick gehabt hatte. Ich begann zu begreifen, dass mein Drang nach Unabhängigkeit auch eine Flucht vor Intimität und Verletzlichkeit war. Ich hatte eine Verteidigungsmauer um mich herum hochgezogen, die mir das Gefühl gab, die Kontrolle zu haben. Aber ich war so sehr beeindruckt von der spirituellen Tiefe und Weisheit von Jeshua, dass ich bereit war, dies ehrlich einzugestehen und anzuschauen und meine Ängste nicht länger zu verleugnen.

Ich ging eine Liebesbeziehung mit Jeshua ein und dies hat mein Leben für immer verändert. Ich wandte mich ihm mit Hingabe zu, doch diese Hingabe hatte nichts mit Untertänigkeit oder blindem Gehorsam zu tun. Ich fühlte tatsächlich in ihm die universelle Flamme der Weisheit und tiefes Mitgefühl, und dem wollte ich mich widmen. Ich musste einen hohen Preis zahlen, denn ich konnte mir selbst nicht länger weismachen, dass ich frei und ungebunden war. Ich war seine Geliebte, und dies bedeutete für mich, dass ich mich auf persönlicher Ebene mit ihm verband und ihn als irdische Frau liebte, mir wünschte, für ihn zu sorgen und ihn vor Gefahren zu schützen.

Nach seinem Tod fühlte ich mich gebrochen. Ich war leer und erschöpft und wollte nicht mehr leben. Ich musste damals versuchen, zu akzeptieren, dass ich mein eigenes Leben wieder aufbauen musste, und dass ich das Licht, das Jeshua verbreitete, auch in mir selbst trug. Die Energie der Liebe und des Mitgefühls, die er übertrug, war nicht ausschließlich von ihm, sondern entstammte einer universellen Quelle des Lichtes und der Weisheit. Jeshua stand mit diesem universellen Licht-Feld in Verbindung, und er aktivierte diese Verbindung in den Menschen um ihn herum, die dafür offen waren. Ich musste nun lernen, meine eigene Verbindung zu stärken und darin von Jeshuas physischer Nähe unabhängig zu werden. Es war ein schwerer Prozess, denn es war und ist natürlich, um den Verlust eines Geliebten zu trauern. Physische Nähe ist ein essentieller Teil des Lebens irdischer Partner. Ich fühlte mich sehr einsam und verzweifelt. Doch es ist mir geglückt, meine Kraft wiederzufinden und in einem Bewusstsein der Hingabe und des Vertrauens die letzte Phase meines Lebens zu vollenden.

In dieser Phase bin auch ich selbst Lehrer geworden. Ich habe mich durch all das, was ich durchgemacht hatte, innerlich für eine universelle Strömung der Weisheit geöffnet, die mich tröstete und die sichtbar auch anderen Menschen gut tat. Ich schrieb das eine und andere auf, und ich teilte meine Einsichten mit kleinen Gruppen von Menschen, die hierfür offen waren und die mich verstehen konnten. In dieser Zeit musste meine Form der Spiritualität im Geheimen gelebt und mit Anderen geteilt werden. Ich war erneut eine 'verbotene Frau'. Das erste Mal war es in meinen jungen Jahren, als ich mich nicht durch eine Ehe binden lassen wollte, dieses zweite Mal ging es dabei um eine neue Spiritualität, die gegen die gefestigte religiöse Ordnung verstieß.

Verboten zu sein, hat mich tief berührt und geformt. Wenn man von der Gesellschaft als eine Außenseiterin angesehen wird, beeinflusst dies die Weise, wie man über sich selbst denkt. Auch wenn man stark und unabhängig ist, kann tief innerlich dennoch Zweifel darüber entstehen, ob man nicht tatsächlich sonderbar oder minderwertig ist. Zur Verteidigung konnte ich mich manchmal hart oder herablassend geben; ich verurteilte die Bürgermoral und fand sie feige und heuchlerisch. Aber innerlich war da dennoch der Schmerz des Abgewiesen-Werdens. Nachdem ich Jeshua begegnet war und diesen innerlichen Prozess sehr genau in mir selbst wahrnahm, löste ich mich mehr und mehr vom gesellschaftlichen Urteil. Als ich als einfache Frau eine alleinstehende und umherziehende Lehrerin war, hatte ich keine Last mehr mit dem Ärger und der Empörung gegenüber der herrschenden Ordnung. Ich war davon frei geworden. Ich zweifelte nicht mehr daran, wer ich war, ich akzeptierte mich selbst und nahm mich an und lebte gemäß meiner eigenen Natur.

**In dieser heutigen Zeit haben Frauen viel mehr Rechte als zu deiner Zeit. Auch die Darstellungen im Zusammenhang mit dem Frau-Sein haben sich verändert. Weibliche Energie wird in den fortgeschritteneren Gemeinschaften als mit der männlichen Energie gleichwertig angesehen. Gibt es heute noch immer so etwas wie 'die verbotene Frau'?*

Es hat sich enorm viel verändert, und verglichen mit der Zeit, in der ich lebte, findet ein großer Fortschritt statt. Frauen haben viel mehr Freiheit, zu bestimmen, wie sie leben wollen, verheiratet oder nicht, mit oder ohne Kinder, berufstätig oder nicht. Das ist eine große Errungenschaft, die einen enormen Einfluss auf die Entwicklung der Menschheit als Ganzes hat. Aber obwohl Frauen hinsichtlich sozialer und politischer Rechte nun mehr und mehr freie Bahn haben, sich zum Ausdruck zu bringen und sich zu zeigen, stellt sich heraus, dass viele Frauen mit einem inneren Schmerz oder einer inneren Verletzung ringen, die sie davon abhält, wirkliche Erfüllung in ihrem Leben zu finden. *Nun, wo die äußeren Barrieren immer mehr weggenommen werden, begegnen sie inneren Barrieren, die nur auf dem innerlichen Weg gelöst werden können.*

Diese inneren Barrieren haben etwas mit einem tiefen Gefühl der Unwürdigkeit zu tun, das mit durch die kollektive Geschichte der Frauenunterdrückung entstanden ist, unter deren Einfluss heutzutage jede Frau steht, selbst wenn sie sich dessen nicht bewusst ist. Ebenso wie physische Gene habt ihr energetisch gesehen auch soziale Gene. Ihr werdet in eine Kultur und eine Gesellschaft hineingeboren, die weit älter sind als ihr, und in eurer Kindheit und eurer Jugend umgibt euch die Sphäre beider. Ihr habt überdies vorherige Leben geführt - an Orten und Zeiten, in denen die Mann-Frau-Verhältnisse sehr ungleich waren - und habt beide Seiten erlebt, sowohl als Mann als auch als Frau. Ihr seid daher durchdrungen von den Energien der Vergangenheit, und zugleich bringt ihr als Seele ein neues Bewusstsein mit. Die verbotene Frau in euch allen - sowohl in Männern als auch in Frauen - ist die weibliche Energie, die sich jahrhundertelang nicht ausdrücken durfte, die ihre Kraft und Originalität im Bereich der Sexualität, Kreativität und Spiritualität verbergen musste. In Folge der geistigen, spirituellen und emotionellen Verstümmelung herrscht heute in Frauen noch immer ein Mangel an Selbstbewusstsein und es liegt ein Tabu darauf, ihre männliche Energie zu nutzen. Frauen fühlen sich befangen darin, Raum einzunehmen, zu empfangen statt zu geben, nein zu sagen und sich für sich selbst einzusetzen. Die männliche Energie stellt Grenzen auf, ist Ich-orientiert und traut sich, sich von Anderen zu unterscheiden. Frauen brauchen diese Energie, um ins Gleichgewicht zu kommen und Schöpfer ihres eigenen Lebens zu werden.

**Was Frauen brauchen, um von der inneren Verletzung zu genesen, ist also männliche Energie? Das klingt paradox (weil Frauen gerade durch Männer unterdrückt wurden).*

Ja. Um dies begreiflich zu machen, ist es wichtig, zu erkennen, dass jeder Mensch in der Essenz sowohl männlich als auch weiblich ist. Du bist auf körperlicher Ebene nun gerade eine Frau, und dies beeinflusst deine Art des Denkens und dein Verhalten, aber in der Essenz, im Wesentlichen, bist du eine Seele. Diese Seele kann wählen zwischen einem weiblichen und einem männlichen Leben. Die Seele selbst ist frei und macht in allem, was sie unternimmt, von beiden Energien Gebrauch. Menschen glauben zu machen, dass sie nur über die weibliche Energie verfügen, wenn sie eine Frau sind und nur über die männliche, wenn sie ein Mann sind, ist eine Form der Unterdrückung. Wenn sie das wirklich glauben, amputieren sie einen Teil ihrer selbst. Dies ist auch tatsächlich geschehen. Frauen wurden jahrhundertelang gezwungen, sich mit ihrem Frau-Sein zu identifizieren, das in Bezug auf Partnerschaft und Mutterschaft genau umrissen wurde, und das auch damit assoziiert wurde, irrational und emotional zu sein, gegenüber den männlichen Eigenschaften, rational und willensstark zu sein. Männer wurden übrigens ebenso sehr in ein Korsett gezwungen: Sie mussten wirklich männlich sein, also ihre Emotionen unterdrücken, ihr Herz verschließen und Leistungen auf Gebieten erbringen, die sie zumeist nicht selbst gewählt hatten.

Das einseitige Definieren der Männlichkeit und der Weiblichkeit und das Auferlegen, dass Menschen diese Rollen zu erfüllen hatten, haben zu einer inneren Verwundung von Männern wie auch von Frauen geführt.

Wenn ich also sage, dass es für Frauen unentbehrlich ist, ihre männliche Energie zu begrüßen, dann sage ich damit tatsächlich, *dass Frauen wieder Kontakt mit ihrer Seele aufnehmen müssen,* die beide Energien beinhaltet und sie dafür braucht, sich auf der Erde voll und ganz zu manifestieren. Sie müssen sich freimachen von begrenzenden Definitionen und Rollen und ihre Individualität als Seele voll und ganz umarmen.

Auf dieselbe Weise brauchen Männer gerade die weibliche Energie, um innerlich von ihren emotionellen Wunden zu heilen. Sie können ihr Herz nur dann wieder öffnen, wenn sie sich ganz und gar zu ihren Gefühlen und ihrer Empathie berechtigt fühlen, mit anderen Worten: sich wieder auf ihre weibliche Energie einlassen. Männer wurden ebenso wie Frauen davon abgehalten, Seele zu sein. Tatsächlich ist die größte Unterdrückung in eurer Geschichte die Unterdrückung der Seele gewesen: Der Seele als Ursprung des irdischen Ichs, der Seele als Quelle sowohl des Männlichen als auch des Weiblichen, der Seele als freie Individualität, die alles untersuchen will und darf, der Seele als göttliches Element, das unabhängig ist von irdischen Mächten und Kräften.

Irdische Machthaber mögen die Seele nicht. Wenn Menschen die Verbindung zu ihrer Seele aufnehmen, werden sie eigenwillig und unberechenbar. Sie werden weniger empfänglich für Ängste, wie für die Angst davor, (sozial) ausgeschlossen zu werden und für die Angst vor dem irdischen (physischen) Tod. Sie lösen sich von äußeren Autoritäten und stimmen sich auf ihre eigene innere Stimme ein. Dies wirkt unterminierend auf eine Herrschaft oder Autorität, die auf Macht und Kontrolle basiert. Kirchliche Herrschaft, weltliche Herrschaft, Machtausübung in der Ehe, der Familie, der Ausbildung und in der Wissenschaft... all dies zielt darauf ab, Angst in Demjenigen zu schüren, der unterdrückt wird. Wenn derjenige Mensch von dieser Angst freikommt und den Weg zurück zu seiner oder ihrer Seele findet, sind die letzten Tage der Machthaber gezählt. Instinktiv erkennen Machthaber dies. Darum werden sie sich immer auf das Unterminieren des Selbstbildes Derjenigen ausrichten, auf die sie Macht ausüben wollen. Wenn ihr dieses Selbstbild der Menschen knackt und sie darin zu ermutigen wisst, an sich selbst zu glauben, seid ihr relativ schnell Anführer. Der Kontakt mit der Seele steht der Gefangenschaft als Selbstbild diametral gegenüber. Dies gilt ebenso für Männer wie für Frauen.

**Also gibt es auch einen verbotenen Mann?*

Ja, sicher gibt es den. Männer sind durch die Bräuche der Macht und Unterdrückung, in denen ihr euch befindet, ebenfalls emotional verstümmelt worden. Im jungen Alter wurden Jungen Dinge verboten, die für Mädchen als ganz natürlich gelten: ihre Verletzlichkeit zeigen, sagen, wie sich etwas anfühlt, weinen, Emotionen zeigen, nicht auffallen oder in irgendetwas besonders gut sein dürfen. Männer wurden und werden zum Teil noch immer darin entmutigt, aus ihrem Herzen heraus zu leben. Das Herz wird als eine Quelle der Sentimentalität angesehen und dem wird der Kopf als Sitz der Rationalität gegenüber gestellt. Ein echter Mann lässt sich nicht von seinen Emotionen leiten, die impulsiv und sentimental sind, sondern durch seinen Kopf, der vernünftig nachdenkt und gute Entscheidungen trifft. Dies ist das traditionelle Bild, und ihr seht, wie das Herz zunächst als 'sentimental' disqualifiziert und anschließend mit einer weiblichen Energie assoziiert wurde, von der man sich als Mann besser fernhält. Es kommen also zuerst beschränkende Definitionen auf, und dann wird euch als Mann oder Frau weisgemacht, ihr würdet diesen Definitionen gemäß funktionieren und dass ihr nicht mehr wäret als das. 'Eine Frau ist nun mal emotioneller und damit unberechenbarer und impulsiver als ein Mann', 'Ein Mann ist in seiner Art einfach rationaler und kann daher besser nachdenken und Entscheidungen treffen'.

Tatsächlich ist diese ganze Gegensätzlichkeit zwischen Kopf und Herz verkehrt. Der Kopf ist in der Tat der Sitz des Denkens, aber *das Herz ist der Sitz von Liebe und Mitgefühl*. Liebe und Mitgefühl sind keine Impulse oder Emotionen, sondern eine Form gelebter Weisheit. Ein entwickeltes Herz ist ganz und gar nicht unberechenbar, sentimental oder impulsiv: Es ist außergewöhnlich beständig, und es kann zu Wahrheiten vordringen, die mit dem Verstand nicht begriffen werden können. *Das Herz ist das Tor zur Seele*. Versteht ihr nun, warum die Definition des Herzens im Laufe eurer Geschichte so verzerrt worden ist?

Bei Männern sitzt die kollektive Wunde, die ihnen zugefügt wurde, energetisch auf der Ebene ihres Herzens. Bei Frauen sitzt die Wunde im Bauch: Sie sind auf der Basisebene ihres Selbstvertrauens geschwächt, darin, sich selbst zu behaupten und ihren Raum einzunehmen. Männer sind hierzu besser in der Lage, aber es ist für sie schwer, ihr Herz zu öffnen und ihr Gefühl fließen zu lassen. Beides ist für sie zu etwas beinahe Widernatürlichem geworden. Es ist verbotenes Terrain, in dem Sinne, dass es sie schwächt und somit zu einer Beute für Andere macht, wenn sie Gefühle zeigen. Im männlichen Bewusstsein herrscht die Auffassung, dass es zwischen Menschen einen konstanten Kampf gebe, vor allem zwischen Männern. Ihr seid fortwährend im Wettstreit, ihr müsst fortdauernd zeigen, dass ihr euer Leben unter Kontrolle habt und euch verteidigen könnt, falls nötig. Dieses defensive Bewusstsein steht auf gespanntem Fuß damit, euch wahrhaftig mit Anderen zu verbinden: Das ist nur möglich, wenn ihr die Verteidigungsmauer abreißt. Nur wenn ihr eure Menschlichkeit zeigt, eure Fragen und Zweifel sichtbar macht, seid ihr im Kontakt mit dem Anderen wirklich präsent. Ihr könnt nur dann wirklich miteinander kommunizieren, wenn ihr euch einfühlt und euch berühren lasst: Um für das Wesen des Anderen offen zu sein, müsst ihr die Kontrolle loslassen. Dies jedoch ruft in Männern einen Widerstand wach, denn sie haben doch gerade gelernt, dass sie gut, anziehend, beneidenswert sind, wenn sie 'sich unter Kontrolle' haben. Sich im Herzen berühren zu lassen, ist ein großes Risiko.

Das schmerzvolle Resultat dieses Gedankenganges ist, dass ihr als Mann 'erfolgreich und beliebt sein' mit einem verschlossenen Herzen assoziiert. Mit einem verschlossenen Herzen seid ihr stark und sicher, so denkt ihr. Der Preis, den ihr hierfür allerdings bezahlt, ist ein Mangel an Gefühl, Lebendigkeit und intimen Kontakt. Das Leben kann nicht mehr natürlich und unmittelbar über Gefühle, Eingebungen und Intuitionen durch euch hindurch strömen, denn euer Kopf steht dazwischen und errichtet Barrieren. Euer Denken steht im Zeichen der Kontroll-Erhaltung. Wenn sich dies länger hinzieht, müsst ihr euer Gefühl letztendlich nicht einmal mehr unterdrücken, es ist schlichtweg nicht mehr da. Wenn sich euer Herz auf diese Weise verschließt, könnt ihr euch vom Leben selbst entfremdet fühlen. Nicht-Fühlen ist eine gravierende Erkrankung. Ihr habt dann im Grunde keine Verbindung zu eurer Seele. Dies ist eine Gefahr für Männer, die wirklich glauben, dass ihr Kopf ihr Ich ist, und die danach trachten, das Leben über ihr Denken zu beherrschen. Es entsteht in ihnen eine innere Einsamkeit, ein Mangel an Kontakt, sowohl mit sich selbst als auch mit Anderen. Wenn ihr ein Leben ohne die Nahrung und Inspiration eurer Seele führt, dann verhaltet ihr euch mehr und mehr wie jemand ohne Seele.

**Meinst du damit, dass die weitverbreitete Gewalttätigkeit auf der Erde, so wie sie sich in Kriegen, Frauenunterdrückung und der Vernichtung der Natur manifestiert, aus einem verschlossenen Herzen von Männern hervorgeht?*

Ja, zum großen Teil. Das Abbrechen des Kontaktes mit der Seele führt in Männern eher zur Gewalttätigkeit und in Frauen eher zur Machtlosigkeit. Dies ist nicht immer so, aber in der Regel schon. Groß angelegte Kriege, brutale Gewalt, ein Mangel an Empathie und Mitgefühl, tiefer Hass und Disharmonie gehen aus einem verschlossenen Herzen hervor. Die Kampfmentalität, die Verzweiflung und der Mangel an Kommunikation führen sehr schnell zur Aggression, während eine Annäherung aus dem Herzen heraus einen enormen Unterschied bewirken wird. Dann müsst ihr allerdings zunächst begreifen, dass das Herz eine Quelle der Weisheit ist, die Gegensätze überbrückt. Ein Denken, das von Angst und einem Kontrollbedürfnis genährt ist, ist nicht weise. Letztendlich werdet ihr als Menschheit die großen Probleme auf der Erde nur mit Hilfe der Weisheit und der Inspiration des Herzens lösen können.

**Und dafür ist es notwendig, dass Männer ihr Herz wieder öffnen und Frauen ihre Kraft wieder aufnehmen.*

Ja. Und dies ist es auch, was Männer und Frauen in ihren persönlichen Leben glücklich macht. Männer, die ihre weibliche Energie zulassen, werden zu selbstbewussten, liebevollen und kraftvollen Männern. Frauen, die ihre männliche Energie zulassen, werden selbstbewusste, liebevolle und kraftvolle Frauen. Die Beziehungen zwischen Männern und Frauen werden tiefer und freudvoller werden. Sie können dann wahrhaftig *von Seele zu Seele* lieben. Stereotypische Geschlechterrollen können losgelassen werden, und jeder kann der Stimme seines oder ihres Herzens individuell Gestalt geben. Wenn die Seele Zugang zum menschlichen Gefühlsleben findet, dann kann eine wirkliche Veränderung stattfinden: im persönlichen Leben der Menschen, in ihren Beziehungen mit Anderen, und auf diese Weise auch gesellschaftlich und kollektiv.

**Inwiefern kann das Wiederaufleben der weiblichen Energie hierzu beitragen?*

Frauen sind gegenwärtig massiv dabei, spirituell zu erwachen. Sie spüren die Notwendigkeit einer anderen Lebensweise, die inspiriert ist von Gefühl, Leidenschaft, Vergnügen, Freude und der Verbundenheit mit Anderen. Frauen erleben mehr Glück in ihrem Zusammensein mit Anderen als darin, lediglich mit einer großen Leistung hervorzutreten. Sie haben einen natürlichen Hang, sich mit Anderen zu verbinden und in dieser Verbundenheit Glück, Liebe und Transzendenz zu erleben. Mit Transzendenz meine ich hier: Spüren, dass ihr ein Teil von etwas Größerem seid und daraus Freude schöpfen. Hiermit gebt ihr euch nicht auf, sondern ihr wachst einfach; in der Verbindung miteinander fügt ihr etwas Wertvolles hinzu und empfangt Inspiration und die Freude, anerkannt und gesehen zu werden.

Frauen, die spirituell erwacht sind, die nicht nur damit beschäftigt sind zu überleben, sondern sich wirklich etwas aus dem Leben herausziehen wollen, streben nach dieser Form der Interaktion mit der Welt und den Menschen um sich herum. Sie suchen nach einer Bedeutung und einem Lebenssinn, den sie wirklich *fühlen*. Dieser Lebenssinn kann nicht in etwas außerhalb von euch bestehen: einem Partner, einer Anstellung, einem Haus oder einer Familie. Sie muss in der Erfahrung bestehen, dass ihr euch mit all diesen Dingen *verbunden* fühlt, dass eine Interaktion zwischen euch und eurer Familie, eurem Haus, eurem Arbeitgeber oder was auch immer stattfindet, die euch berührt, staunen lässt und inspiriert.

Dieses weibliche Verlangen und Vermögen, tiefe Verbindungen einzugehen, ist essentiell für das Erwachen der Welt als Ganzes. Das Verlangen nach *aufrichtigem Kontakt* bildet die Grundlage der Veränderung, die in dieser Welt notwendig ist. Der ausschlaggebende Punkt ist das Vermögen innerlich entwickelter Frauen, tiefe, bedeutungsvolle und leidenschaftliche Beziehungen mit ihrem Partner, ihrem Kind, ihren Freunden und ihren Kollegen einzugehen.

**Warum ist das weibliche Vermögen, zu verbinden, ausschlaggebend?*

Weil es die *gestörten Beziehungen* in dieser Welt sind, die so gut wie alle Probleme verursachen. Andersdenkende nicht zu begreifen und nicht einmal begreifen zu *wollen* (zum Beispiel Menschen mit einer anderen Hautfarbe, Kultur oder Religion bzw. Glauben), ist Zeichen einer unterentwickelten weiblichen Energie. Feindlichkeit, leichtfertiges Urteilen über einen Anderen, das Festklammern an der eigenen Ideologie (religiös oder auch nicht), all das zeigt einen Mangel an der Fähigkeit, sich zu wundern und an Offenheit und ein Unvermögen, sich in jemand Anderen hineinzuversetzen.

Empathie - euch in Andere einzufühlen - ist eine Tugend, die zu einer entwickelten Seele dazugehört. Wenn ihr nicht bereit seid, euch in Andere einzufühlen und offen zu sein für deren Erleben der Wirklichkeit, ist eine wirkliche Kommunikation ausgeschlossen. Und daher könnt ihr euch mit dem Anderen dann auch gefühlsmäßig nicht verbinden. Wirkliche Kommunikation erschafft ein Energiefeld zwischen Menschen. Wenn seitens aller Anwesenden echte Offenheit besteht, können große Durchbrüche bewirkt werden. Das Öffnen der Seele im Kontakt miteinander ist für alle Parteien transformierend. Auch in größeren Verbänden, wie auf der Arbeit und in der Politik, sollte das Erschaffen eines solchen Verbindungs-Feldes die oberste Priorität haben. Wenn ihr sprecht und handelt, obwohl solch ein Feld fehlt, könnt ihr ebenso gut gegen eine Mauer sprechen, ihr erreicht den Anderen nicht. Wenn der Andere sich von euch nicht gesehen fühlt, werden Verteidigungsmechanismen und schützende Masken das Handeln Desjenigen bestimmen. Wenn ihr nicht für die Seele des Anderen offen seid, dann bewegt ihr euch auf der Ebene des kämpfenden Egos. Ihr könnt dann zwar scheinbar ein Gespräch führen und euch sogar über irgendetwas einig werden, aber wenn es an der gefühlten Verbindung fehlt, fallen größtenteils leere Worte. Es gibt in der Welt so viel Scheinkommunikation, dass es im Grunde normal geworden ist, mit Jemandem zu sprechen, ohne einen Kontakt wahrzunehmen. Das Spüren echten Kontaktes oder echter Emotionen, wenn ihr mit Jemandem sprecht, ist etwas, das die Menschen umgehen.

**Liegt diese Kontaktlosigkeit, die ein Mangel weiblicher Energie ist, vielen der Weltprobleme zugrunde?*

Ja. Ihr könnt auf drei Ebenen Verbindung aufnehmen: 1) mit euch selbst, 2) mit anderen Menschen und 3) mit der Natur. Die Verbindung mit euch selbst ist das Fundament für alle anderen Verbindungsformen. Die Verbindung mit euch selbst beinhaltet, dass ihr von Grund auf Ja dazu sagt, wer ihr seid. Ihr betrachtet euch als wertvoll genug, um euch selbst ernst zu nehmen und auf euch selbst zu hören. Es besteht eine grundsätzliche Liebe, eine Basisliebe zu euch selbst. Auch wenn ihr nicht perfekt seid, negative Emotionen oder Gedanken habt, führt euch diese Selbstliebe zu einem tiefen 'Ja' und zu einer Bereitschaft, wirklich zu begreifen, wo das Negative herkommt und wie ihr es heilen könnt. Auf der Basis der Selbstwertschätzung entsteht auf natürliche Weise eine verständnisvolle Haltung anderen Menschen gegenüber. Wenn ihr euch wirklich in euch vertieft und Verständnis für eure eigene Menschlichkeit entwickelt, wird euer Blick auf andere Menschen von selbst sanfter. Ihr bekommt mehr Tiefgang, euer Blick wird weiter und ihr urteilt weniger schnell. Dies erweitert die Möglichkeit, im Kontakt mit anderen Menschen das Unechte, das Gespielte loszulassen und für die Erlebniswelt des Anderen wirklich offen zu sein, was Beziehungen enorm bereichert. Ihr erkennt dies an dem Gefühl der Freude, die ein wirklicher Kontakt in euch auslöst. Das trifft auch für Beziehungen zu, die nicht im persönlichen Bereich liegen, wie die Beziehung zu einem Kollegen, einer Lehrerin in der Schule oder einer Büro- oder Geschäftsangestellten. Offen zu sein für Kontakt ist eine Grundhaltung, durch die ihr jedem Menschen, den ihr trefft, als Individuum begegnet und nicht als Jemandem, der nur eine bestimmte Rolle für euch spielt.

Eine wirklich ehrliche Verbindung mit euch selbst, führt nicht nur zu offeneren Beziehungen mit anderen Menschen, sie führt auch zu einem intimeren Kontakt mit der Natur, mit den nicht-menschlichen Lebewesen, mit der Erde selbst und mit eurem eigenen Körper. Liebe öffnet eure inneren Augen. Indem ihr Ja zu euch selbst sagt, öffnet ihr euer Herz nicht nur für das Leben, das euch durchströmt, sondern zugleich auch für das Leben außerhalb eurer selbst. Ihr erkennt denselben Lebensstrom in einem anderen Menschen und auch in der Natur wieder. Auch wenn ein Tier und viel mehr noch eine Pflanze oder ein Baum ganz anders leben und sich entwickeln, ihr erkennt etwas wieder: einen Funken, der auch in euch lebt. Aus der Selbstliebe heraus zu leben, öffnet euch für die Essenz des Daseins: für die Strömung des Bewusstseins und des Lebens, das in Allem gegenwärtig ist, ob menschlich oder nicht-menschlich.

Wenn diese drei Formen des Kontaktes in einem Menschen zum Leben erwacht sind, kann dieser Mensch fast nicht mehr gewalttätig werden. Er oder sie kann zwar in eine Angst zurückfallen und sich dadurch zeitweise verschließen und defensiv werden, aber wenn euer Herzzentrum einmal geöffnet ist, werdet ihr früher oder später zu der Öffnungs-Ebene zurückkehren, die ihr erreicht hattet. Gewalttätigkeit entsteht in der Regel, weil das Herz noch nicht geöffnet ist und für das Selbst keine Basisliebe vorhanden ist. Da sind nur Selbstverurteilung, ein Gefühl der Isolation und ein innerer Schmerz: der Schmerz des fehlenden Kontaktes, der jedoch (noch) nicht als fehlend erkannt wird. Um diesen Schmerz erträglich zu machen, kann Jemand sich Alternativen für diese fehlende Verbindung suchen, wie das Pflegen einer Ideologie, die die Schuld für alle Probleme Anderen gibt. Euer Festklammern an solch einer Ideologie und euer Einsatz für sie, wie Nationalismus oder eine bestimmte religiöse oder politische Lehre, gibt euch für eine Weile das Gefühl, sinnvoll tätig zu sein, kann euch jedoch nicht das Gefühl der Freude geben, das zu einem wahren Kontakt gehört. Innerlich herrschen dann Leere und ein Mangel an gefühltem Lebenssinn. Und wenn ihr keinen wirklichen Kontakt zu eurem eigenen Selbst habt, werden auch die Beziehungen mit Anderen oberflächlich oder schlichtweg feindselig sein. Hierin liegt der wahre Keim der Gewalttätigkeit, sowohl gegen andere Menschen als auch gegen die Natur.

Kontaktlosigkeit ist die Grundlage von Gewalt und Aggression, es besteht hier also eine direkte Verbindung zwischen der Ebene des Persönlichen und der Ebene des Kollektiven. Das Heilen der weiblichen Wunde ist von fundamentaler Wichtigkeit, nicht nur individuell für Frauen, sondern für die Entwicklung der Menschheit als Ganzes. Die weibliche *Gabe, zu verbinden*, sollte zurückkehren und bewusst eingesetzt werden dürfen.

**Ist der Mangel an Verbindung und Kontakt die Folge einer einseitigen männlichen Energie, die unsere Geschichte lange Zeit dominiert hat?*

Es hat eine männliche Energie gegeben, die aus Angst und Machthunger heraus operiert hat, und diese männliche Energie hat die weibliche Energie unterdrückt, sowohl in Männern als auch in Frauen. Doch diese einseitige männliche Energie ist sowohl Ursache als auch Folge der Kontaktlosigkeit. Es liegt etwas Tieferes dahinter. Im Wesentlichen verbirgt sich hinter dieser Mischung von Kontaktlosigkeit und männlicher Vorherrschaft ein *ängstliches Ego*. Dieses Ego fühlt sich nicht mit dem Ganzen verbunden, fühlt sich nicht geliebt und geschützt. Dieses furchtsame Ego hat irgendwann in der Geschichte der Menschheit seinen Einzug gehalten. Es begann, die gesamte Menschheit zu beherrschen und manifestierte sich in einer dominanten männlichen Energie, die sich nicht nur gegen die weibliche Energie wendete, sondern ebenso auch gegen eine reife, liebevolle männliche Energie. Dieses ängstliche Ego selbst ist allerdings nicht per definitionem männlich, es war vielmehr einst eine universelle Grundströmung in der Menschheit, die eine zerstörerische Auswirkung auf beide Geschlechter hatte.

Sowohl männliche als auch weibliche Energie kann auf zwei verschiedenen Ebenen wirken: 1) auf der Ebene des Egos, angetrieben von Angst und 2) auf der Ebene des Herzens, motiviert durch Liebe. Auf der Ebene des Egos ist die männliche Energie befehlend, gefühlsarm und aggressiv. Auf der Ebene des Egos ist die weibliche Energie ohnmächtig, unfrei und manipulativ. Weibliche Energie ist nicht zwangsläufig Herz-getragen, verbindend und liebevoll. Auch weibliche Energie kann im Zeichen der Angst, des Kampfes und des Hasses stehen. Die auf dem Ego basierende weibliche Energie manifestiert sich als besitzergreifend, eifersüchtig, neidisch, nachtragend und manipulativ. Wenn beide, die männliche und weibliche Energie, auf der Ebene des Egos wirken, entstehen beiderseitig oft Streit und Unverständnis. Statt einander zu ergänzen, werden sie des jeweils Anderen Feind. Wirken sie beide aus der Herzebene heraus, dann übernimmt die männliche Energie auf eine natürliche Weise die Rolle des Beschützers und kreativen Partners der weiblichen Energie.

**Du sagst demzufolge, dass nicht die männliche Energie schuldig ist an der Gewalttätigkeit in unserer Geschichte, sondern das ängstliche Ego, das in allen Menschen lebt, auch in Frauen.*

Ja. Ich sage, dass Angst letztendlich die Ursache des Kampfes zwischen Männern und Frauen und der unausgewogenen männlichen Energie ist, die in vielen Lebensbereichen die Oberhand gewonnen hat. Angst ist das grundlegende Triebwerk hinter der Kontaktlosigkeit und dem verschlossenen Herzen vieler Menschen. Angst lebt sowohl in Männern als auch in Frauen. In Männern schlägt diese Angst sich eher in Kampf und Konflikt nieder, während sich die Angst bei Frauen in Kraftlosigkeit und einem mangelnden Eigenwert zeigt. In beiden Fällen hält sie eine niedrige Schwingung aufrecht, in der wenig Raum für wahren Kontakt mit euch selbst oder mit Anderen und für die Inspiration durch die Seele bleibt.

**Bedeutet das auch, dass es nicht richtig ist, Männer bei Gewalt und Aggressivität als Täter zu bezeichnen und Frauen als Opfer?*

Es ist subtiler. Oft waren Männer diejenigen, die die Machtpositionen bekleideten und so wurden Frauen aus den öffentlichen und politischen Domänen ferngehalten. In diesem Sinne also waren Frauen eine deutlich unterdrückte Gruppe, und in einigen Gesellschaften sind sie das noch immer. Doch auf innerlicher Ebene haben sowohl Männer als auch Frauen unter der Dominanz einer niedrig schwingenden männlichen Energie gelitten. Es gibt viele sensible Männer, die sich nicht in dem platten und eindimensionalen traditionellen Bild der Männlichkeit zuhause fühlen. Denkt einmal an Künstler, Musiker und Dichter, denkt an homosexuelle Männer, aber denkt auch an all die Millionen Männer, die im Laufe der Jahrhunderte gezwungen waren, in Kriegen zu kämpfen und für die Interessen eines Fremden zu sterben. Viele junge Männer haben in der Blüte ihres Lebens auf den Schlachtfeldern der Kämpfe und Kriege unglaublichen Schmerz und unglaubliches Leid durchlitten. Sie sind ebenfalls Opfer der Geschichte, so wie Frauen ihrerseits tief unter sexueller Gewalt gelitten haben und darunter, in der Öffentlichkeit mundtot gemacht zu werden.

**Wir kommen also aus einer Tradition, in der die Energie des Herzens sowohl in Frauen als auch in Männern unterdrückt wurde?*

Ja, und die wirkliche Herausforderung eurer heutigen Zeit liegt in der Transformation beider Energien hin zur Ebene des Herzens. Es ist eine Simplifizierung, zu sagen, die männliche Energie sei lange an der Macht gewesen und nun sei es an der Zeit, dass die weibliche Energie ebenso viel Macht erhält. Damit diskutiert ihr weiter auf der Ebene des Egos, es geht dann weiterhin um Macht und Kampf. Wahrheit ist, dass eine unreife, von Angst getragene männliche Energie an der Macht gewesen ist, die Frauen und Männer verwundet hat. Bei Frauen befindet sich die Wunde energetisch vor allem im Bereich des Bauches, in den tieferen Chakras. Das bedeutet, viele Frauen kämpfen grundsätzlich mit ihrem Eigenwert und damit, Raum einzunehmen und sich zu behaupten. Bei Männern findet sich die Wunde im Allgemeinen mehr auf der Ebene des Herzens. Männer finden es schwierig, ihr Herz zu öffnen und ihre Emotionen anzunehmen, es verursacht ihnen ein bedrohliches Gefühl der Verletzlichkeit und Unsicherheit. Darum besteht bei ihnen eine Neigung, das Leben mit dem Kopf, dem Verstand steuern und kontrollieren zu wollen. Aber das Verschließen des Herzens führt zu emotionaler Kälte und Isolation und einem Mangel an Freude und Inspiration. Beide Geschlechter haben Bedarf an der inneren Heilung der Wunden aus der Vergangenheit.

Um die emotionale Wunde in Frauen zu heilen, ist es notwendig, dass sie ein neues Verständnis davon entwickeln, was männliche Energie beinhaltet, so dass sie die männliche Energie als etwas ansehen können, das sie unterstützt und bestätigt. Sie können dann in sich selbst die höheren Schwingungen einer Herz-getragenen männlichen Energie aktivieren, und das heilt die Verwundung in ihrem Bauch. Bei Männern ist es anders herum. Um die Verletzung in ihrem Herzen zu heilen, ist es notwendig, dass sie ein liebevolles und sanftes Bild von der weiblichen Energie entwickeln und diese hoch schwingende Energie als etwas anerkennen, das sie selbst auch in sich tragen. Mit anderen Worten: Wahre Heilung von Männern und Frauen ist nur durch ein neues Verständnis sowohl der männlichen als auch der weiblichen Energie möglich.

**Ich komme noch auf diesen Unterschied zurück, aber kannst du für den Moment zusammenfassen, was du in diesem Buch mitteilen möchtest?*

In diesem Buch möchte ich darlegen, wie Frauen ihre innere Wunde heilen können und wie sie die verbotene Frau in sich selbst zum Leben erwecken können. Ich möchte zeigen, wie sie die männliche und die weibliche Energie in sich selbst zur Versöhnung bringen können, wodurch ihr Selbstwertgefühl wachsen wird und ihre Beziehungen sich verbessern werden. Außerdem möchte ich deutlich machen, dass der Weg zur Selbstheilung für die Frau oft anders verläuft als für den Mann. Männer haben es mit einer andersartigen Verletzung zu tun, und ich werde auch auf 'den verbotenen Mann' eingehen und darauf, was er braucht, um ganz zu werden. Mein höchstes Ziel ist es, Frauen und Männern, die auf der Suche sind nach innerer Entwicklung, einem Herz-getragenen Bewusstsein und einer freudvollen Verbindung mit Anderen, klare begreifliche Informationen zu geben. Sie sind die Vorboten einer neuen Zeit.

Kapitel 2
Die verwundete Frau

**Als ich begann, Botschaften von dir zu empfangen, war das Erste, über das du sprachst, die Wunde im Bauch von Frauen. Du hast ein Bild vom Energiefeld von Frauen im Allgemeinen skizziert und sagtest, dass viele Frauen ihren Bauch unvollständig bewohnen und es als schwierig empfinden, in ihrer Kraft zu stehen. Vor allem Frauen, die sich zur Spiritualität und inneren Entwicklung hingezogen fühlen, neigen dazu, ihre höheren Chakras zu öffnen, wodurch sie sehr sensibel und empathisch werden können. Aber das führt in der Folge zu einem Ungleichgewicht und dazu, 'zu viel zu geben', während gleichzeitig eine Leere im Bauch besteht. Diese Leere deutet auf einen Mangel an einer Basis, an Erdung und daran, in sich selbst zuhause zu sein, hin. Kannst du das näher erklären?*

In meinen Botschaften durch dich möchte ich vor allem zu Frauen sprechen, die sich zum inneren Weg der Heilung hingezogen fühlen. Ich spreche zu Frauen, die interessiert sind an innerlichem Wachstum, an Inspiration von innen heraus und an der Befreiung von altem Ballast. Wer sind diese Frauen? Ich werde einige Eigenschaften nennen, die sie kennzeichnen:

- Sie befinden sich im Übergang von einem Ego-Bewusstsein zu einem Herz-Bewusstsein. Sie wollen nicht mehr aus einer Angst und aus dem Zwang heraus leben, sich anpassen zu müssen. Sie wollen sich in ihren Entscheidungen auf ihren inneren Kompass stützen, auf ihr Herz, aber zugleich kämpfen sie mit einem tiefen Gefühl der Unsicherheit und mit Zweifel an ihrer eigenen Weisheit und Kraft.
- Diese Frauen erleben Gefühle sehr tief; sie sind Gefühlsmenschen, die ihr Herz geöffnet haben und aus der Leidenschaft und Inspiration heraus auf der Suche nach Bedeutung und Sinn in ihrem Leben sind. Sie sind offen für die Dimension der Seele, für etwas, das größer ist und das ihre irdische Persönlichkeit übersteigt. Es sind spirituelle Frauen.
- Viele dieser Frauen sind intuitiv begabt, hellfühlend oder haben starkes empathisches Vermögen. Sie fühlen sich auf verschiedene Weise davon angezogen Menschen zu begleiten und alte, erstarrte Arten des Denkens und Fühlens aufzubrechen.
- Die Ängste und Zweifel, mit denen diese Frauen ringen, haben mit einer tiefen energetischen Wunde, einem Trauma in ihrer Seele zu tun.

Sie haben einst erlebt, was es heißt, sich aus ihrem tiefsten Wesen heraus Anderen zu zeigen und deswegen auf brutale Weise abgewiesen zu werden. Diese Abweisung bezieht sich nicht allein auf sie als individuelle Menschen, sondern speziell auch auf weibliche Eigenschaften in ihnen. So haben viele dieser Frauen in anderen Leben erlitten, dass, als sie von ihren intuitiven Gaben Gebrauch machten, sie dafür verurteilt wurden. Sie wurden als 'Hexen' verurteilt oder als exzentrisch oder sogar geisteskrank abgetan. Darüber hinaus wurde es in der Vergangenheit nicht geschätzt, wenn Frauen sich in ihren Beziehungen mit Männern zu kraftvoll und leidenschaftlich zeigten. Solche Frauen, die immer ein wenig außerhalb der gefestigten Ordnung liefen, galten rasch als wild und querköpfig und wurden dafür verurteilt. Eigensinnigkeit und Originalität wurden nicht geschätzt, schon gar nicht bei Frauen. Daneben hat eine sexuelle Erniedrigung und Schwächung dieser Frauen, aller Frauen, stattgefunden, die Spuren des Schmerzes und der Ohnmacht hinterlassen haben. Die Gesamtheit dieser Erfahrungen hat eine Wunde im Bauch verursacht.

• Symptome dieser Wunde sind: ein Mangel an Erdung, ein Mangel an Kraft und Unabhängigkeit, ein leichtes Aufnehmen von Gefühlen Anderer und energetisches Verschmelzen mit der Umgebung, sich in die höheren Chakras zurückzuziehen und Mühe zu haben Grenzen zu setzen und für sich selbst einzustehen. Viele dieser hochsensiblen Frauen fühlen sich mit den höheren Energien des Herzens wohl: mit Liebe, Versöhnlichkeit, Harmonie und dem Gefühl der Einheit. Aber dies geht oft auf Kosten ihrer selbst. Denn weil sie Konflikte meiden, verlieren sie den Kontakt mit ihren eigenen Bedürfnissen und Grenzen. Oft ist in ihrem Leben die Balance zwischen Geben und Empfangen einseitig, sie geben zu viel in Beziehungen und/oder in ihrer Arbeit und empfangen zu wenig, erhalten zu wenig zurück. Ihr könnt nicht gut empfangen, was ihr braucht, wenn ihr nicht in eurem eigenen Zentrum zuhause seid: eurem Bauch. Es fehlt ein Anker im Bewusstsein dieser Frauen, sie haben viele Gaben und Talente, aber sie haben einen chronischen Mangel an Selbstliebe. Den Kern der Wunde bildet die Überzeugung, dass sie es nicht verdienen, einzig dafür geliebt und wertgeschätzt zu werden, dass sie sind, wer sie sind.

**Man könnte also sagen, dass diese Gruppe von Frauen Lichtarbeiter sind, wie zuvor beschrieben in dem Buch 'Die Jeshua Channelings'. Darin sagt Jeshua, dass es eine Seelengruppe gibt, die innerlich die Wahl* *getroffen hat, sich vom Ego zu lösen und sich vom Herzen leiten zu lassen, ein Prozess, der viele Schritte beinhaltet und mehrere Leben dauern kann. Er benennt eine Zahl von Eigenschaften dieser Seelen, wie das Verlangen, das Bewusstsein auf der Erde zu verändern, das Gefühl, anders zu sein und Hochsensibilität. Gehört die Gruppe von Frauen, die du in diesem Buch ansprechen möchtest, zu dieser Lichtarbeiter-Gruppe?*

Es geht um Frauen, die sich sehr bewusst damit befassen, den Übergang von einem Ego-basierten zu einem Herz-getragenen Bewusstsein zu vollziehen. Das ist für mich die Definition dafür, ein Lichtarbeiter zu sein. Sobald ihr euch nach dem Herzen orientiert, entsteht das Verlangen, etwas zum großen Ganzen beizutragen. Ihr wollt das Licht, das ihr selbst in eurem Herzen versammelt, mit Anderen teilen. Lichtarbeiter zu sein ist etwas, das sich ganz natürlich und von selbst ergibt, wenn ihr euch in einen tieferen Kontakt mit eurer Seele hinein entwickelt. Das ist also keine spezielle Berufung für eine auserlesene Menschengruppe. Jeder, der ein tiefes Verlangen spürt, den inneren Weg der Selbstbetrachtung und Bewusstwerdung zu gehen, wird nach einiger Zeit ein Lichtarbeiter werden: Jemand, der das Bewusstsein auf der Erde verändern helfen möchte.

**Du sagst also, dass weibliche Lichtarbeiter mit einer spezifischeren Problematik kämpfen, der Leere oder Wunde im Bauch, die männliche Lichtarbeiter nicht kennen.*

Männliche Lichtarbeiter haben ebenfalls Probleme damit, sie selbst zu sein und zu wagen, frei aus ihrem Herzen heraus zu leben, doch global gesehen sind ihre Probleme kaum anders als die von Frauen. Hierüber werde ich später ausführlich sprechen (in Kapitel 7). Es gibt übrigens auch männliche Lichtarbeiter, die sich in den Symptomen der weiblichen Wunde wiedererkennen. Vergesst nicht, dass jeder von euch eine Mischung männlicher und weiblicher Energien ist, und dass ihr Leben mit beiden Geschlechtern erlebt habt. Ein Mann mit einer stark entwickelten weiblichen Energie kann sich durchaus in der Skizze hier wiedererkennen, während eine Frau mit viel männlicher Energie sich eher in den Problemen erkennt, denen männliche Lichtarbeiter begegnen.

**Ich erkenne mich sehr in der Liste der Eigenschaften wieder, die du gerade aufgestellt hast. Als ich mich als Channeler und Aurareader zu erkennen gab, fühlte ich mich als eine Art 'verbotene Frau'. Ich hatte die Universität absolviert und promoviert, und ich wich von diesen vorgebahnten Pfaden enorm ab, als ich beschloss, meinen Weg mit der akademischen Philosophie nicht fortzusetzen und mich meinen spirituellen Interessen und intuitiven Talenten zu widmen. Es kamen in mir sehr viele alte Ängste auf, als ich damit an die Öffentlichkeit trat. Angst davor, verspottet zu werden und vor heftiger Abweisung und auch ein enormer Widerstand dagegen, mich derart verletzbar zu machen. Und es hat mich viel Mühe gekostet, deutliche Grenzen zu setzen, wenn es um die Hilfsgesuche von Menschen ging. Als ich anfing, hatte ich vor allem Angst vor Kritik und Abweisung, doch das tatsächliche Problem war, dass sich erwies, dass viele Menschen sich durch meine Channelings einfach positiv berührt fühlten und ich absolut nicht wusste, wie ich mich selbst angesichts all der Hilfsgesuche und des dahinter liegenden emotionellen Schmerzes schützen und abgrenzen sollte. Es fehlte ein deutliches Verständnis für meine eigenen Bedürfnisse, und was vor allem fehlte, war das Bewusstsein dafür, dass es vollkommen in Ordnung ist, diese Bedürfnisse zu schützen und 'Nein' zu sagen, wenn ich ein Nein empfand. Das hat letztendlich zu einer heftigen Krise geführt, in der ich in einer Depression und einer Psychose landete. Seitdem ich mich davon erholt habe, spüre ich zum ersten Mal einen Anker, eine Basis in mir wachsen. In dieser Basis liegt eine Art Resolutheit, eine Entschlossenheit: Ich bin einfach wie ich bin, und ich werde mich nicht mehr anders geben als ich bin. Ich bin es unendlich müde, mich fortwährend zu verbiegen und immer zu bedenken und abzuwägen, was andere Menschen von mir erwarten oder denken. Ich habe damit abgeschlossen, mich erklären, verteidigen oder rechtfertigen zu müssen. Es scheint endlich eine fundamentale Selbstakzeptanz zu entstehen: Dies bin ich, 'take it or leave it'.*

Was du erlebst, ist ein Prozess, in dem sich viele Frauen befinden. Weil sie sich auf den Weg des inneren Wachstums und der Bewusstwerdung begeben, nehmen sie immer tieferen Kontakt mit ihrer Seele auf. Das bringt sie allerdings auch in Kontakt mit ihrer Angst davor, aufzustehen und abzuweichen. Die Seele ist der authentischste Anteil von ihnen, der sie dazu aufruft, mit Erwartungen und Forderungen zu brechen, die sich gegen ihre Sehnsüchte und Berufungen richten. Jede Seele hat eine Bestimmung.

Eure Seele ruft euch buchstäblich auf, euer Licht auf eure eigene Weise strahlen zu lassen. Wenn ihr diesen Ruf hört, bedeutet das oft, dass ihr 'Nein' zu allem sagen müsst, was euch davon abhält, wirklich ihr selbst zu sein. In deinem Fall bedeutete dies, dass du im Alter von etwa dreißig Jahren mit einer akademischen Karriere gebrochen und dich auf ein neues Terrain begeben hast, von dem du dir unsicher warst, ob du damit etwas aufbauen oder dein Geld verdienen konntest. Es war ein Sprung ins Unbekannte. Du sagtest 'Nein' zu dem, was dich nicht mehr erfüllte, und hast dich von den vorgebahnten Pfaden gelöst. Dies führte zunächst zu einem unsicheren und chaotischen Dasein, in dem du viele Jobs ausprobiert hast und dich unterdessen intensiv in Spiritualität und Esoterik vertieft hast. Aus der Sicht der Gesellschaft befandest du dich somit auf einem Irrweg, auf Abwegen, aber von deiner Seele aus gesehen hast du dich einfach sehr zielgerichtet verhalten.

**Ich hatte einige Erfahrungen hinter mir, wie das Missglücken einer Beziehung, die mich bis in den Kern meines Wesens hinein erschüttert haben. Dadurch wusste ich sicher, dass ich in einer akademischen Karriere für mich keinen Sinn finde. Es war keine schwere Entscheidung, weil ich das intellektuelle Geschwafel in der akademischen Philosophie nach zehn Jahren satt hatte. Ich vollendete zwar meine Doktorarbeit, ließ aber all die Perspektiven auf eine Weiterbildung an der Universität recht mühelos los, obwohl durchaus zu erwarten war, dass ich sie hätte fortsetzen können.*

Du warst durch den Kummer um die gescheiterte Beziehung innerlich am Rand des Abgrundes angekommen. Dieser Abgrund bestand aus Schmerz, Einsamkeit und tiefer Verlassenheit. Du hast dich in diesen Abgrund fallen lassen, du hast tiefen Schmerz erfahren, und nach einigen Monaten merktest du, dass du größer warst als dieser Schmerz. Du hast damals erlebt, dass es etwas gab, das den Schmerz betrachtete ohne zu urteilen. Es gab ein größeres Bewusstsein in dir, das allmählich erwachte, und das dich anspornte, dich in die Spiritualität zu vertiefen. Du hast damals die erste gechannelte Literatur gelesen, und sie berührte dich tief. Auf dem Boden des Abgrundes gab es in dir ein großes Bedürfnis nach Sinngebung und Bedeutung. Die akademische Philosophie konnte diese Leere nicht füllen. Du machtest dich auf die Suche nach Wissen, nach einer Weisheit, die lebt und dein Herz erreicht. So hat dein spiritueller Weg begonnen.

**Also durch eine Erfahrung von Verlust.*

Ja, eine Erfahrung von Verlust, die dich letztendlich näher zu dir selbst brachte und die eine Umkehr in deiner Lebensperspektive bewirkte. Du hast dich deutlicher für dich selbst entschieden und dafür, 'nein' zu dem zu sagen, was dir nicht mehr entsprach. Das ist eine Art Wiedergeburt. Jeder, der sich für den Weg nach innen entscheidet, wird durch Verlusterfahrungen gehen. Es gibt ein falsches Selbst, von dem du dich befreien musst, damit du im täglichen Leben deinem Kontakt mit deiner Seele Gestalt geben kannst. Es ist wie ein Kokon, den du abstreifst.

**Das gilt doch auch für Männer?*

Ja, sicher. Was an deinem Weg typisch weiblich war, war, dass du dazu neigtest, dich selbst in einer Beziehung zu verlieren und du das Gefühl hattest, ohne den Anderen nicht mehr existieren zu können. Der Anker in deinem Bauch wankte. Du warst empfänglich für das, was ich 'romantische Benommenheit' nenne; damit meine ich die naive Hoffnung und das Verlangen, mit dem idealen Geliebten zu verschmelzen und mit ihm ganz und gar Eins zu werden, ohne dir bewusst zu machen, dass ihr beide autonome Individuen mit einem jeweils eigenen Lebensweg seid. Dieser Drang nach Verschmelzung geht einher mit dem Aufgeben deiner selbst. Es ist eigentlich eine kindliche Sehnsucht nach der Auflösung von Grenzen, um wieder in ein Urgefühl von Einheit zurückkehren zu können.

**Ist diese Sehnsucht typisch für Frauen?*

Sie kommt auch bei Männern vor, doch die männliche Energie ist ihrem Wesen nach eher darauf ausgerichtet, sich von Anderen zu unterscheiden. Wenn ihr einen guten Kontakt zu eurer männlichen Energie habt, dann habt ihr ein deutliches Bewusstsein dafür, wo ihr aufhört und der Andere beginnt und fühlt euch wohl mit diesen Grenzen. Männer haben mehr Mühe mit dem Aufgeben von Grenzen und damit, sich ihrer weiblichen Energie hinzugeben. Daher haben sie eher Bindungsangst und Frauen eher Trennungsangst. Aber dies sind lediglich allgemeine Tendenzen, die in jedem Menschen anders komponiert sind. In deinem Fall bestand eine Sehnsucht nach einer Art absoluter Verbindung, die die menschlichen Grenzen überwindet, und das kam dich teuer zu stehen, weil es eine gleichwertige, irdische Beziehung unmöglich macht.

**Ich hatte also einen Mangel an männlicher Energie.*

Ja, und als du dich für den Weg deiner Seele entschieden hast, hast du deine eigene Individualität umarmt und dir wurde immer bewusster, dass die Sehnsucht nach Verschmelzung destruktiv wird, wenn du deine Besonderheit und Eigenart aufgibst und dich nicht selbst schützt und behauptest. Du hast die männliche Energie in dir selbst als etwas Wertvolles wiedererkannt, und nach einer heftigen Krise in Folge der unvollständigen Errichtung von Grenzen in deiner Arbeit gelangst du nun zu dem Verständnis, dass du deine eigene Individualität voll und ganz tragen und umarmen musst. Du hast keine andere Wahl als zu sein wer du bist, hier und jetzt, und dahinter zu stehen. Diese Form der Selbstakzeptanz erschafft den Anker im Bauch, den du brauchst.

**Ich glaube, dass ich die Sehnsucht nach (romantischer) Verschmelzung früher nicht aufgeben wollte, weil ich dachte, dass sie die Alternative zur Einsamkeit und zum Mangel an einem Lebenssinn ist. Nun aber realisiere ich, dass es gut ist, ein unabhängiges und einzigartiges Individuum zu sein, und dass man durch das Annehmen dessen zur Ruhe kommt und eine mystische Verbindung mit dem Ganzen erfahren kann. Das ist dann eine Einheitserfahrung, die eher von Staunen, Verwunderung und einer sanften Glückseligkeit gekennzeichnet ist als durch die ekstatischen, fesselnden Gefühle, die die 'romantische Benommenheit' mit sich bringt.*

Es besteht ein großer Unterschied zwischen beiden. Bei der Einheits-Erfahrung, die du machst, wenn du in deinem Bauch gut verankert bist, erfährst du, dass Zuhause-Sein in dir selbst und in Verbindung mit dem Einen stehen tatsächlich dasselbe sind. Der Unterschied zwischen dir und dem Ganzen löst sich auf und das fühlt sich friedlich und freudvoll an. Dies ist die wirkliche Verbindung, nach der ihr sucht. Diese Verbindung zieht euch nicht von euch selbst fort und fordert von euch nicht, euren eigenen Bedürfnissen untreu zu sein. Diese Verbindung gibt eurem Leben Sinn, Fülle. Inhalt und löst Einsamkeit auf, ohne dass ihr mit einem Anderen zusammen sein müsst. Für Frauen ist dieses in sich selbst Nachhause-Kommen im Allgemeinen der Schlüssel dafür, den Kontakt zu ihrer Seele herzustellen. Platz für sich selbst zu schaffen und aufzuhören, sich in Beziehungen übermäßig zu verbinden (und zu verlieren), ist eine typisch weibliche Aufgabe.

**Ja, das begreife ich. Um auf deine Beschreibung der Wunde in Frauen zurückzukommen: Man könnte sie zusammenfassend als ein mangelndes Ich-Verständnis, ein mangelndes Gefühl von Würdigkeit, Kraft und Selbstständigkeit bezeichnen, die verursacht wurde durch Unsicherheit und die Unterdrückung der weiblichen Energie in der Vergangenheit, und das führt dazu, zu viel zu geben und sich selbst in Beziehungen zu verlieren.*

Ich möchte dem hinzufügen, dass die Wunde in Frauen in Beziehungen auch zu manipulativem und Anspruch erhebendem Verhalten führen kann. Sobald ihr von einem männlichen Partner abhängig seid, um euch wohl zu fühlen, werdet ihr auf die eine oder andere Weise versuchen, ihn an euch zu binden. Darin, euch mit einem Anderen zu verbinden und euch ihm zu übergeben, ist eine geheime Agenda versteckt: 'Bleib bei mir' und 'Sei verfügbar für mich' sind Motive oder gar bezwingende Anforderungen, die sich im Hintergrund abspielen. Hier zeichnet sich die Schattenseite der weiblichen Energie ab. Das ist es, was geschieht, wenn eine Frau sich mit der energetischen Wunde identifiziert, darin sozusagen ertrinkt und nicht die Verantwortung dafür übernimmt, für sich selbst zu sorgen und sich selbst zu heilen. Ich komme hierauf in einem nachfolgenden Kapitel zurück, denn es ist äußerst wichtig, dass Frauen diesen Schatten in sich selbst erkennen. Aber zuerst möchte ich auf die verschiedenen Sorten männlicher Energien eingehen, die es gibt. Es gibt eine Ego-basierte männliche Energie, die auf Kontrolle und Dominanz aus ist, aber es gibt auch eine Herz-getragene männliche Energie, die kraftvoll, liebevoll und kreativ ist. Diese Energie deutlich zu beschreiben und zu erkennen, ist von fundamentaler Wichtigkeit sowohl für Frauen als auch für Männer.

Kapitel 3
Die männliche Energie des Herzens

**Wie würdest du die Herz-getragene männliche Energie beschreiben? Wie sieht eine höher schwingende, gereifte männliche Energie aus?*

Die männliche Energie ist im Wesentlichen nach außen, also auf eine Manifestation in der Außenwelt ausgerichtet. Die Bewegung findet von innen nach außen statt, und in diesem Nach-Außen-Treten zeigt die männliche Energie ihre Kraft. Es ist die Kraft, die darin liegt, sichtbar zu werden, offenbar zu werden, vom Dunkel ins Licht zu treten. Es ist ein Sprung ins Ungewisse, vergleichbar damit, wie ein Kind aus dem Schutz der Gebärmutter heraustritt. Diese manifestierende Bewegung erfordert Tapferkeit, Wagemut und Abenteuerlust. Wenn ihr eurer männlichen Energie folgt, steht ihr für euch allein, lasst ihr das Alte, Vertraute los, das euch Schutz bot und nutzt eure Freiheit, etwas Neues zu erschaffen oder zu entdecken. Es ist Teil der männlichen Energie, dass sie diese Freiheit einfordert, sich selbst Raum gibt, sich differenziert und zur Erneuerung bringt. Sich der gefestigten Ordnung zu widersetzen, ungehorsam und nicht folgsam zu sein, gehört zu dem Impuls, sich zu erneuern und sich vom Alten und Vertrauten zu lösen. Die männliche Energie beinhaltet einen Expansions-Drang, den Drang, Grenzen aufzusuchen und sie zu überschreiten. Freiheitssinn, Neugierde und Unerschrockenheit sind Qualitäten, die von Natur aus zu ihr gehören.

Die männliche Energie ist ein essentieller Aspekt aller Schöpfungsprozesse. Die weibliche Energie, die die Innenwelt repräsentiert, ist die Inspiration für die männliche Energie. Nehmt einmal einen Maler (das kann ein Mann oder eine Frau sein, aber wir nehmen hier einmal die männliche Variante als Beispiel). Er wandert durch die Natur und erlebt die Reinheit und Harmonie eines Waldes, oder er nimmt die Gesichter seiner Nächsten in sich auf und spürt die Tiefe in ihrem Antlitz und ihrer Erscheinung. Dies ist die weibliche Energie in ihm; sie ist empathisch, kann hinter die äußeren Erscheinungsformen blicken und stellt den Kontakt mit der inneren Essenz all dessen her, was lebt. Der Maler wird durch all diese Eindrücke, die ihn anrühren, inspiriert und er nimmt den Pinsel zur Hand. Nun verändert sich seine Ausrichtung, sie verändert sich von einer absorbierenden Empfindsamkeit hin zu einer fokussierten, zielgerichteten Bewegung nach außen. Was sich innerlich angesammelt hat, tritt nun nach außen, in einer einzigartigen Gestaltgebung, *seiner* Gestaltgebung. Die Schöpferkraft in ihm ballt sich zusammen, und er gibt frei, was sich in seiner Innenwelt herauskristallisiert hat. Im Ausdrücken und Manifestieren seiner selbst unterscheidet er sich als Individuum, während er auch etwas Größeres sichtbar macht, das über ihn hinausgeht: das Universelle oder allgemein Menschliche, das sich in einem guten Kunstwerk äußert und zeigt. In dem Kunstwerk verbindet der Künstler sich mit der Menschheit als Ganzes und drückt zugleich seine Individualität aus. Das Weibliche und das Männliche wirken in diesem Schöpfungsprozess fortwährend zusammen.

Jede Schöpfung erfordert ein intimes Zusammenwirken der weiblichen und der männlichen Energie. Wenn die männliche Energie zu viel Gewicht erhält, werden Kreationen seelenlos und rufen kein Gefühl der inneren Berührung, Ergriffenheit oder Liebe hervor. Die Massenproduktion von Konsumartikeln ist ein Beispiel dafür. Wenn die weibliche Energie die Oberhand hat, kommt die Kreation nicht klar zur Geltung, sie bleibt in Träumen und Sehnsüchten stecken oder sie bleibt vage und unauffällig und hebt sich nicht deutlich hervor, differenziert sich nicht. Beide Energien sind für jeden Schöpfungsprozess unentbehrlich, und darum ist es so wichtig, dass männliche und weibliche Energie *in jedem Menschen* ausgewogen beieinander stehen.

In dieser heutigen Zeit hat sich in progressiven und spirituellen Kreisen gewissermaßen ein Tabu bezüglich der männlichen Energie entwickelt. Die männliche Energie hat sich in der Vergangenheit auf aggressive Weise Geltung verschafft; auf eine unterdrückende, frauenfeindliche und gewalttätige Weise. Die Spuren dieser Vergangenheit sind noch lange nicht gelöscht. Es gibt heute noch immer Ausdrucksformen dieser, nicht mit der weiblichen Energie verbundenen, ausschweifenden männlichen Energie. Terrorismus ist ein extremer Ausdruck davon, doch auch die Auswüchse in der Finanzwelt sind durch eine verfremdete, extrem isolierte männliche Energie gekennzeichnet, die den Kontakt mit dem Leben und dem Gefühl verloren hat. Allerdings ist dies auf tieferer Ebene im Begriff, sich zu wenden. Die Bildgebung ist dabei, sich zu verändern. Das Bild des wagemutigen, starken Mannes, der alles unter Kontrolle hat, wird mehr und mehr als unecht wahrgenommen, als eine Maske, die eine innere Armut verbirgt. In der heutigen Kultur und durch die jüngeren Generationen wird diese flache, gefühlsarme Form der Männlichkeit nicht mehr wertgeschätzt. Allmählich treten die Konturen eines anderen Männerbildes in Erscheinung, in dem Empfindsamkeit und Mitgefühl einen wichtigen Platz einnehmen. Doch vorläufig herrscht noch viel Verwirrung darüber, was Männlichkeit beinhaltet.

Männliche Energie ist fragwürdig geworden - vor allem in spirituellen Kreisen, in denen viel Wert auf Verbindung, Vereinigung und Versöhnung gelegt wird. Männliche Energie wird mit Dominanz, Aggressivität und Unterwerfung gleichgesetzt. Diese alte männliche Energie wird in der modernen Gesellschaft abgelehnt, und selbst in den 'harten' Bereichen wie der Wirtschaft und der Medizin wird nun mehr und mehr für sanfte Qualitäten wie Gleichwertigkeit, empathisches Vermögen und einfache Organisation plädiert. Autorität und Hierarchie müssen der Zusammenarbeit und respektvollen Kommunikation Platz machen. Dies ist selbstredend eine positive Entwicklung, die zu mehr Gleichgewicht zwischen den Geschlechtern führt. Doch besteht die Gefahr, dass dies in einigen Bereichen ins andere Extrem umschlägt: in eine *Überbewertung* der weiblichen Energie gegenüber der männlichen. Eigenschaften wie Tatkraft, Grenzen setzen und sich hervorzuheben, werden nun beinahe als Aggressivität abgestempelt, während ein selbstbewusster Gebrauch der männlichen Energie *gerade dann* unentbehrlich ist, wenn eure weibliche Energie entwickelt und euer Herz geöffnet ist.

Dies ist nun das Paradoxon - die weibliche Energie wird in dieser Zeit immer mehr als für viele Prozesse wertvoll und essentiell angesehen: Beziehungen, Formen der Zusammenarbeit, Kreativität. Aber die weibliche Energie kann sich in neuen Gesellschaftsformen und Lebensstilen erst dann wirklich manifestieren, *wenn sie sich mit einer erwachsenen, ausgewogenen männlichen Energie verbindet*. Die weibliche Energie ist auf Verbindung, offene Kommunikation, Empathie ausgerichtet und trägt potentiell die höhere Schwingung des *Einheitsbewusstseins* in sich: das Erkennen, dass wir alle letztendlich Eins sind, weil wir alle aus derselben Quelle hervorgehen. Diese Energie ist in dieser Welt der Zwietracht, des Hasses und der Intoleranz mehr als willkommen. Diese Herz-getragene weibliche Energie kann jedoch weder in einer Gesellschaft gedeihen, in der es an einer reifen männlichen Energie mangelt, die sie auf natürliche Weise ergänzt und vervollständigt, noch kann die weibliche Energie in den individuellen Menschen gedeihen, die sich ausschließlich auf die weiblichen Qualitäten der Empathie und Verbindung fokussieren, während sie ihre eigene männliche Energie unterdrücken oder ablehnen.

Was geschieht also, wenn ihr euch vor allem aus einer Herz-getragenen weiblichen Energie heraus manifestiert, während ihr die männliche Energie in euch verleugnet oder wegdrückt? *Ihr schafft euch selbst ab.* Die männliche Energie sorgt dafür, dass ihr zentriert bleibt, ein 'Ich' mit Grenzen, und dass ihr euch mit dem Anderen nicht nur verbindet, sondern ihn auch loslasst und eure eigene Individualität und Alleinheit auf euch nehmt. In Beziehungen, in denen die weibliche Energie überrepräsentiert ist, besteht ein zu großer Hang zur Einheit, zur Verschmelzung. Die männliche Energie macht euch bewusst, dass ihr jeder eine Einheit für euch seid und das kommt der Beziehung zugute. Eine erfüllende Beziehung bewahrt die Mitte dazwischen, Du selbst zu sein (männlich) und dich selbst zu transzendieren (weiblich).

Warum wird heutzutage so viel über Hochsensibilität gesprochen? Immer mehr Menschen sind hiervon betroffen, und viele Kinder zeigen ein unausgewogenes Verhalten, das von einer großen Empfindsamkeit und einem großen Mangel an energetischen Grenzen verursacht wird. Was ihr hier seht, ist, dass in diesen Menschen die weibliche Energie stark entwickelt ist - das Herzchakra geöffnet ist -, dass aber unzureichender Gebrauch von der männlichen Energie gemacht wird, von dem Vermögen 'nein' zu sagen und euch selbst zu schützen. Warum? Es ist ein Tabu um die männliche Energie herum entstanden. Kraftvoll aufzutreten und sich zu behaupten, ist 'negativ'. Es wird zu wenig verstanden, was männliche Energie wirklich ist, und wie sie auf eine ausgewogene, ausgereifte Art angewendet werden kann.

Reife, Herz-getragene männliche Energie steht ganz und gar in Verbindung mit der weiblichen Energie. Die männliche Energie repräsentiert das aktive, nach außen gerichtete, sich selbst manifestierende Prinzip in jedem Menschen und jedem Lebewesen. Dies ist ein unverzichtbarer Aspekt jeder Schöpfung und eine natürliche Ergänzung zum weiblichen Aspekt der Empfänglichkeit - nach innen gerichtet zu sein und über Empathie zu verfügen. Männliche und weibliche Energie sind absolut gleichwertig und bilden zusammen das Ganze. Weibliche Energie ist nicht schwächer als männliche, und männliche Energie basiert nicht per definitionem auf dem Ego.

In der Schöpfung gibt es zwei Bewegungen: eine Bewegung hin zur Einheit (die Überwindung eurer Individualität) und eine Bewegung hin zur Vielfalt, zur Verschiedenheit (das absolute Annehmen eurer Individualität). Beide sind richtig und wertvoll. In der Bewegung hin zur Einheit erleben wir Verbundenheit mit Anderen und die Freude, die darin liegt. In der Bewegung in die Individualität erleben wir unsere Besonderheit und die Kreativität, die darin liegt. Die Bewegung zur Einheit hin wird in spirituellen Kreisen oft bejaht und begrüßt als die einzige wirklich wertvolle Richtung. In der männlichen Bewegung ins Individuelle hinein ist jedoch eine enorme Kraft, Vertiefung und Bereicherung verborgen: Sie ist der Motor der Schöpfung.

Es ist von großer Wichtigkeit, dass ihr die männliche Energie in ihrer Herzgetragenen Form umarmt und in euch aufnehmt. Dies ist vor allem essentiell für Frauen mit offenem Herzzentrum, die zur Hochsensibilität neigen und die sich für Spiritualität und innerliches Wachstum interessieren. In vielen Frauen leben noch alte Feindbilder in Bezug auf die Männlichkeit. Es sind Erinnerungen vorhanden an sexuellen Missbrauch, an Demütigung und Ungleichwertigkeit. Diese Erinnerungen können aus diesem Leben oder aus vorherigen Leben stammen. Sie existieren nicht nur in euch, sondern im kollektiven weiblichen Bewusstsein, das Jeden beeinflusst. Was diese Erinnerungen und Narben mit euch tun, ist, euch ein Gefühl des Argwohns und Misstrauens gegen jeden Mann und gegen die männliche Energie einzugeben. Es ist, als ob ihr stillschweigend davon ausgeht, dass euer Vertrauen missbraucht werden wird, wenn ihr euch gegenüber der männlichen Energie offen und verletzbar macht. Ein Teil von euch hat sich verschlossen, weil er den Schmerz der Vergangenheit nicht wiederholen will. Dies ist der Bereich des Bauches, der bei vielen Frauen unbewohnt ist, weil sie sich aus ihm zurückgezogen haben.

Wenn ihr der männlichen Energie misstraut und euch ihr verschließt, dann hat das zur Folge, dass nicht nur eure Beziehungen mit Männern unbefriedigend sein werden, sondern auch die Beziehung zu euch selbst.

Wenn ihr nicht mit der männlichen Energie in euch selbst kooperieren möchtet, unterdrückt ihr damit eure eigene Kraft. Ihr verleugnet einen wesentlichen Aspekt der Schöpfung und eurer eigenen Seele. Dies macht euch unvollständig, verletzbar und empfänglich für unausgewogene Beziehungen mit Männern. Die Beziehungen, die ihr anzieht, werden euer Verhältnis zur männlichen Energie widerspiegeln: Oftmals wird in ihnen eine Dynamik heftiger Anziehung und Abstoßung und eines Mangels an Sicherheit vorhanden sein.

In eure Kraft als Frau zu kommen, bedeutet, eure Individualität zu umarmen, eure Herzenergie zu beschützen und ausgewogen zu geben und zu empfangen. Eine geheilte Frau ist eine selbstbewusste, unabhängige Frau, die lieben kann, ohne sich selbst zu verleugnen. Sie genießt die Liebe und Verbundenheit, die sie mit ihrem Partner, ihren Kindern, Freundinnen oder Kolleginnen erlebt. Zugleich genießt sie sich selbst, die Entfaltung ihrer einzigartigen Gaben und Talente, das Empfangen von Überfluss und das Entwerfen und Erschaffen ihres eigenen Lebens. Eine selbstbewusste Frau misstraut der männlichen Energie nicht. Sie erkennt sie als Teil ihrer selbst, nutzt sie für sich und ist daher nicht von einem männlichen Partner abhängig. Sie ist Frau und zugleich Seele. Die Seele umfasst sowohl das Männliche als auch das Weibliche. Ihr habt als Seele sowohl in männlichen als auch in weiblichen Körpern gelebt. Indem ihr in Kontakt zu eurer Seele steht, wisst ihr, dass ihr mehr seid als Frau oder Mann und könnt euch dafür entscheiden, das Spiel des Frau-Seins aus Kraft und Selbstbewusstsein heraus zu spielen.

Kapitel 4
Die Schattenseite der weiblichen Energie

**Es gibt von der weiblichen und der männlichen Energie jeweils sowohl eine auf dem Ego basierende als auch eine vom Herzen getragene Form. Wir haben über den Gegensatz der unterdrückenden, aggressiven männlichen Energie zur liebevollen, Herz-getragenen männlichen Energie gesprochen. Hier besteht ein deutlicher Unterschied. Doch was die weibliche Energie betrifft, so haben wir bisher hauptsächlich Eigenschaften wie Empathie, Gefühligkeit, Kontaktfähigkeit und Einheitsbewusstsein betrachtet. Das ist die Herz-getragene Form der weiblichen Energie, wie aber sieht die Schattenseite aus - die auf dem Ego basierende?*

Weibliche Energie kann sich ebenso aus einem ängstlichen Ego heraus manifestieren wie die männliche Energie. Die Schattenseite der männlichen Energie ist uns mehr als vertraut, und es kann nun so scheinen, als wäre die weibliche Energie schlicht und einfach das Opfer und repräsentiere vor allem die höheren Eigenschaften. Aber ebenso wie männliche Energie nicht per definitionem Härte, Kampf und Kontrolle gleichkommt, entspricht weibliche Energie nicht ausschließlich der Liebe, Empfindsamkeit und Empathie. Auch von der weiblichen Energie gibt es eine Spielart, die auf Angst und Besitzgier basiert.

Weibliche Machtausübung gegenüber Männern drückt sich vor allem darin aus, die Energie des Mannes besitzen zu wollen. Wenn es in der weiblichen Psyche an Selbstbewusstsein und Selbstwert mangelt, möchte sie, dass ihr ein männlicher Partner zur Verfügung steht, der sie mit Lebensenergie versorgt. Es bestehen in ihr eine Leere, eine Schwäche und eine Passivität, die ihr Angst einflößen. Diese möchte sie mit der Energie der Kraft, Vitalität und Kreativität füllen. Sie hat das Gefühl, einen Mann *zu brauchen*, um ganz zu werden. Im Wesentlichen ist es ihre innere Aufgabe, selbst ein vollwertiges 'Ich' zu werden, ein unabhängiges Individuum, das frei und schöpferisch ist. Aber zugleich fürchtet sie die große Kraft, die in ihr geboren werden will. Denn um diese geboren werden zu lassen, muss sie innerlich zuerst eine Art Nabelschnur zwischen sich und dem Ganzen, der 'kosmischen Gebärmutter' durchtrennen, von der sie empfindet, in ihr einst geborgen gewesen zu sein. Und das möchte sie (noch) nicht.

Lasst mich den Ausdruck 'kosmische Gebärmutter' erläutern. Die Gebärmutter steht für einen Zustand vollkommener Geborgenheit und Grenzenlosigkeit. Dieser Zustand ist *physisch*, er geht deiner physischen Geburt in ein irdisches Leben voraus. Aber es gibt auch eine Art *kosmische* Gebärmutter, aus der ihr einst als Seele hervorgegangen seid. Als ihr als individuelle Seele geschaffen wurdet, habt ihr euch aus einem Ganzen, aus einer Einbettung, herausgelöst, mit dem bzw. mit der ihr verschmolzen gewesen wart und die euch eine selbstverständliche Umhüllung gegeben hat. Es hat ein Urtrauma stattgefunden, das bei eurer Geburt als individuelle Seele verursacht wurde. Euer männlicher Aspekt war der abenteuerliebende, vorwärtsstrebende, progressive Teil in euch, der diese Geburt initiierte: Er wollte Individualität erfahren, erleben und entdecken. Euer weiblicher Aspekt war derjenige Teil von euch, der an der Verbindung mit dem Einen, mit der Quelle festhielt. Er hatte Mühe damit loszulassen. Das kosmische Geburtstrauma, das ihr als Seele durchgemacht habt, hat sich vor allem in eurer weiblichen Seite festgesetzt, und es zeigt sich nun als ein Heimweh nach himmlischen Sphären, als ein Bedürfnis nach Transzendenz, Verschmelzung und dem Aufgehen in etwas Größerem. Die männliche Energie war mehr Ich-gerichtet und konnte sich *gerade* darin wiederfinden, von der Quelle getrennt zu werden - hierin lag die Verheißung einer kostbaren Reise und Entwicklung der Seele, des Verschiebens von Grenzen und des Erlebens von Freiheit.

In der Gesamtheit der Reise der Seele leisten beide Aspekte einen gleichwichtigen Beitrag: Der männliche Hang zur Freiheit und Individualität und der weibliche Hang zur Transzendenz und Einheit sind die beiden essentiellen Pole, die die Schöpfung des Universums möglich machen. Beide sind unverzichtbar. Wenn sie im Gleichgewicht sind, ist das Leben ein leidenschaftliches, inspiriertes Spiel von Verbundenheit und Individualität, eine großartige, prachtvolle Mischung aus Geborgenheit und Abenteuerlichkeit. Doch was tatsächlich geschah, ist, dass die weibliche Energie durch das kosmische Geburtstrauma verwundet wurde und dass die männliche Energie in einer Ich-gerichteten Autonomie zu weit ging und den Kontakt mit der Quelle verlor. Die männliche Energie und die weibliche Energie entfremdeten sich einander – und hier liegt der Ursprung des später auftretenden Konfliktes zwischen den Geschlechtern.

Ich spreche hier über die weibliche und die männliche Energie als *Archetypen*. Ihr habt als Seele *beide* in euch, und ihr seid daher sowohl männlich als auch weiblich. Ihr tragt sowohl die schöpferische, Ich-gerichtete männliche Energie in euch als auch die verbindende, auf die Einheit ausgerichtete weibliche Energie. Allerdings ist es so, dass, wenn ihr ein Leben in einem männlichen Körper führt, ihr eher dazu neigt, die männliche Energie als vertraut und natürlich zu erleben, während ihr als Frau eher die weibliche Energie als euren Ausgangspunkt erlebt. Aber im Kern ist die Entfremdung von - und der Konflikt zwischen - der männlichen und der weiblichen Energie etwas, was ihr sowohl *in euch selbst* erfahren könnt als auch *zwischen euch und jemandem vom anderen Geschlecht*. Ihr verkörpert nicht einfach nur einen der Pole in dieser Entwicklungsgeschichte, ihr tragt beide in euch.

**Du beschreibst das kosmische Geburtstrauma als etwas, das sich bei der Geburt der individuellen Seele ereignet hat. Aber liegt dann das Trauma tatsächlich in der Vergangenheit oder wiederholt es sich jedes Mal bei der Entstehung jeder individuellen Seele?*

Es wiederholt sich immer wieder, so lange, bis in ausgereiften, erwachsenen Seelen ein Gleichgewicht und eine Harmonie zwischen dem weiblichen Impuls zur Einheit und dem männlichen Impuls zur Verschiedenartigkeit erreicht wird. Wenn dieses Gleichgewicht in einer großen Anzahl gereifter Seelen erreicht ist, entwickelt sich ein *neuer Archetyp* und dann werden die männliche und die weibliche Energie in weit mehr Einzelpersonen harmonischer miteinander arbeiten. Das wird das Geburtstrauma lindern und letztendlich auflösen können. Dies ist ein Spiel und eine Entwicklung umfangreicher kollektiver Energien. Die Transformation der männlichen und weiblichen Energien hin zu einer Herz-getragenen Ebene ist ein großer kosmischer Prozess, der aus der Perspektive eines einzelnen Menschenlebens heraus schwierig zu begreifen ist.

**Aber der Konflikt zwischen der männlichen und der weiblichen Energie ist dennoch sehr alt? Eigentlich ebenso alt wie die Schöpfung selbst?*

Es ist eigentlich unrichtig, über die Schöpfung als etwas mit einem Anfang und einem Ende zu sprechen. Gott, die Quelle, ist unendlich und grenzenlos. Zeit und Raum gibt es nicht in ihrem absoluten Sinn. Die Geschichte, wie ich sie hier schildere, stellt daher die Dinge einfacher dar als sie sind, um eurem linearen Denken gerecht zu werden.

**Bist du als Seele ein ewiges Wesen oder hast du einen Anfang und ein Ende? Wird man als Seele geboren und stirbt dereinst wieder oder gibt es da etwas, das immer bleibt?*

Betrachte einmal, wer du nun bist, als Erwachsene, mit all den Charakterzügen, die du Zeit deines Lebens entwickelt hast und mit allen Erfahrungen, die du gesammelt hast. Diese Person, die du nun bist, gab es sie bereits, als du ein Baby warst? Was sollst du darauf antworten? Nein, die gab es nicht, oder ja, die gab es als Anlage, als Möglichkeit in dem kleinen Baby?

Eine ähnliche Frage kannst du dir selbst als Seele stellen. Ich spreche von einer Geburt der Seele, als sei da einst ein endgültiges Individuum zum Leben erwacht, aber tatsächlich ist diese Geburt, ja, *jede* Geburt, das Erwachen eines Potentials, das Aufknospen einer Möglichkeit. Dieses Potential und diese Möglichkeit haben bereits vor der Geburt bestanden, ebenso wie deine erwachsene Persönlichkeit in dem kleinen Baby schlummerte, das du einst warst. Geboren werden und Sterben sind im größeren kosmischen Kontext ein kontinuierlicher Strom, der Dynamik und Wachstum mit sich bringt. Ihr werdet zahllose Male aufs Neue geboren, in viele Formen hinein und auf vielen Bewusstseinsebenen. Was durch all diese Dynamiken hindurch gleich bleibt, ist das Eine, die Quelle. Ihr seid diese Quelle, ihr seid nicht von ihr getrennt. Daher lebt in euch etwas, das ewig, immerwährend ist, das Geburt und Tod transzendiert. Dennoch spreche ich von der Geburt der Seele, weil dies einen signifikanten Punkt auf eurem Entwicklungsweg als Bewusstseinsteilchen der Quelle markiert. Die Geburt der Seele steht für den Moment, in dem es einen Bewusstseins-Funken gibt, *der sich seiner selbst bewusst wird* und der sich selbst kennenlernen möchte. Das Eine wird Zwei und bleibt zugleich Eins. Das Mysterium des Seins ist hierin enthalten: Es gibt immer etwas, das bleibt und immer etwas, das sich verändert.

Ich möchte allerdings nicht zu abstrakt werden, sondern so konkret wie möglich auf den innerlichen Bewusstwerdungsweg eingehen, den ihr als Menschen nun durchlauft. Wir schauen uns hernach vor allem an, was sich darin verändert, was dabei wächst und sich entwickelt. Und du kommst auch bereits auf Zeitbegriffe zu sprechen. Und wenn du das tust, kannst du in der Tat sagen, dass der Konflikt oder die Entfremdung zwischen der weiblichen und der männlichen Energie bereits sehr alt ist. Denn diese gehören zum Anfangsstadium der Entwicklung einer Seele; dem Stadium, in dem die Seele noch am Anfang eines langen Prozesses der Bewusstwerdung, der Reifung und der Überwindung von Angst steht.

**Gut. Durch das universale Geburtstrauma der Seele entstand also in der weiblichen Energie ein Leid, ein Schmerz. Fühlte sie sich geschwächt durch die Geburt der Individualität und den Austritt aus dem Einen? Entstand so ein Gefühl der Unvollständigkeit und das Gefühl die männliche Energie zu brauchen'? Und entstand dadurch die auf dem Ego basierende weibliche Energie des Manipulieren-Wollens und die männliche Energie des Besitzen-Wollens? Mit anderen Worten: Wie ist die niedriger schwingende Variante der weiblichen Energie entstanden?*

Denke einmal an die Energie der Mutterschaft. Mütter tragen ihr Kind zuerst bei sich im Bauch und ernähren es mit ihrem eigenen Körper. Es besteht zwischen Mutter und Kind während der Schwangerschaft eine Art Zwei-Einheit. Wenn das Kind wächst und sich entwickelt, wird es immer selbstständiger, kommt immer mehr zu einer eigenen Individualität. Die physische Geburt markiert einen Moment unwiderruflicher Trennung: Die Körper von Mutter und Kind beginnen, unabhängig voneinander, zu existieren. Die Nabelschnur wird durchtrennt. Danach besteht noch immer eine große Abhängigkeit von der Mutter, sowohl physisch als auch emotional. Ganz allmählich beginnt das Kind sich von der Mutter zu lösen, bis es sich in der Pubertät auch geistig und emotional als ein getrenntes Individuum erfährt, als einen einzigartigen, einmaligen Menschen. Dann ist die Trennung von der Mutter mehr oder weniger endgültig vollzogen.

Die Mutter durchläuft während des Aufwachsens ihres Kindes einen inneren Prozess. Sie hat sich intensiv mit dem Kind verbunden und ihm Geborgenheit und Versorgung gegeben, als es äußerst verletzlich war.

Dennoch muss sie das Kind letztendlich ganz und gar loslassen und es als ein unabhängiges, einzigartiges Wesen anerkennen. Ihre Liebe für das Kind ist immer weniger physischer und irdischer Natur, sie wird mehr und mehr zu einer Liebe von Seele zu Seele, wenn die Mutter imstande ist, loszulassen.

Einige Mütter können nicht loslassen. Sie behandeln ihre erwachsenen Kinder weiter wie kleine Kinder und können ihre Rolle als Fürsorgerin und Behüterin nur schwer aufgeben. Dies wird von den (inzwischen erwachsenen) Kindern oft als verletzend und demütigend erlebt. Sie fühlen sich nicht als die einzigartige, einmalige Person gesehen, die sie sind. Es findet kein Kontakt von Seele zu Seele statt. Dadurch, dass die Mutter das Kind in ihnen nicht loslassen kann, verwehrt sie es sich selbst, die einzigartige Seele ihres Kindes zu entdecken und kennenzulernen. Wenn dies geschieht, entsteht eine unterdrückende, erstickende Mutterschaft. Die Mutter hegt dann Besitzansprüche: Sie will sich an die Zeit klammern, als sie für ihr kleines Kind das Zentrum der Welt war. Sie hat sich in diese Rolle verliebt und möchte sie nicht mehr hergeben. Was einst ein guter Impuls war, nämlich zu umsorgen, was verletzbar und von ihr abhängig ist, wird nun zu einer Form der Herrschaft, des Ausübens von Macht. Sie will das Kind an sich binden: Es darf nicht frei und unabhängig werden. Es muss sich so benehmen, wie sie es will, es muss sich ihrem Rat fügen und es muss für ihre Fürsorge dankbar sein. Diese Form der Machtausübung kann auf dominante Weise stattfinden, doch auch auf eine subtilere, beinahe unterwürfige Weise. Die Mutter kann sich verletzt, kummervoll und enttäuscht verhalten, wenn das Kind ihren Erwartungen oder Wünschen nicht gerecht wird. Sie kann das Opfer spielen und selbst an diese Rolle auch tatsächlich glauben. Was sich sowohl hinter der Dominanz als auch der passiv-aggressiven Variante dieser Machtausübung verbirgt, ist, dass sie das Kind nicht loslassen und nicht die Notwendigkeit akzeptieren will, selbst innerlich zu wachsen.

Dies ist eine typische Form der weiblichen Machtausübung, die auf Angst und einem Mangel an Verständnis basiert. Sie kann sich auch in Partnerschaften zeigen. Die Frau verhält sich dann in der Beziehung wie eine Mutter, die sehr viel von sich gibt und im Gegenzug dafür von dem Mann totale Kapitulation und Verfügbarkeit fordert. Diese Frau denkt von sich selbst, dass sie ihrem männlichen Partner 'allen Raum gibt', doch hinter ihrer mitunter grenzenlosen Bereitschaft, zu geben und zu vergeben, steckt ein Verlangen, ein Besitzanspruch. Sie will den Vogel, der aus freiem Willen zu ihr gekommen ist, in ihren Käfig locken und ihn dann rundum pflegen. Das kann wie Liebe aussehen, verursacht jedoch eine erhebliche Verletzung der Freiheit des Anderen. Die Energie eines Anderen auf diesen Weise gefangen nehmen zu wollen, ist die Essenz der Schattenseite der weiblichen Energie.

**Weibliche Energie, die zwanghaft, verpflichtend und auf Macht ausgerichtet ist, ist also nicht offen herausfordernd oder aggressiv, sondern eher manipulativ: Sie präsentiert sich als liebevoll, hat jedoch ein anderes Motiv.*

Eine auf dem Ego basierende weibliche Energie will den Anderen besitzen und ihm keine wahre Freiheit geben. Wenn die weibliche Psyche von solch einer Triebfeder beherrscht wird, liegt dem die Angst zugrunde, dass sie selbst ohne die Verfügbarkeit des Anderen nichts sei. Sie fühlt sich ohne die Rolle der Mutter, ohne die Rolle der Geberin und Hüterin, leer, unvollständig und unerfüllt. Sie schöpft aus der Abhängigkeit, die die Menschen ihr gegenüber entwickeln, eine gewisse Freude und Zufriedenheit; das kann ihr Kind, ihr Partner oder auch jemand Anderes sein. Es gibt in ihren 'guten Taten' einen Hintergedanken.

**Gehört zu dieser Form weiblicher Machtausübung auch die Verführung als Mittel dafür, jemanden 'in ihrem Netz zu fangen'?*

Verführung ist eine Form sanften Zwanges. Jemand, der gut verführen kann, weiß in den meisten Fällen die schwachen Bereiche im Gefühlsleben eines Anderen recht mühelos aufzuspüren. Sie gibt dem Anderen das Gefühl, wirklich verstanden zu werden, und der Andere fühlt sich wahrgenommen und wertgeschätzt. Verführung ist ein Spiel mit dem Ego des Anderen. Wenn der Andere deinen Verführungskünsten 'verfällt', hast du ein Gefühl des Triumphes, des Sieges. Du hast ihn in deiner Macht, denn die 'Liebe', die du ihm bietest, hat eine berauschende, betäubende und versklavende Wirkung. Der Käfig ist erschaffen, und der Vogel betritt ihn von selbst.

Dies ist sicherlich eine eher weibliche Strategie, die jedoch auch von Männern angewendet werden kann, denn, wie gesagt, tragt ihr beide Energien in euch. Aber die männliche Energie ist in ihrer Art offener aggressiv: Wenn die männliche Psyche von Macht getrieben wird, will er schlicht herrschen und sein Plan liegt nicht im Geheimen. Die weibliche Wirkungsweise hat mehr Raffinesse, ist aber auf dasselbe Ziel ausgerichtet: das Beherrschen und Kontrollieren des Anderen.

**Die weibliche Strategie klingt ziemlich gemein. Aber was steckt nun hinter der Manipulation und Verführungskunst? Woher dieses Bedürfnis nach Macht?*

Wie ich bereits sagte, fand ganz am Anfang, als die Seele geboren wurde, eine Splittung und eine Entfremdung zwischen der männlichen und der weiblichen Energie statt. Die männliche Energie stand für den Abschied von der Quelle, die weibliche Energie für die Verbindung mit der Quelle. Beide Bewegungen beinhalten einen wertvollen Impuls: Der männliche Impuls zur Abspaltung bringt Individualisierung, Wachstum und Mannigfaltigkeit hervor, während der weibliche Impuls zur Einheit führt, zum Verständnis für die Verbundenheit all dessen, was lebt, und dem Wunsch, zu beschützen und zu hegen, was klein und jung ist. Beide Strömungen sind schöpferisch. Was verkehrt gelaufen ist, ist, dass der in der männlichen Energie enthaltene Drang nach Abspaltung in der weiblichen Energie einen emotionalen Schock verursacht hat, der von jungen Seelen als Treuebruch und Verlassensschmerz erlebt wird. Die weibliche Energie (in Seelen) fühlte sich bei der Geburt der individuellen Seele 'aus dem Paradies verstoßen', weil da ein Bruch in der Einheit entstand. Man kann sagen, dass die weibliche Energie den konservativen Teil der Schöpfung darstellte und die männliche Energie den progressiven Teil (und ich verwende diese Worte im neutralen Sinn). Der männliche Drang nach Trennung wurde von der weiblichen Energie als eine feindselige Bewegung interpretiert, die sie betrogen und verraten hatte. Wohlgemerkt habt ihr beide Energien in euch, somit geht es hier um einen Konflikt und eine Verwirrung tief in eurem eigenen Inneren. Zum Erwachsenwerden der Seele gehört, dass dieser innere Konflikt schrittweise gelöst wird.

Um deine Frage zu beantworten: In der weiblichen Energie steckt eine alte *Verlassensangst*. Sie wirft der männlichen Energie vor, sie im Stich gelassen zu haben. Die männliche Energie wiederum fühlte sich nicht von der weiblichen Energie unterstützt, als sie den Sprung ins Unbekannte wagte. Er fühlte nicht die bedingungslose Unterstützung der Mutter, sondern lediglich ihren Vorwurf und ihre Abweisung. Dies führte dazu, dass die männliche Energie allein auszog und aus einem Gefühl des Vertriebenseins heraus immer wilder und unruhiger wurde. Aus dem Argwohn gegenüber der weiblichen Energie kam *Bindungsangst* auf: Angst, von der unzufriedenen Frau oder Mutter verschlungen zu werden. Die Bewegung hin zur Trennung und Individualität der Seele und damit zum Entwickeln eines eigenen Ichs, das frei wählen und handeln kann, wurde dadurch in der Menschheit nicht durch eine Verbindung mit dem Ganzen, mit dem Einen, im Gleichgewicht gehalten. Die männliche Tendenz zur Trennung, zur Abspaltung, ging zu weit, und die Ich-gerichtete Energie wurde so stark, dass die Empathie und das natürliche Gefühl der Einheit mit Anderen und mit der Natur allmählich verblasste. Wenn die männliche Energie die Verbindung mit der Strömung des Einen verliert, wird diese zu sehr auf Überleben, Kampf und Konflikt ausgerichtet. Angst wird dann zum Motor des Handelns und führt zu einem Bedürfnis nach Kontrolle und Herrschaft. Die Auswüchse dieser Ich-gerichteten, ausgeuferten männlichen Energie sind in eurer Welt deutlich wahrnehmbar. Die Erde geht beinahe daran zugrunde.

Du fragst, was hinter jener weiblichen Gewaltausübung steht, die sich in Manipulation und Verführungskunst äußert. Ich sprach bereits von der Angst, verlassen zu werden, doch es steckt noch etwas anderes dahinter. Der tiefste Beweggrund ist ein *Gefühl der Unwürdigkeit*, das daraus entsteht, von der männlichen Energie abgelehnt, abgewiesen zu werden. Darin, wie die männliche Energie sich in ihrem Streben nach Individualität von der Quelle absondert, könnt ihr sie ein wenig wie ein Kind ansehen, das die Mutter verlässt. Die weibliche Energie, die soeben erst in einer Seele geboren wurde, kann diese Trennung noch nicht begreifen, ihre spirituelle Bedeutung noch nicht erfassen und wird dadurch traumatisiert. Das ist vergleichbar mit einem Kind, das sich in der Pubertät gegen die elterliche Autorität auflehnt. Ein reifer Elternteil begreift und relativiert diesen Widerstand, dieser Elternteil sieht den größeren Zusammenhang und geht emotionell nicht daran zugrunde, dass das Kind ihn zeitweise von sich stößt. Aber die weibliche Mutterenergie in einer neugeborenen

Seele ist noch nicht gereift oder erwachsen, sie steht erst am Anfang ihrer langen Reise. Und die Abweisung durch das Kind (die männliche Energie) trifft sie tief und bringt sie in Kontakt mit einer *inneren Leere*. Sie fragt sich: Wer bin ich eigentlich, wer bin ich ohne mein Kind? Sie fühlt sich ihres Seins, ihrer Identität, ihrer Vitalität beraubt. Und so möchte sie die männliche Energie zurückhaben, sie will es einfangen, so dass sie wieder verfügbar für sie wird. Die Leere muss gefüllt werden, das Kind muss nach Hause zurück. Es bestehen ihrerseits Misstrauen und Vorwürfe gegenüber dem Kind (der männlichen Energie) und zugleich Abhängigkeit und Bedürftigkeit. Diese Mischung von Gefühlen führt zu Besitzansprüchen, zu Manipulation und indirekter Aggression. Die männliche Energie reagiert hierauf wiederum mit *Bindungsangst*: Angst, von der Mutter verschlungen zu werden, mit anderen Worten: erstickt und unterdrückt zu werden von der weiblichen Energie.

Ich möchte nochmals betonen, dass ich in alledem, was ich über die weibliche Energie und die männliche Energie sage, von *Archetypen* spreche, die nicht als einzelne, gesondert stehende Entitäten existieren. Es gibt so etwas wie 'die männliche Energie' oder 'die weibliche Energie' als ein für sich stehendes Wesen nicht. Was es durchaus gibt, sind einzelne Männer und Frauen, die jeder für sich eine eigene Mischung weiblicher und männlicher Energie in sich tragen. Ihr, als Seele, seid sowohl Mann als auch Frau gewesen und kennt die Dynamik beider Energien von innen heraus, sowohl in der Herz-basierten als auch der Ego-basierten Variante. *Ihr als Seele habt die Wahl.* Ihr seid nicht dazu verdammt, als Frau die auf Angst basierende weibliche Energie aufrecht zu erhalten oder als Mann die auf dem Ego basierende männliche Energie euer Leben diktieren zu lassen. Gerade auf Seelenebene seid ihr nun gereift und erwachsen geworden. Ihr habt viele Leben hindurch Erfahrungen mit beiden Tendenzen gesammelt. Ihr könnt Veränderungen in alte Muster bringen und das Spiel von männlicher und weiblicher Energie auf ein höheres Niveau bringen, indem ihr selbst nicht unbewusst in alte Rollen verfallt.

**Der Konflikt zwischen der männlichen und weiblichen Energie ist also vor allem ein Kampf innerhalb unserer selbst. Aber erleben wir ihn nicht vor allem als Konflikt zwischen den Geschlechtern? Ich erkenne mich zum Beispiel weit eher in der weiblichen Energie und den Problemen* *wieder, die damit in Zusammenhang stehen (emotional abhängig sein, zu wenige Grenzen setzen und so weiter).*

Als Mensch identifizierst du dich in einem irdischen Leben meist entweder mit der männlichen oder mit der weiblichen Energie. Eine von ihnen erlebst du als vertrauter als die andere. Als Mann erlebst du die männliche Energie generell als natürlicher und dir mehr zu eigen als die weibliche Energie, und für Frauen ist es anders herum. Allerdings muss auch dies nicht immer zutreffen. So hatte ich selbst in der Zeit meines Lebens als Maria Magdalena eine sehr unabhängige Seite und wollte mich nicht an einen Mann binden. Ich hatte eine Art Bindungsangst, vergleichbar mit der oben beschriebenen männlichen Angst davor, in einer Beziehung gefangen und unterdrückt zu werden.

Und ich war dennoch Frau. Es kann auch vorkommen, dass ein Mann sehr sensibel ist, zum Beispiel träumerisch und sanftmütig und dass er sich nur schwer gegen Aggressionen oder ein Zuviel an emotionalen Eindrücken wehren kann. Solch ein Mann tendiert dann mehr zur weiblichen Energie und fühlt sich oft sehr unwohl mit der Ego-basierten, kompetitiven und harten Variante der männlichen Energie.

Es sind also allerlei Variationen möglich, doch im Allgemeinen identifiziert sich ein Mensch mit einer der beiden Energien. Du identifizierst dich zum Beispiel mühelos mit der weiblichen Energie. Du erkennst für dich den Aspekt der unreifen weiblichen Energie, die ihre eigene Individualität nicht ausreichend bejaht, sich in Beziehungen leicht verliert und ihre Grenzen nicht deutlich definiert. Es ist deine innere Aufgabe, in dir selbst die männliche Energie in ihrer Herz-getragenen Variante zu wecken. Dies sorgt dafür, dass du dich selbst besser schützt und deutlich 'Nein' sagst, wenn du etwas nicht willst. Durch dieses wachsende Selbstbewusstsein erhält deine Herz-getragene weibliche Energie - deine Intuition und deine Inspiration - mehr und mehr Raum und entstehen in deinem Leben Freude und Erfüllung.

**Ja, das verstehe ich. Aber es hat somit auch Leben gegeben, in denen ich mich mehr mit der männlichen Energie identifiziert habe?*

Sicher. Du hast beide Energien erlebt und erkundet. Jeder von euch hat in sich eine Mischung von männlichen und weiblichen Energien, die zum Teil in vorherigen Leben gebildet wurden. Meist ist es so, dass es in einem Menschenleben ein Hauptthema gibt. Bei dir ist das beispielsweise, deine männliche Energie richtig anwenden zu lernen. Im Ausarbeiten dieses Themas sind beide Energien eingeladen, sich zu ihrem höheren Niveau hin zu transformieren. In dem Maße also, wie du die Herz-getragene männliche Energie in dir selbst entwickelst, wird auch deine weibliche Energie wachsen und alte Muster von Ohnmacht und Selbstverleugnung loslassen. Du kannst nicht eine der beiden Energien entwickeln, ohne auch die andere Energie in dir anzuschauen und zu transformieren. Das letztendliche Ziel all dessen ist Ausgewogenheit. In einer ausgewogenen Situation kann die Strömung deiner Seele sich in deinem Alltag mühelos manifestieren. Die Seele wird dann tatsächlich noch einmal geboren, jetzt als selbstbewusster, freier und verantwortungsvoller Funke der Quelle.

Kapitel 5
Die weibliche Wunde heilen: drei Schritte

**In den vorigen Kapiteln haben wir die verschiedenen Varianten männlicher und weiblicher Energie beschrieben und sowohl die hellen Seiten als auch die Schattenseiten beider benannt. Außerdem ist deutlich geworden, dass man beide Energien in sich selbst braucht und sie auf ein höheres Niveau anheben sollte, um ins Gleichgewicht zu kommen. Nun würde ich gern wissen, wie die weibliche Wunde, die sich als eine energetische Leere im Bauch zeigt, geheilt werden kann.*

Ihr könnt für Frauen und den inneren Weg zur Heilung drei Schritte hervorheben. Der erste Schritt ist es, *euren eigenen Schatten zu erkennen und euch ihm zu stellen*. Jede Frau trägt in sich Spuren der unzufriedenen, bösartigen Mutter, die sich aus einer inneren Leere heraus an der männlichen Energie festklammern und sie besitzen will. Es ist notwendig, diesen Schatten in euch selbst ganz bewusst aufzuspüren und voller Liebe und Verständnis zu wahrhaftiger Selbstliebe zu transformieren. Ich komme hierauf noch zurück. Der zweite Schritt ist es, die *Herz-getragene männliche Energie in euch selbst zu aktivieren* und sie dafür zu nutzen, eure eigenen Grenzen zu bewachen und ein unabhängiges Ich zu entwickeln. Zu lernen, Raum einzunehmen und auf eure eigenen Eigenschaften zu vertrauen, ist etwas, das euch eure innere männliche Energie geben kann. Der dritte Schritt zur Genesung ist, auf dieser Basis aus Selbstbewusstsein und Unabhängigkeit *die höhere weibliche Energie des Herzens zum Ausdruck zu bringen*. Wenn die Leere in eurem Bauch mit Selbstliebe und mit Verständnis für eure eigenen Muster und Fallstricke gefüllt ist, dann kann der Kontakt zu eurer Seele aufblühen und ihr könnt eure Talente und Gaben wirklich inspiriert mit der Welt teilen. Ihr seid dann vollständig.

Ich werde diese Schritte nun jeden einzeln für sich erläutern.

Schritt 1.
Die Schattenseite der weiblichen Energie in dir selbst erkennen

Es ist für eine Frau oft schwer, ihren eigenen Schatten zu erkennen. Das kommt daher, dass Frauen oft *denken*, sie tun etwas Gutes, während sie in Wahrheit etwas tun, das gegen ihre Natur verstößt. So bleibt ihr Schatten vor ihnen verborgen. Sie denken zum Beispiel, dass es 'gut' ist, artig, hilfsbereit, einfühlsam, sozial angepasst, verbindlich und versöhnlich zu sein. Und dass es 'schlecht' wäre, egoistisch, querköpfig, ungehorsam oder unhöflich zu sein oder zu sehr von der Norm abzuweichen. Diese Definitionen sind ihnen während ihrer Erziehung explizit oder implizit beigebracht worden. Es besteht in vielen Frauen noch immer ein Tabu in Bezug auf Wut und darauf, aus der Haut zu fahren und zu rebellieren. Doch Frauen müssen sich sehr oft auf die Zunge beißen, um die artige, sozial angepasste Rolle zu erfüllen. Sie sagen 'Ja', empfinden jedoch 'Nein', sie geben sich anders als sie von Natur aus sind, aus Angst, 'schlecht' zu sein und verurteilt zu werden.

Es gibt im Selbstbild vieler Frauen einen merkwürdigen Spagat zwischen dem, was sie fühlen *sollten* und dem, was sie tatsächlich fühlen. Was sie *tatsächlich* fühlen, halten sie oftmals verborgen, auch vor sich selbst. Das könnt ihr jedoch nur bis zu einem gewissen Grad aushalten. Durch das Unterdrücken der wahren Gefühle baut sich langsam unterschwellig eine Ansammlung von Frustration und Ärger auf. Zu einem bestimmten Zeitpunkt dann kommen sie nach oben, und dann wird die sanfte und verständnisvolle Frau auf einmal zu einer Megäre und Furie. Oder das unterdrückte Feuer schlägt nach innen, und die Frau wird krank, depressiv oder ist vollkommen erschöpft.

Bei Männern ist das anders. Die Schattenseite von Männern äußert sich weit mehr auf eine Weise, die jeder sofort als 'falsch' erkennt: in Aggression, Dominanz, einem Mangel an Empathie und Gewalttätigkeit. Männer und Frauen sind sich darüber einig, dass dies schlechte Eigenschaften sind. Für Männer mit einem sehr männlichen Ego ist es in diesem Sinne einfacher ihren Schatten aufzuspüren als für Frauen mit einem großen weiblichen Ego. Der Schatten der männlichen Energie ist deutlicher wahrnehmbar, ihr könnt ihn buchstäblich nicht übersehen. Aber der Schatten der weiblichen Energie ist weniger greifbar, verborgener und indirekter zu erkennen. Darum ist es so wichtig, dass Frauen zwischen ihrem sozial angepassten Selbst und ihrem wirklichen Selbst unterscheiden.

Aus spiritueller Sicht ist es wichtig, dass ihr euch als Frauen keine Definitionen von gut und schlecht auferlegen lasst, ehe ihr nicht zuvor nachgespürt habt, ob sie für euch stimmig sind. Statt krampfhaft zu versuchen, diese sozialen Erwartungen zu erfüllen, ist es für euer inneres Gleichgewicht weit heilsamer, eure wahren Emotionen zuzulassen und zu begreifen, was ihr in Bezug auf etwas oder jemanden wirklich fühlt und meint. Erlaubt euch Ärger. Lasst Unzufriedenheit, Rebellion, heftige Sehnsüchte, Kummer und Angst da sein. Nur so könnt ihr euch selbst wirklich kennenlernen. Ihr braucht nicht danach zu streben, ein 'guter Mensch' zu sein. Ihr seid von Natur aus gut. Aber das ‚Gut-Sein', das ihr von Natur aus seid, ist nicht das säuberlich geharkte Gärtchen, das viele von euch sich darunter vorstellen. Im Garten eures natürlichen Selbstes stürmt es mitunter, und dann wieder ist es dort windstill, manchmal scheint die Sonne und manchmal regnet es tagelang. Hier ist es ebenso wie in der freien, wilden Natur; es ist hier nicht ordentlich und berechenbar. Euer natürliches Selbst ist lebensecht. Wenn ihr die Dynamik eures inneren Lebens, all eurer Gefühle und Emotionen als etwas erfahrt, das gut und natürlich ist, werdet ihr sie weniger kontrollieren wollen. Und das wird dem inneren Garten unmittelbar zugutekommen. Dieser Garten kennt seine eigenen Gesetze und Rhythmen und weiß, wie er im Gleichgewicht bleibt. Die Kunst des spirituellen Wachstums ist es, die Gesetze und Rhythmen zu verstehen und sie zu respektieren. Dafür ist es notwendig, dass ihr respektiert, wer ihr seid, dass ihr eure einzigartige Natur achtet.

Eure eigene Natur zu respektieren und euch selbst zu lieben, bewirkt, dass ihr den Kampf mit euch selbst hinter euch lasst. Dadurch werdet ihr von selbst glücklicher und sorgloser. Es ist, als ob eine schwere Last von euch abfällt. Die Kluft zwischen dem, wer ihr seid und dem, wie ihr dachtet, 'für die Anderen' sein zu müssen, fällt weg. Es bleibt den Anderen überlassen, ob sie euer natürliches Selbst mögen oder nicht. Es ist nicht mehr eure Sache. Das ist ein enorm befreiender Schritt. Ihr müsst euch selbst nicht mehr antreiben, euch nicht mehr unter Druck setzen, anders zu sein als ihr seid.

**Aber ist dieser Schritt nicht ebenso notwendig für Männer? Leiden sie nicht auch unter dem Druck, 'dazugehören' und sozial angepasste Rollen spielen zu müssen, die nicht mit ihrer wahren Natur übereinstimmen?*

Ja, aber bei Frauen liegt der Schatten eher darin, sich selbst unnatürlich zu *verleugnen* und bei Männern mehr darin, sich selbst unnatürlich aufzublasen. Beide Tendenzen sind destruktiv, aber die weibliche Tendenz zur Selbstlosigkeit kann sich weit einfacher in einen 'Mantel der Güte' hüllen.

Denkt einmal an die Karikatur einer sanften, unsicheren, aber verständnisvollen Frau, die den starken Macho umschwärmt, der ganz selbstverständlich die Führung übernimmt und innerhalb der Beziehung der dominante Partner ist. Der Mann ist launisch und temperamentvoll und innerlich sehr unruhig, wodurch er fortwährend Aufmerksamkeit und Bestätigung von Anderen braucht. Zunächst reichen ihm die Aufmerksamkeit und Anbetung durch diese Frau, aber nach einer Weile ist das nicht mehr genug und er geht mit anderen Frauen fremd. Dies bereitet seiner Partnerin viel Kummer, und sie wird dadurch noch unsicherer. Sie glaubt, ihm nichts wert zu sein und versucht ihr Bestes zu tun, um für ihn noch anziehender zu werden. Sie nimmt Rücksicht auf all seine Launen und Wünsche und ignoriert sich selbst völlig. Aber es nützt nichts, und der Mann sucht auch weiterhin andere Frauen auf und betrügt seine Partnerin.

In diesem Bild scheint der Mann, oberflächlich betrachtet, 'der Schlechte' zu sein und die Frau 'die Unschuldige' oder 'das Opfer'. Doch in Wirklichkeit ist die Frau ebenso destruktiv wie der Mann, in dem Sinn, dass sie sich selbst lange Zeit so extrem erniedrigt und verleugnet. Der Schatten der Frau steckt in der *Selbstverleugnung*, die sich unter anderem in der Tatsache zeigt, dass sie weniger ärgerlich reagiert, wenn der Mann sie betrügt, als vielmehr unsicher und traurig. Sie ist nicht im Stande, wütend zu werden, derweil Ärger oder Entrüstung oder ein deutliches Empfinden von 'nein, das lasse ich mir nicht bieten' hier die natürlichsten Reaktionen wären. Es erscheint vielleicht 'richtig', 'gut' und 'nobel', dass sie nicht böse wird, aber das ist es nicht. Das Unvermögen, böse zu werden, ist ein Zeichen von tiefer Ohnmacht und der Angst, ganz auf sich selbst zurückgeworfen zu werden. Dies ist der wahre Schatten, dem sie sich nicht stellen will, weshalb sie sich wider besseres Wissen weiterhin an ihren männlichen Partner klammert.

Dies ist natürlich eine überdeutliche, beinahe grotesk dargestellte Situation, in der der verborgene Schatten der Frau für die meisten Menschen klar und eindeutig wahrnehmbar ist. Aber Selbstverleugnung kann auch subtilere Formen annehmen und ist dann weniger leicht zu erkennen. Für jede Frau ist es gut, ganz ehrlich anzuschauen, was sie in der Verbindung mit einem Anderen sucht: Seid ihr auf die Zustimmung und Anerkennung des Anderen aus, weil ihr an eurer eigenen Daseinsberechtigung zweifelt? Fühlt ihr euch innerlich klein und gibt der Andere euch das Gefühl, dass ihr da sein dürft und dass ihr einen Wert habt? Dann seid achtsam. Natürlich ist es schön, wenn ein Anderer euch wahrnimmt und wertschätzt, aber werdet nicht davon abhängig. Sobald das geschieht, fangt ihr an, euer Verhalten dem anzupassen, von dem ihr glaubt, dass der Andere es von euch erwartet oder sich wünscht. Ihr gebt euch dann anders als ihr seid. Es kommt ein unechtes Ich zum Vorschein, das euch ganz und gar übernehmen kann. Das Ich verbirgt seine dunklen Seiten, weil es fürchtet, in den Augen des Anderen sein Gesicht zu verlieren. Wenn ihr euch selbst eingesteht, dass ihr eigentlich innerlich ängstlich und unsicher seid, dann habt ihr den ersten Schritt zur Selbsterlösung getan. Ihr werdet euch einer inneren Leere bewusst und lauft nicht vor ihr davon. Wenn ihr noch tiefer in die Leere vordringt, werdet ihr merken, dass sich in eurem Leben Einsamkeit, Angst und Verwirrung oder Verzweiflung verbergen. Sie können sehr alt sein und tiefe Spuren hinterlassen haben.

Zugleich entdeckt ihr mit dem Wahrnehmen dieser Energien in *euch*, dass es euch gibt. Dadurch, deutlich wahrzunehmen und nicht vor der Leere zu flüchten, manifestiert ihr euch selbst aus eurer eigenen Kraft und eurem eigenen Licht heraus. Dies ist der erste Schritt zur inneren Heilung. Nun könnt ihr begreifen, dass das Füllen dieser Leere durch die Zustimmung und Anerkennung eines Anderen euch nicht hilft. Mehr noch, sie schwächen euch, weil ihr dann nicht mehr die Meister eurer eigenen Energie seid. Ihr benötigt dann eine Versorgungsquelle außerhalb eurer selbst. Das führt zu Problemen, weil ihr dann eure natürlichen Impulse unterdrückt, um die Versorgung durch den Anderen weiter aufrechtzuerhalten. Ihr macht euch selbst vor, dass ihr wirklich nicht ohne dies auskommt. Dies ist eine Form des Selbstverlustes, die weit verbreitet ist, und das muss sich dann nicht immer so überzeichnet zeigen wie in dem Beispiel hier oben. Ihr könnt euch selbst auf allerlei subtile Weise unterdrücken, oft ohne dass ihr es realisiert. Darum rate ich jeder Frau, sehr sorgfältig dem nachzugehen, was in einer Beziehung ihre wahren Gefühle sind, vor allem dann, wenn ihr dabei seid, euch selbst zu verleugnen, weil ihr das Bedürfnis habt, von dem Anderen wahrgenommen und anerkannt zu werden. *Der Schatten der Selbstverleugnung hat nur dann Macht über euch, wenn ihr ihn nicht seht.* Sobald ihr die Neigung zur Selbstverleugnung erkennt, ihr ehrlich begegnet und in die Augen seht, steht ihr wieder im Zentrum eures eigenen Wesens und seid ihr Herr und Meister eures Lebens.

Versucht nicht, eure eigene Ohnmacht zu verschleiern, indem ihr euer Verhalten schöner erscheinen lasst als es ist. Macht euch selbst nicht vor, dass es gut und nobel sei, passiv, anpassungsfähig und überbescheiden zu sein. Weigert euch, eine Märtyrerrolle auf euch zu nehmen, in der ihr die Neigung, euch selbst zu negieren, als eine edle Haltung der Selbstaufopferung anseht. Ihr etikettiert damit widernatürliches Verhalten als richtig und vertretbar. Euch selbst innerlich zu entwickeln bedeutet nicht, selbstlos zu werden; es bedeutet vor allem, dass ihr euch selbst als einzigartiges und wertvolles Wesen entdeckt, das geliebt und umsorgt werden möchte. Eine Haltung der Offenheit und Achtung euch selbst gegenüber führt ganz natürlich zu einer offenen und achtsamen Haltung Anderen gegenüber. Was ihr euch selbst zugesteht, gesteht ihr auch Anderen zu. Wenn ihr offen und liebevoll euch selbst gegenüber werdet, erkennt Ihr den Anderen immer mehr als Gleichgestellten an. Liebe ist von Natur aus freigiebig und offenherzig: Wenn ihr euch selbst gegenüber liebevoll werdet, werdet ihr zu einer Quelle der Liebe, die sich in ihrer Überfülle auch auf die Welt um euch herum ergießt. Ihr werdet zu einem Schöpfer. Dies ist es, was die Leere im Bauch von Frauen wirklich füllt und ihnen Wurzeln bis in die Erde hinein schenkt. Ihre Kraft, ihre Unabhängigkeit und ihr warmes Herz werden durch Selbstliebe aktiviert, das Gegenteil der Selbstverleugnung.

**Als ich ein Teenager und Twen war, konnte ich mich leidenschaftlich verlieben und hatte ich große Sehnsucht nach 'Verschmelzung'. Ich sehnte mich danach, ganz mit Jemandem so zusammenzuschmelzen,* *dass meine Grenzen sich auflösen würden und es absolute Anerkennung, Freude und Geborgenheit für mich geben würde. Dieses Verlangen äußerte sich als Verliebtheit in Jemanden, aber es ging viel tiefer als Lust oder körperliche Anziehungskraft. Es war eine Sehnsucht nach geistiger Verschmelzung. Als ich etwas älter wurde, fragte ich mich, ob es nicht eher ein spirituelles als ein sexuelles Verlangen war. Es war nämlich auch ein Verlangen danach, von meinen eigenen Grenzen, aus meinem gefesselten Ich befreit zu werden und in etwas Größerem aufzugehen, das sich weit und aufregend und liebevoll anfühlte.*

Ist dieser Hang zur Verschmelzung danach, in etwas Größerem aufzugehen, ein Ausdruck der weiblichen Schattenseite? Es scheint mir eine Sehnsucht der weiblichen Energie zu sein; es ist eindeutig eine verbindende Strömung, aber darin, sich 'auflösen' zu wollen, steckt wahrscheinlich etwas, das so nicht funktioniert oder richtig ist. In jedem Fall zeigt mir meine Lebenserfahrung, dass es keine fortdauernde, vollkommnende Vereinigung mit einem Anderen gibt; in einer Beziehung kann es sublime Momente der Verbindung geben, aber danach wird man auch immer wieder auf sich selbst zurückgeworfen. Gegenwärtig finde ich das nicht mehr so schlimm. Ich brauche es sogar, viel allein zu sein und genieße es. Aber ist diese Sehnsucht nach Verschmelzung nun verkehrt? Steckt darin die giftige Schattenseite der weiblichen Energie?

Das Verlangen nach Verschmelzung ist dann verkehrt, wenn es eine Flucht vor dir selbst ist. Wenn ein starker Widerwille dagegen besteht, das irdische Leben auf sich zu nehmen, so wie es bei dir früher sicherlich der Fall war, kann der Hang zur Transzendenz und danach, in etwas Größerem aufzugehen, dich von deiner eigentlichen Aufgabe fortziehen: Ein eigenes Ich mit Grenzen und mit 'Substanz' zu werden. Du bist in deinem Leben einige Male unsanft aus dem Traum der totalen Verbundenheit mit einem Anderen aufgewacht. Du hast diesen Traum dadurch aufrechterhalten, die Unterschiede und Streitpunkte zwischen dir und dem Anderen zu verschleiern und Konflikten aus dem Weg zu gehen. Doch so entsteht ein unechter Einheitszustand, in dem du deine eigenen Impulse wegdrückst und auf Dauer wird dies unerträglich. Du bist mehrere Male zurückgetreten, sowohl aus Beziehungen als auch aus Anstellungen, und du hast dies jedes Mal als sehr befreiend erlebt. Das war immer genau das, was du brauchtest: Dich von etwas lösen, das dich niederdrückte, dich befreien

von etwas, das nicht zu dir passte. Das Vollziehen dieses Schrittes erfordert Mut und Selbstbewusstsein. Und es ist das genaue Gegenteil davon, eine fehlerhafte Verbindung aufrecht zu erhalten. Das selbstbewusste Abbrechen einer unausgewogenen Verbindung hat dir in deinem Leben weit mehr Gutes gebracht als die Sehnsucht nach Verschmelzung.
Vor dir selbst fliehen und dich in einem Anderen verlieren zu wollen, ob dies nun ein Partner, eine Gruppe von Menschen oder eine anderweitige Beziehung ist, zeigt einen Mangel an Unabhängigkeit und Selbstbewusstsein. Es ist ein Mangel an einer gut entwickelten männlichen Energie. Es steckt darin in der Tat eine weibliche Schattenseite, denn in Wahrheit verlangst du von dem Anderen eine Art Vollkommenheit, die menschlich gesehen niemals erreicht werden kann. Im Hang nach vollkommener Verschmelzung steckt ein forderndes Verlangen nach dem Anderen: ein Schmachten nach vollendeter, vollkommnender Liebe, Geborgenheit und Verständnis. Es stecken eine Hilflosigkeit und eine Verletzbarkeit im Kern dieses Verlangens, die nicht durch einen Anderen gelöst werden können. Du bringst dann eine unmögliche Erwartung in die Beziehung hinein. Es ist ein schädliches Verlangen, weil es dem Anderen nicht die Freiheit lässt, zu sein, wer er ist, in seiner oder ihrer ganz eigenen Menschlichkeit.

Das Verlangen nach Verschmelzung, das du früher so sehr hattest, war nicht bewusst schädlich, da du nicht wirklich erfasstest, was dich dazu bewog und du vor allem selbst unter dessen giftiger Wirkung gelitten hast. Und so geht es mit den meisten Menschen, die sich übermäßig binden wollen. Sie fühlen und handeln aus einer inneren Leere heraus, sie sind nicht gut geerdet und bei sich selbst zuhause. Sie geben viel von sich selbst und verlieren sich auf Dauer in der Verbindung. Auf lange Sicht können sie dann beginnen, sich als Opfer zu fühlen und den Anderen der Dominanz, des Schmarotzertums oder des Egoismus zu beschuldigen. Oft habt ihr da allerdings selbst die Tür geöffnet und eure eigenen Grenzen nicht gut bewacht. Ein zu schwaches Ich ist spirituell gesehen ebenso problematisch wie ein zu starkes Ich. Ein zu schwaches Ego lässt Andere über sich hinweg fegen, aber das tut es nicht zufällig. Es hat einen Hintergedanken. Platt ausgedrückt liegt darin die verborgene Hoffnung: 'Wenn ich alles mit mir machen lasse, dann bist du mir etwas schuldig. Ich negiere mich, um mir deine Liebe, Zuneigung und Treue zu verdienen'. In dem selbstlosen Verhalten ist etwas Manipulatives: Du hoffst, dass der Andere dich brauchen wird. Emotionale Abhängigkeit verleiht Macht. Auf eine verdrehte Weise versucht ein schwaches Ego, dasselbe zu erreichen wie ein starkes Ego: Die Liebe und Anerkennung vom Anderen.

**Das Verlangen nach Verschmelzung ist also oft ein Fliehen vor unserer eigentlichen Aufgabe (ein unabhängiges Ich zu werden). Aber welchen Raum zur Verschmelzung und Verbindung gibt es dann überhaupt in einer Beziehung, in der beide Partner die Verantwortung für sich selbst übernehmen und unrealistische Erwartungen losgelassen haben?*

Verschmelzung in einer liebevollen, ebenbürtigen Beziehung nimmt die Form einer tiefen, unausgesprochenen Verbundenheit zwischen Partnern an. Während sie jeder einen eigenen Weg gehen, findet stets ein Austausch von Energien statt, der Freude und Tiefe mit sich bringt. Solch eine freie Liebe zwischen Seelen, die nicht auf Angst oder innerer Leere basiert, ist eine der schönsten Erfahrungen, die du in deinem Leben machen kannst.

Schritt 2.
Die männliche Energie in dir selbst umarmen

**Das Erkennen deines eigenen Schattens als Frau bringt dich in Kontakt mit einer inneren Leere, wodurch du einzusehen beginnst, dass sie nur durch aufrichtige Wertschätzung für dich selbst gefüllt werden kann. Hat diese Selbstachtung mit Schritt 2 zu tun: Das Aktivieren der Herz-getragenen männlichen Energie in dir selbst?*

Zum Teil. Echte Selbstachtung ist kein männlicher oder weiblicher Aspekt. Es ist ein Aspekt der Hingabe: mitgehen mit der Strömung deines natürlichen Selbstes. Aber um das zu tun, ist es notwendig, zu akzeptieren, dass du ein unabhängiges, individuelles Wesen bist. Du musst den falschen Drang nach Verschmelzung und nach dem 'Aufgehen in etwas Größerem' loslassen. Dies ist es, was deine Herz-getragene männliche Energie dir geben kann: das Verständnis und Bewusstsein deiner Einzigartigkeit, deiner Schöpferkraft als unabhängiges Wesen. Die männliche Energie hilft dir, dich vom Ganzen zu lösen und 'Ich' zu sagen. Sie ist die Personifizierung des erwachsen gewordenen kosmischen Kindes, das die Mutter als Quelle des Einen achtet und umsorgt und zugleich das Abenteuer des 'Ich-Werdens' voller Freude auf sich nimmt. Die Herz-getragene männliche Energie in euch ist euer Selbstbewusstsein, eure Kraft, zu schöpfen und neue Wege einzuschlagen. Diese Energie gibt euch das Gefühl, als freies, autonomes Wesen über euch selbst zu bestimmen. Sie ist eine äußerst heilsame Energie für Frauen, die dazu neigen, sich über Gebühr zu verbinden, zu viel zu geben und sich in Beziehungen zu verlieren.

**Und wie eignet man sich diese Energie an? Wie aktiviert man die Herz-getragene männliche Energie in sich selbst?*

Dadurch, daran zu glauben, wer du bist. Vertraue auf deine eigene Natur, auf deine spontanen Gefühle. Löse dich von Erwartungen, die aus dem Außen kommen. Es ist in Ordnung, abzuweichen, anders zu sein. Nähre den abenteuerlichen Teil deiner selbst, den Teil, der mit der gefestigten Ordnung brechen will, weil er fühlt, dass es etwas Neues und Besseres gibt, dass das Leben freier, prachtvoller und sprudelnder wäre, wenn es nicht durch falschen Moralismus, durch künstliche Regeln über Gut und Böse unterdrückt wird. Der aufständische Teil in dir enthält einen Hinweis auf deine Herz-getragene männliche Energie. Der Teil von dir, der Nein sagt, aufsässig, eigensinnig und widerspenstig ist... lasse ihn einmal sprechen.

Stelle dir vor, dass du an einem ruhigen Ort in einem Wald oder am Strand bist und dort die Gestalt eines jungen Mannes erscheint, der etwas Rebellisches ausstrahlt. Er strahlt klar und deutlich aus, dass er sich nicht durch fadenscheinige Vorwände vereinnahmen lässt. Er ist kraftvoll in seiner Unnachgiebigkeit. Schaue einmal, ob du Kontakt zu ihm bekommen kannst. Nimm seine Energie in dich auf. Was will er dir mitteilen? Er ist ein Teil von dir, und er hat eine Botschaft für dich. Mache dich leer, so dass du sie in Empfang nehmen kannst.

**Ich treffe viele hochsensible Frauen, die es sehr schwer finden, Grenzen zu setzen, die oft ganz automatisch Gefühle von Anderen aufnehmen, darauf ansprechen und sich hinterher erschöpft fühlen. Es geschieht* *oftmals noch bevor sie selbst es merken. Es ist als ob man spontan mit dem Anderen verschmilzt und sich selbst beinahe vollkommen verliert. Wie kann man das vermeiden; wie kann man konkret seine 'männliche Energie umarmen' und sich selbst besser erden und schützen?*

Hochsensibilität ist eine Form der empathischen und intuitiven Wahrnehmung und ist als solche eine weibliche Energie. Diese kann ebenso gut in Männern vorhanden sein wie in Frauen. Worum es geht, ist, dass viele Hochsensible neben ihrem entwickelten weiblichen Vermögen der intuitiven Wahrnehmung auch den weiblichen Schatten der Selbstverleugnung in sich tragen. Dies führt dazu, dass neben ihrem Vermögen, Stimmungen und Emotionen Anderer wahrzunehmen, auch die Neigung besteht, Anderen in deren Bedürftigkeiten zu viel helfen zu wollen und ihre eigenen Bedürfnisse aus den Augen zu verlieren. Letztere Neigung hat nichts mit Hochsensibilität zu tun, sondern einzig mit Selbstverleugnung. Der deutlichste Rat, den ich hier geben kann, ist: Erkenne deinen eigenen Schatten. Das Aufnehmen von Energien und Emotionen ist die eine Sache, dich darin zu verlieren und abhanden zu kommen, ist eine ganz andere Sache. Ihr müsst nicht mit dem Anderen mitleiden, und der Andere hat absolut keinen Nutzen davon, wenn ihr das tut. Ihr habt eine Wahl: Ihr könnt sensibel sein und innerlich sehr viel wahrnehmen, während ihr vollkommen in und bei euch selbst bleibt. Das macht es allerdings erforderlich, dass ihr alle Formen der Selbstverleugnung aufgebt. Begreift, dass ihr einfach euer kraftvolles, würdevolles, begrenztes Selbst bleiben dürft und könnt, während ihr intuitiv wahrnehmt und Energien von Anderen erfühlt. Und begreift, dass ihr dann dem Anderen am meisten anzubieten habt.

Schritt 3.
Die höhere weibliche Energie verkörpern: Das dritte Auge mit dem Herzen verbinden

**In Schritt 1 und 2 ging es um das Erkennen des eigenen Schattens und darum, die eigene männliche Energie bewusst einzusetzen. Dies erschafft die Basis von Selbstwert und Unabhängigkeit, die viele Frauen brauchen. Was fügt Schritt 3 dem hinzu?*

Ich habe über die Schattenseite der weiblichen Energie und der großen Wichtigkeit des Erkennens derselben in euch selbst gesprochen. Nur wenn ihr euch eures eigenen Schattens, der Falle der Selbstverleugnung und 'des Gebens, um euch eure Daseinsberechtigung zu verdienen', bewusst werdet, könnt ihr wirklich vorankommen. Wenn ihr den Schatten von innen heraus begreift und die innere Leere, die ihm zugrunde liegt, mit Selbstliebe, Kraft und Unabhängigkeit füllt, kann die Herz-getragene Variante der weiblichen Energie in euch zur Blüte kommen. Ihr aktiviert die höhere männliche Energie in euch selbst, und dadurch kann eure höhere weibliche Energie klar und rein hervortreten.

Die weibliche Energie trägt in sich das Potential echter, bedingungsloser Liebe. Diese Form der Liebe ist das Gegenteil von der manipulierenden, zwanghaften, drängenden Liebe, die darauf ausgerichtet ist, den Geliebten zu binden und zu besitzen. Bedingungslose Liebe schließt das Wissen ein, dass der Andere eine vollkommen eigenständige Seele ist, die ihre eigenen Entscheidungen treffen sollte. Nur die eigenen Entscheidungen führen zu innerem Wachstum und Bewusstwerdung. Die erwachsen gewordene Mutterliebe will ihr Kind nicht mehr zwingen, steuern oder übermäßig versorgen. Sie öffnet den Käfig und lässt den Vogel ganz und gar frei. Zugleich erhält die Mutter ein tiefes, empathisches Band mit dem Kind aufrecht; sie lässt es seinen Weg gehen, bleibt jedoch innerlich bei ihm mit einem liebevollen Betrachten und Fühlen. Oftmals hat sie - eingegeben vom dritten Auge - ein klares inneres Wissen darüber, was das Kind braucht oder was es am stärksten blockiert. Die Mutter teilt dieses Wissen nur mit, wenn das Kind sie darum bittet. In dem Moment kann sie dem Kind etwas ganz Besonderes geben. Ihr weiser Rat entbindet ihr Kind nicht aus seinen Entscheidungsmöglichkeiten. Sie macht dem Kind sein Potential und das Versprechen bewusst, das es in sich trägt. Sie bestätigt und bestärkt es in seiner Kraft und seinem Vermögen, gute Entscheidungen zu treffen. Dies stärkt das Selbstvertrauen des Kindes. Es fühlt sich unterstützt und gewärmt durch ihr Vertrauen und ihre bedingungslose Liebe. Diese Liebe ist die höchste Form weiblicher Weisheit. Sie verkörpert die Wärme und das Engagement einer Mutter und zugleich die Weisheit und Unabhängigkeit eines Lehrers. Auf diese Weise wird das dritte Auge, das weibliche Vermögen des Hellwissens und -sehens, in Verbindung mit dem Herzen genutzt und angewendet.

Diese Form weiser Liebe muss sich natürlich nicht nur in Mutter-Kind-Beziehungen manifestieren. Heilende weibliche Energie kann Licht in alle Beziehungen bringen. In Partnerschaften sorgt sie für eine tiefe Verbindung zwischen den Partnern, während sie einander zugleich freilassen. Die Verbindung ist sanft, liebevoll, ein Miteinander. Durch die empathischen Eigenschaften der weiblichen Energie kann jemand tief empfunden und verstanden werden und fühlt sich erkannt, ohne erst viel darlegen zu müssen. Wenn ihr die höchste Form der weiblichen Energie in eine Beziehung einbringt, seid ihr für den Anderen ein Kanal für bedingungslose Liebe. Dies geht nicht auf Kosten eurer selbst, weil ihr die Balance zwischen Geben und Empfangen deutlich spürt und euch auch selbst aus derselben Quelle der bedingungslosen Liebe ernährt.

Die höhere oder Herz-getragene weibliche Energie ist eine Energie des Kontaktes und der Verbindung, die in dieser heutigen Welt enorm nötig ist. Diese Energie ist darauf ausgerichtet, zwischen sehr verschiedenen Parteien Verständnis und Kommunikation zustande zu bringen. Gerade auf politischer und gesellschaftlicher Ebene kann der Einsatz der weiblichen Fähigkeit, zu verbinden, eine große Veränderung bewirken. Die Welt wird immer kleiner. Jeder ist durch die modernen Kommunikationsmittel immer mehr mit Jedem verbunden. Aber die Tatsache, dass technisch gesehen über diese modernen Kommunikationsmittel Jeder mit Jedem sprechen kann, heißt noch lange nicht, dass dann ein wirkliches Gespräch stattfindet. Die äußerlichen Entwicklungen eilen, was das angeht, den innerlichen Entwicklungen voraus. Zugleich bestimmen die äußerlichen Entwicklungen durchaus, wo es hingehen muss. Die Menschheit kann sich nicht mehr in 'Wir'-, und 'Sie'-Fraktionen aufteilen. Das Erkennen der fundamentalen Menschlichkeit in allen Menschen, ungeachtet der Rasse, des Glaubens und anderer Dinge, ist das Fundament der Zukunft. Allein das macht wahren Kontakt möglich.

Aus der höheren, Herz-getragenen weiblichen Energie gehen Verständnis, Offenheit und die Verbindung zwischen Menschen hervor. Die Herz-getragene männliche Energie schafft Raum für die Eigenheiten und die Individualität jedes Menschen. Beide Energien sind extrem notwendig, und je mehr Menschen diese höheren Schwingungen in sich selbst aktivieren und in ihr tägliches Leben einbringen, desto mehr kommt das kollektive Energiefeld in Bewegung und wächst zu einer liebevolleren Welt heran.

Kapitel 6
Weibliche Weisheit: Rückkehr der Intuition

**Der dritte Schritt zur Selbstheilung für Frauen ist es, deine eigene höhere (Herz-getragene) weibliche Energie zum Ausdruck zu bringen. Weibliche Weisheit wird traditionell mit 'dem dritten Auge' als Sitz der intuitiven oder hellsichtigen Wahrnehmung assoziiert. Hat die weibliche Herzenergie mit diesem 'dritten Auge' zu tun, also über die materielle Welt hinausblicken und subtile Energien wahrnehmen zu können? Viele weibliche Lichtarbeiter fühlen sich in ihrer Arbeit (mit Menschen) zu einer intuitiven und empathischen Herangehensweise hingezogen (anstelle einer rein mental-rationalen). Gehört das zu der höheren weiblichen Energie dazu?*

Bei der Herz-getragenen Variante der weiblichen Energie ist das dritte Auge, das traditionell für Hellsicht und Intuition steht, mit dem Herzen verbunden. Damit will ich sagen, dass alle auf hellsichtigem, empathischem Weg erhaltenen Informationen von der Liebe des Herzens gefiltert werden. Was bedeutet das? Informationen, die auf hellsichtige Weise empfangen werden, können auf verschiedene Weise angewendet werden. Und vor allem: aus verschiedenen Motiven heraus. Das dritte Auge ist ein inneres Zentrum oder Sinnesorgan, mit dem ihr über das Physische hinaus, über das hinaus wahrnehmen könnt, was euch über eure fünf körperlichen Sinne offenbart wird. Mit euren zwei physischen Augen nehmt ihr die physische Wirklichkeit wahr. Mit eurem dritten Auge nehmt ihr nicht-physische Energie wahr, zum Beispiel Auren, Energiefelder, Gestalten von Verstorbenen, die Emotionen von Menschen und so fort. Bei vielen Menschen ist das dritte Auge in einen Schlummerzustand gefallen. Diese Art des Sehens - des innerlichen Schauens - wird euch nicht in eurer Erziehung oder in der Schule beigebracht. Der Gebrauch dieses Auges wird sogar gezielt niedergedrückt; wenn ihr als Kinder spontan Energiefelder, Führer oder verstorbene Menschen seht, wird euch durchweg erzählt, dass dies nicht echt sei, dass es Traum- oder Wahnbilder seien. Es sind vor allem sensible Menschen, die ihr drittes Auge, ihren 'sechsten Sinn', niemals ganz ausschalten können. Sie erleben hierin vor allem einen Nachteil, weil sie nicht recht begreifen, über welche Fähigkeiten sie verfügen und darum oftmals auch nicht wissen, wie sie sie richtig anwenden können.

Das dritte Auge ist allerdings ein wesentlicher Teil eures Mensch-Seins, und es kann aus Liebe oder aus Angst und Machtbedürfnis heraus benutzt werden. Dies sind, global gesagt, die zwei Möglichkeiten, die euch motivieren können, euer drittes Auge aktiv einzusetzen. In der Vergangenheit, vor allem in alten Zeiten, die der Epoche der Rationalität und Wissenschaft vorausgingen, wurde das dritte Auge oft eingesetzt, um Macht zu sammeln und sie auf Menschen anzuwenden. Es war ein Machtinstrument. Dies war nur in Gesellschaften möglich, die die Realität und die Kraft des dritten Auges anerkannten. In eurer modernen Gesellschaft wird Hellsichtigkeit, paranormalen Fähigkeiten und Spiritualität mit viel Skepsis begegnet. Das wissenschaftliche Weltbild, das alles aus der Materie herleiten und auf sie zurückführen möchte, ist sehr einflussreich und steht mit der Idee, dass es Formen des Wissens gibt, die nicht über die physischen Sinnesorgane erlangt werden können, im Widerspruch. Aber in früheren Zeiten war das ganz anders. Es war in vielen Gesellschaften und Gemeinschaften selbstverständlich, dass die Natur beseelt war, dass das Leben nach dem Tod weiterging und dass es allerlei Kräfte gab, die nicht mit dem bloßen Auge wahrnehmbar waren und die dennoch großen Einfluss ausüben konnten. Diese Kräfte waren nicht alle gut; man hatte großen Respekt vor den bösen Kräften, die sich aus der geistigen Welt heraus in der Natur oder über Menschen manifestieren konnten. Naturkatastrophen wurden zum Beispiel als die Strafen eines Gottes angesehen, und Krankheiten konnten für Formen der Besessenheit durch böse Geister oder für die Rache eines Vorfahren gehalten werden. In solch einer Gesellschaft hatte jemand, der Kontakt mit dieser übersinnlichen Welt knüpfen konnte und Kenntnis von diesen Kräften hatte, erheblichen Einfluss. Das Verfügen über ein ausgebildetes drittes Auge sagte allerdings noch nicht aus, dass die betreffende Person dieses Talent auch mit einem offenen Herzen nutzte. Das dritte Auge ist neutral; man kann es einsetzen, um Andere zu manipulieren oder um ihnen zu helfen. Und so ist das dritte Auge auch vielfach missbraucht worden, und dies ist einer der Gründe, warum in dieser Zeit noch immer solch ein heftiger Widerwille gegen das Einsetzen paranormaler Fähigkeiten besteht.

Das innere Sehen durch das dritte Auge kann jedoch ebenso aus Liebe stattfinden, und darin zeigt sich die wahre Kraft der weiblichen Energie. Wenn die Information, die intuitiv empfangen wurde, vom Herzen gefiltert wurde, wird nur die Information verwendet, die dem Anderen in diesem Moment dient. Alles was dem Anderen seine Entscheidungs- und Wahlfreiheiten nimmt, ihn schwächt oder womöglich ängstigt, wird übergangen und zurückgelassen. Die Information steht ganz im Dienst des inneren Wachstums des Anderen, und die Autonomie des Anderen wird vollständig respektiert. Die Information ist daher niemals bezwingend oder gebietend, sondern einfach nur ermutigend und stärkend. Diese Form der Hilfe und Heilung ist voller Liebe auf die Möglichkeiten und den Entwicklungsweg des Anderen zum gegenwärtigen Zeitpunkt abgestimmt. Wer das dritte Auge auf diese Weise nutzt, verfügt selbst über ein größtenteils Herz-getragenes Bewusstsein. Dies ist wesentlich für einen liebevollen Gebrauch des dritten Auges.

**Meiner Erfahrung nach haben viele Menschen mit intuitiven Fähigkeiten heute Angst, sie einzusetzen. Es gibt viele Lichtarbeiter, die Menschen mittels ihrer Intuition und nicht nur ihres Kopfes (beispielsweise auf Basis psychologischer Modelle) begleiten möchten. Sie haben eine natürliche Veranlagung, Energien zu spüren, sie mit ihrem inneren Auge zu lesen oder zu channeln. Aber sie haben Angst davor, unrein zu sein, Angst, dass sie das womöglich alles selbst erfinden und Menschen dadurch in die Irre führen. Sie sind unsicher in Bezug auf ihre Fähigkeiten und fürchten sich vor allem, sie zu missbrauchen. Sie erleben den Gebrauch des inneren Auges als eine schwere Verantwortung, die sie nicht auf sich nehmen wollen oder können. Kannst du hierüber etwas sagen?*

Dies ist ein bedeutender Stolperstein für viele Menschen, die dabei sind, den Übergang vom Ego zum Herzen zu vollziehen und die andere Menschen bei diesem Übergang begleiten wollen. Wenn ihr in ein Herz-getragenes Bewusstsein eintretet, werdet ihr euch sehr eures eigenen Machtmissbrauches in der Vergangenheit bewusst. Jeder von euch hat einst durchaus Macht missbraucht und Menschen manipuliert. Und ihr habt hierfür auch durchaus den weiblichen Weg gewählt und über euer drittes Auge Einfluss auf Menschen ausgeübt, der nicht sauber war. Ihr habt euch damals in einem Ego-basierten Bewusstsein befunden, daher wart ihr zu der Zeit von Angst, Minderwertigkeitsgefühlen, Neid oder Groll angetrieben. Ihr habt andere Menschen verletzt, und daran erinnert ihr euch auf eurer Seelenebene. Es bestehen in euch wegen dieser Täter-Leben noch Schuldgefühle und Verantwortungsempfinden.

Dieses Verantwortungsbewusstsein gehört zu eurer Seelenentwicklung dazu und es ist gut, sofern es zu Bescheidenheit und einem Gefühl der Gleichwertigkeit gegenüber Anderen führt. Wenn ihr zur Reue über euren Machtmissbrauch gelangt, dann lasst ihr Gefühle der Überlegenheit los und gebt zu, dass ihr falsch gelegen habt. Dies ist heilsam für die Seele. Eure Seele wird freier dadurch. Was allerdings auch passieren kann, ist, dass ihr ein so starkes Schuldgefühl entwickelt, dass ihr dabeibleibt, euch selbst scharf dafür zu verurteilen, was ihr getan habt und euch für unwürdig erachtet. Solch ein Urteil blockiert eure Entwicklung, denn es steht der Vergebung und der Milde euch selbst gegenüber im Wege. Nur indem ihr euch selbst vergebt, könnt ihr die Früchte der begangenen Fehlschritte ernten und euch transformieren. Dies macht vielen von euch Mühe. Das Urteilen ist euch früh eingeimpft worden, und es fällt euch schwer, euch selbst mit Augen der Liebe zu betrachten.

Daneben habt ihr auch Leben geführt, in denen ihr in euren Intentionen sehr sauber wart und euer drittes Auge dafür gebrauchtet, Wissen im Interesse anderer Menschen durchzugeben. Allerdings seid ihr in diesen Leben mehrere Male für das, was ihr da tatet, kritisiert, angegriffen oder verfolgt worden. Wenn ihr euer inneres Auge für Wahrheit und Heilung eingesetzt habt, kollidierte dies mit den bestehenden Machtstrukturen in der Gemeinschaft oder Gesellschaft. Ihr seid hier mehrere Male deren Opfer gewesen, und dies hat tiefe Spuren hinterlassen. Diese manifestieren sich nun als Angst davor, anders zu sein und über das Gesamtfeld hinauszuragen. Es besteht in vielen Lichtarbeitern eine tiefverwurzelte Angst vor Gewalt und eine Scheu und Zurückgezogenheit, die aus dieser Vergangenheit hervorgeht. Es ist notwendig, diese Angst und Unsicherheit in euch selbst anzuerkennen und euch von dieser schmerzvollen Vergangenheit zu lösen. Wenn ihr in ihr gefangen bleibt, macht ihr euch selbst klein und werdet eure eigenen intuitiven Fähigkeiten nicht würdigen und wertschätzen können. Ihr versteckt euch lieber, als dass ihr riskiert, aufs Neue abgewiesen zu werden.

**Wir haben es also mit unverarbeiteten Energien aus früheren Täter- als auch Opfer-Leben zu tun. Beide Energien - Schuldgefühle und Angstgefühle – zeigen sich in dem Moment, in dem wir uns als Lichtarbeiter manifestieren und unser drittes Auge und unsere weibliche Energie* *aus der Herzebene heraus einbringen wollen. Wie können wir diese alten Energien nun am besten loslassen? Und wie wissen wir, ob die Zeit reif ist, um tatsächlich mit unserem intuitiven Vermögen hervorzutreten, beispielsweise dadurch, als Reader oder Heiler zu arbeiten?*

Ihr lasst die alten, schmerzvollen Erinnerungen los, indem ihr sie als Energien der Vergangenheit erkennt. Darum kann das Arbeiten mit vorherigen Leben sehr fruchtbar sein; ihr lokalisiert eure Ängste oder Schuldgefühle dort, wo sie hingehören: in der Vergangenheit, nicht im Heute. Ihr könnt euch dann euren Ängsten oder Schuldgefühlen gegenüber als einer Realität außerhalb eurer selbst verhalten. Ihr seid nicht sie, auch wenn sie bei euch sind. Ihr werdet zu ihren geistigen Führern oder Heilern statt ihre Spielbälle zu sein. Wenn ihr von Angst überfallen werdet, könnt ihr sie als einen Ruf aus der Vergangenheit ansehen, der von einem Teil von euch kommt, der sich fürchtet und Schutz und Ermutigung braucht. Ihr könnt ihm Schutz bieten, indem ihr euch nicht die Urteile Anderer aneignet, sie nicht übernehmt, und ihr könnt ihn ermutigen, indem ihr der Stimme eures Herzens folgt und in eurem Leben Dinge tut, die euch wirklich glücklich machen. Wenn ihr von Schuld überwältigt werdet oder fürchtet, Anderen zu schaden, könnt ihr dies als von einem Teil von euch kommend betrachten, der für Fehler büßen möchte, die in der Vergangenheit liegen. Ihr könnt diesem Teil erklären, dass ihr realisiert, was ihr getan habt, und dass ihr eure Lehre daraus zieht; dies bedeutet, dass er die bleierne Last dieser Schuld abwerfen darf.

Die Zeit ist reif, um mit euren intuitiven Fähigkeiten hervorzutreten und beispielsweise als spirituelle Behandler zu arbeiten, da dieses Vorhaben euch immer wieder ein Gefühl von Freude und Inspiration schenken wird. Wenn dies etwas ist, wonach ihr euch sehnt und was euch ein glückliches Gefühl gibt, dann hört ihr die Stimme eurer Seele zu euch sprechen. Häufig sind dann auch Unterstützung und Ermutigung von außen da: Die Umstände helfen euch, es gibt Menschen, die um euren Dienst bitten. Es bleibt jedoch ein Sprung ins Unbekannte, der Angst und Zweifel in euch wecken wird. Neben der Freude darüber, eurem Seelenverlangen zu folgen, spielen zumeist noch die alten Traumata auf. Erwartet nicht, von ihnen mit einem Mal befreit zu sein. Indem ihr mit eurer eigenen Seelenenergie nach außen tretet, zeigt ihr auf, dass es euch ernst ist. Dies ist bereits ein sehr wichtiger Schritt zur Selbstheilung. Seid geduldig gegenüber anhaltenden Ängsten und Zweifeln. Behandelt sie so, wie ich es hier oben beschrieben habe - als liebevoller Führer -, und lasst sie nicht dominieren.

**Aber die Angst vor Abweisung ist dennoch auch in dieser Zeit noch real? Seit ich selbst als spirituelle Behandlerin zu arbeiten begann und vor allem seit ich öffentliche Channelings durchführe, hat mich die Angst, kritisiert und verspottet zu werden, sehr belastet. Ich kam aus einer rein akademischen Umgebung, hatte einige Jahre zuvor eine Dissertation in der Wissenschaftsphilosophie geschrieben, und die hässliche Kritik und das mitleidige Lächeln, mit denen meine akademischen Kollegen mich bedenken würden, wenn sie mich channeln sähen, konnte ich mir lebhaft vorstellen. In der akademischen und wissenschaftlichen Welt herrscht eine große Verachtung gegenüber 'dem Spirituellen' und werden Intuition oder das innere Auge als Wissensquelle als absolut unseriös angesehen. Der völlige Mangel an Offenheit hierfür trifft mich. Es besteht eine so große Feindseligkeit gegen alles, das mit Spiritualität zu tun hat, dass ich mich frage, wo diese emotionale Fracht herkommt. Im weiteren Sinn: Warum wehrt sich die Wissenschaft so sehr gegen die weibliche Energie der Intuition und Hellfühligkeit als eine Wissensquelle?*

Das sind zwei Fragen: Ist die Angst vor Abweisung in dieser Zeit noch real, und warum reagiert die Wissenschaft so abweisend auf Spiritualität und Esoterik? Um die erste Frage zu beantworten: In der niederländischen Gesellschaft, in der du lebst, bist du frei, zu sein, wer du bist. Du hast in aller Sicherheit eine eigene Praxis aufbauen und Bücher mit esoterischen Texten veröffentlichen können. Die Kritik, die dir entgegengebracht wird, wird dich höchstens psychisch unter Druck setzen, du wirst jedoch nicht körperlich bedroht. Du bist eine freie Bürgerin. Dies ist etwas sehr Besonderes, wenn du es mit älteren Zeiten vergleichst, in denen Länder zumeist von einer tyrannischen und elitären Elite von Statthaltern oder Verwaltern regiert wurden. In dieser Hinsicht kann man von einem Fortschritt sprechen, wenn es in dieser Welt auch noch viel Unterdrückung und Gewalt gibt. Du bist auf der Erde sicher mit deiner Arbeit, und das weißt du tief innerlich. Die Angst vor Abweisung ist für dich und viele Lichtarbeiter vor allem eine ererbte Angst aus der Vergangenheit.

Deine zweite Frage nach den Wurzeln der Feindseligkeit in Bezug auf Spiritualität, hat viel mit der Verfremdung zwischen männlicher und weiblicher Energie zu tun, die in eurer Geschichte stattgefunden hat. Die wissenschaftliche Art des Denkens stützt sich vor allem auf eine männliche Energieströmung, die über das Ziel hinausgeschossen ist und die die Bedeutung und Interessen der weiblichen Energie verleugnet.

Der ursprüngliche Impuls bezüglich der Entstehung der modernen Wissenschaft war das Ansammeln von Wissen. *Statt auf die Dogmen der Kirche* verließ man sich nun auf die eigene Wahrnehmung und die Logik. Viele junge Wissenschaftler hatten am Ende des Mittelalters neue, frische Ideen und widersetzten sich dem von der Kirche propagierten Weltbild, das sich auf Autorität und Dogmatismus stützte und nicht auf die Liebe zur Wahrheit. Dieser Widerstand kam sie teuer zu stehen, denn die Kirche behandelte ihre Widersacher keineswegs milde. Ursprünglich war die Wissenschaft eine emanzipierte Bewegung, die das Denken von schweren, erstickenden Energien befreien wollte, deren Träger vor allem die Kirche war. In spiritueller Hinsicht gab es einen Fortschritt, als die Aufklärung begann und Raum für selbstständiges Denken entstand. Wenn man sieht, mit wie viel Kampf und Mühe die junge Wissenschaft sich vom Joch der institutionalisierten Religion befreien musste, ist es psychologisch gesehen begreiflich, dass die Religion aus dem wissenschaftlichen Blickwinkel zweifelhaft und verdächtig blieb. In den Augen der Wissenschaft ist Religion nahe verbunden mit Macht und Autorität.

Die Wissenschaft beansprucht für sich selbst, wertfrei zu sein, keinen Dogmen anzuhängen und sich ausschließlich auf unvoreingenommene Wahrnehmung und logische Schlussfolgerungen zu stützen. Paradoxerweise allerdings ist der Ausgangspunkt, dass man wertfrei sei, wenn man sich allein auf Wahrnehmung und Logik verlässt, selbst ein Dogma. Denn, indem man sich allein auf Sinneswahrnehmung und logisches Denken stützt, schließt man andere Wissensquellen aus. Intuition ist ebenfalls eine Wissensquelle: Sie ist Quelle eines direkten Wissens, das nicht auf Denken oder physischen Wahrnehmungen basiert. Intuition basiert auf einfühlendem Bewusstsein, auf ein betrachtendes und empathisches Bewusstsein. Was bedeutet das? Wenn ihr euch intuitiv auf ein anderes Lebewesen einstimmt und eure eigenen Urteile und Erwartungen loslasst, dann empfangt ihr Informationen über die innere Welt dieses

Wesens. Diese Information empfangt ihr als Gefühlseindruck: als ein Bild, ein Wissen, einen kurzen Satz in eurem Kopf. Ihr erfahrt es als etwas, das von außen zu euch kommt, und ihr fühlt, dass sich eure Grenzen in dem Moment für eine Weile auflösen, in dem ihr die Information empfangt. Ihr bewegt euch in dem Moment, in dem ihr euch tief intuitiv einstimmt, außerhalb eurer Körperlichkeit. Ihr nehmt vom nicht-körperlichen Kern aus wahr, und auf dieser Ebene gibt es keinen Abstand zwischen euch und dem Anderen. Ihr werdet für diesen Moment der Wahrnehmung zum Anderen, und aus dieser Einheit heraus wisst ihr und fühlt ihr, was im Anderen lebt. Ihr seht die Welt aus ihren oder seinen Augen, sein oder ihr Erleben wird für einen Moment zu dem euren. Zugleich haltet ihr Abstand in dem Sinn, dass ihr all das betrachtend in euch aufnehmt. Ihr nehmt mit einer empfänglichen Gelassenheit und einer wesentlichen Offenheit für den Anderen wahr. Ihr seid wie ein Raum, in dem der Andere aus einer neutralen Wärme heraus angeschaut wird. In euch besteht Gleichmut und keinerlei Urteil. Diese Form intuitiven Wahrnehmens ist eine weibliche Wissens-Quelle, die weder auf die Sinnesorgane noch auf rationellen Überlegungen basiert. Dennoch schenkt diese Methode eine tiefe Einsicht in das Leben und nicht nur in das menschliche Leben. Auch der Natur kann sich auf diese Weise genähert werden, und das würde bemerkenswerte Einblicke hervorbringen.

Die Wissenschaft weist diese Art der Annäherung von sich und betrachtet die Intuition als ein emotionales Wahrnehmen, das launenhaft und wenig vertrauenswürdig ist. Hier seht ihr wieder die Gleichstellung von Herz und Emotion, dabei besteht zwischen beiden ein großer Unterschied. Es ist tatsächlich möglich und kommt regelmäßig vor, dass das intuitive Schauen von den Emotionen des Betrachters beeinflusst wird. Dies ist ein menschlicher Faktor, den ihr immer in Betracht ziehen müsst. Aber in der Essenz ist Intuition einfach eine objektive Art, Informationen aufzufangen oder zu absorbieren. Objektivität liegt nicht darin, sich aus dem herauszuhalten, was man wahrnimmt (so wie die Wissenschaft 'objektiv' definiert), sondern gerade darin, mit dem Wahrgenommenen Eins zu werden. Dieses Eins-Werden ist dennoch nicht subjektiv, sondern *überpersönlich*: Es verbindet euch mit dem Anderen auf einer Ebene, die über euch als Person hinausgeht.

Die Wissenschaft erkennt das Bestehen solch einer überpersönlichen Ebene nicht an, denn die moderne Wissenschaft haftet einem materialistischen Weltbild an; es wird von der Idee ausgegangen, dass alles, was es gibt, letztendlich auf kleine Teilchen zurückzuführen und aus ihnen herzuleiten ist (Atome und noch weit kleiner), aus denen die Welt, wie wir sie kennen, von Grund auf geschaffen ist. Die Wissenschaft glaubt also, dass die endgültige Erklärung allen Seins, auch des menschlichen Seins, in der Analyse kleiner materieller Teilchen zu finden ist. Diese Vermutung ist selbst nicht bewiesen: Sie ist eine Art Arbeitshypothese, aber unterdessen hat sie sich zu einer heiligen Wahrheit ausgewachsen. Sie ist zu einem Dogma geworden. Die Ironie und Tragik in der wissenschaftlichen Gesellschaft ist, dass sie doch ursprünglich aus aufrichtigem Erstaunen und Verwunderung geboren, danach jedoch institutionalisiert wurde und nun alle Kennzeichen eines Bollwerkes aufweist, das seine Macht und sein Prestige nicht aufgeben möchte. Die Ironie liegt darin, dass die Wissenschaft selbst gern dem einst so mächtigen Bollwerk der katholischen Kirche entfliehen wollte. Hier besteht eine bemerkenswerte Parallele. Die Kirche ist die Institution, die die ursprüngliche Christus-Energie deformierte und aus den originalen Botschaften eine fremde, unmenschliche Sündenlehre machte, die die Menschen in Angst versetzte, aushöhlte und schwächte. Auch hier zeigt sich ein ursprünglicher Impuls, der letztendlich durch menschliche Belange, Konflikte und Kleinlichkeiten erstickt und pervertiert wurde. Wissenschaftler, die das materialistische Weltbild als das einzig richtige ansehen und alles andere als Aberglauben und als Rückständigkeit abtun, sind keine Wissenschaftler im eigentlichen Sinne des Wortes. Sie sind zu Ideologen geworden, zu Dogmatikern, die nicht sehen wollen, dass ihre Wahrheit auf Treibsand fußt. Das Kind, das sich einst vom dominanten und intoleranten Vater freikämpfte, ist nun zu seinem Ebenbild geworden.

Ich möchte dem hinzufügen, dass wirklich große Wissenschaftler (nicht die Angestellten, die die Institution am Laufen halten) zu jeder Zeit von ihrer Intuition Gebrauch machen, ob sie diese nun begreifen oder nicht. Wirklich inspirierte Wissenschaftler, die die gängige Art des Denkens in Zweifel ziehen und sie tiefgreifend verändern, machen niemals allein von ihren Wahrnehmungen und ihrem Verstand Gebrauch. Sie stehen mit ihrer phantasiereichen, empfänglichen weiblichen Energie in Verbindung und empfangen daraus Einsichten, die aus dem Nichts zu kommen scheinen. Wenn sie diese Einsichten dann mit dem Verstand ausarbeiten und mit empirischen Mitteln prüfen, stellen sie sich als stichhaltig und gültig heraus und werfen ein völlig neues Licht auf alte Probleme. Revolutionen in der Wissenschaft werden immer aus einem Zusammenwirken der männlichen und der weiblichen Energie geboren. Was Jemanden zu einem großen Wissenschaftler macht, ist niemals allein sein Verstand und sein Vermögen, logisch zu räsonieren: Es ist sein Vermögen, anders zu denken - 'über den Tellerrand zu schauen', wie ihr sagt -, das ihn von Anderen unterscheidet. Tatsächlich steht dieser Wissenschaftler in solch einem Moment des 'über den Tellerrand Schauens' in einem betrachtenden Kontakt mit dem, was er oder sie untersucht. In einer offenen Empfänglichkeit nimmt er es in sich auf und in ihm besteht ein reines, uneigennütziges Interesse, das ihn leer macht, durch das er sich vorurteilslos und ganz und gar auf das einstimmt, was er erkennen will. Sein Bewusstsein verlagert sich und wird für den Moment Eins mit dem betreffenden Naturphänomen. Aus dieser Einheit heraus wird eine Einsicht und Erkenntnis geboren, die ihn wie eine Eingebung durchfährt. Seine Intuition bringt ihm ein inneres Wissen, das er mit Hilfe seines analytischen Denkens übersetzt und untermauert.

**Zusammenfassend: Der Widerstand gegen das Intuitive, das Überpersönliche und gegen die Spiritualität im Allgemeinen basiert auf Dogmatismus, aber zugleich sagst du, dass wir (zumindest im Westen) in einer freien Gesellschaft leben, in der ich sicher darin bin, zu tun, was ich tue. Daher ist das Bollwerk der Wissenschaft, die natürlich auch die Erziehung und die Heilkunde beeinflusst, nicht so mächtig, dass es 'Andersdenkende' wie geistige, spirituelle Therapeuten davon abhalten kann, ihrem Herzen zu folgen?*

Nein, nicht im Wesentlichen. Das wissenschaftliche Weltbild versagt in der Beantwortung essentieller Fragen wie: Warum lebt man, wie verbindet man sich mit Anderen, und wie realisiert man seinen tiefsten Kern, seine Seele, die zu allen Menschen in wichtigen Momenten ihres Lebens spricht. Diese überpersönliche Stimme, nach der jeder Mensch sucht und ohne die niemand auskommt - der Kontakt mit der eigenen Seele - kann niemals durch wissenschaftliche Kenntnisse ersetzt werden. Wissen ist nicht die Antwort. Das Entwickeln eines offenen und verfeinerten

Bewusstseins, das sich aus einem intimen Wissen über die innere Welt und aus der Liebe für das Leben heraus auf die überpersönliche Ebene einstimmen kann: Das ist der Beitrag, den die gereifte weibliche Energie zu bieten hat. Das ist der große Unterschied, den sie in diesen Zeiten bewirken kann. Das dritte Auge mit dem Herzen zu verbinden, das Wiederherstellen eines betrachtenden Denkens, das sich mit dem Anderen verbindet, intensiv verbindet, und aus der erlebten, gefühlten Einheit heraus zu wirklich bereichernden Erkenntnissen gelangt. Das ist die Kraft der heilsamen weiblichen Energie, und hierfür ist nun Raum.

Ihr könnt auf Widerstand stoßen, wenn ihr die weibliche Energie in euer Leben und in eure Arbeit einbringen wollt, aber der Widerstand, auf den ihr da trefft, hat mehr mit dem Schmerz und der Fremdheit und Unvertrautheit in Menschen zu tun als mit einer realen Gefahr, die euch bedroht. Der Grund, warum ich dies so sagen kann, ist, dass im kollektiven Bewusstsein auf der Erde eine Veränderung stattgefunden hat, wodurch nun in großen Bevölkerungsgruppen ein echtes und tiefes Verlangen nach dem besteht, was ihr - und Viele mit euch - zu bieten habt.

**Es gilt noch recht viel Boden zu gewinnen, wenn es darum geht, zu einem besseren Verständnis darüber zu gelangen, was Intuition ist und was die heilsame weibliche Energie beinhaltet. Auf der einen Seite ist da die Skepsis, die nichts damit zu tun haben will, und auf der anderen Seite gibt es, meiner Ansicht nach, auch viele unausgereifte Ausdrucksformen von 'Hellsichtigkeit', Channeling oder alternativen Behandlungsmethoden. Damit will ich sagen, dass ich die spirituelle Welt manchmal recht beklemmend oder beunruhigend finde und dass eine Menge seltsamer 'Healing-Methoden' und spekulativer Theorien die Runde machen.*

Das letztere Problem hängt nicht speziell mit der spirituellen Welt zusammen. Es sind dort sicherlich unreife Energien am Werke, sowohl die der männlichen als auch die der weiblichen Variante. Aber das findet ihr auf allen Gebieten des Mensch-Seins. In der Wissenschaft, der Politik, der Erziehung, der Ausbildung, dem Geschäftsleben und so fort, findet sich eine unausgewogene, egobasierte Energie. Daher ist es unaufrichtig, deswegen die Welt der Spiritualität und des alternativen Heilwesens zu verurteilen.

Tatsächlich ist es gut, dass sowohl die gereifte, erwachsene Version der heilenden weiblichen Energie als auch deren unausgewogene Varianten auf den Plan treten. In der Öffentlichkeit scheint mehr und mehr Licht darauf, was ihr anderen Menschen gegenüber tut, und bei diesen anderen Menschen werden ihre eigene Intuition und ihr Urteilsvermögen angesprochen und aufgerufen. In einer freien Gesellschaft wird jemand nicht einfach zum Opfer von Betrug oder Manipulation seitens Hellsichtiger oder 'falscher Propheten'. In der Spiritualität, im einzig wahren Sinne des Wortes, geht es um das Entwickeln von Selbstbewusstsein und der Kraft, selbst zu beurteilen, was zu euch gehört und was nicht. Einmal in die Fallstricke dessen geraten zu sein, zu sehr auf einen unausgeglichenen Lehrer oder Therapeuten zu vertrauen, kann euch enorm dabei helfen, zu realisieren, worum es in Wirklichkeit geht. Wenn ihr dann scheitert, kommt sofort eure verkehrte Neigung zur Untertänigkeit ans Licht und damit, dass ihr nicht die Verantwortung für euch selbst übernehmen wollt. Das ist ein heilsamer Prozess, zu dem unsachgemäße Formen der Spiritualität paradoxerweise beitragen können.

**Wie weiß man selbst eigentlich, ob man als Therapeut, Heiler oder Reader wirklich 'Herz-getragen' arbeitet? Es ist menschlich, dass das intuitive Wahrnehmen von den persönlichen Emotionen beeinflusst werden kann, wie du zuvor sagtest. Aber wie weiß man, ob und wann das der Fall ist, und wie geht man als spiritueller oder geistiger Behandler damit um?*

Es beginnt damit, absolut ehrlich in Bezug auf deine eigene Menschlichkeit zu sein. Je mehr du zu einem Herz-getragenen Bewusstsein vordringst, desto tiefer wird dein Verständnis für deine eigene Menschlichkeit, dein Kleinsein und deine Ängste. Gerade diese Niedrigkeit macht deine Eignung als Begleiter von Menschen aus. Wenn du noch das Gefühl hast, dass du etwas weißt, das du Anderen mitteilen 'musst', bist du noch in deinem Ego und auch in deinem Kopf. Paradoxerweise kann Lehrerschaft erst dann entstehen, wenn du es nicht mehr weißt. Dann erst kannst du dich für eine überpersönliche Strömung von Liebe, Weisheit und Mitgefühl öffnen.

**Ich habe mich oft gefragt, warum das Channeln plötzlich in mein Leben kam, warum es so ganz und gar auf fruchtbaren Boden fiel und ich relativ mühelos meine Arbeit tun konnte. Ich habe die Vorstellung, dass ich dieses Leben mit einer absoluten Gebrochenheit in meiner Seele angetreten habe. Mein letztes vorheriges Leben endete - so wie ich das in Rückführungen sah - in den Gaskammern von Auschwitz-Birkenau, und vor allem der Verlust meiner zwei Kinder brach mein Herz und führte zu einer Art geistigem Tod, wie eine Flamme, die ausgeblasen wird. Die ausgedörrte, leere Fläche, die blieb, bewirkte, dass ich in diesem Leben absolut nicht geboren werden wollte. Aber nun denke ich gelegentlich, dass die tiefe Gebrochenheit in meiner Seele mich leer genug gemacht hat, um die Botschaften für Jeshua zu empfangen. Ist das so?*

Die Leere und Gebrochenheit in deinem Kern ist zugleich deine Aufgabe und deine Gabe. Es ist deine Aufgabe, aus der Liebe und Wertschätzung für dich selbst heraus die Leere zu füllen und die Gebrochenheit zu heilen. Das Leben der Mühe wert zu befinden und dich selbst der Mühe wert zu befinden, liegt sehr nah beieinander. Es ist deine Aufgabe, deinen eigenen Wert, dein Licht und deine Liebe für die Erde und die Menschen wiederzufinden.

Durch die innere Gebrochenheit hast du die Gabe entwickelt, offen zu sein für die überpersönliche Ebene, weil du weißt, dass die wahren Antworten von dort kommen. Du weißt, dass nichts Anderes dein Herz mehr erfüllen kann als die Liebe und Geborgenheit der Quelle selbst, des Einen, oder wie auch immer du es nennst. Nur aus dieser Ebene heraus kannst du deinen Kern wieder aufbauen. Es ist deshalb in der Folge des vorherigen Lebens, das du genannt hast, eine Radikalität in dir entstanden, doch der Wendepunkt war bereits in anderen Leben vorbereitet worden.

**Dennoch bin ich sicherlich nicht immer auf die überpersönliche Ebene eingestellt und sicherlich nicht frei von einer Ego-basierten Energie. Und ich glaube, dass die meisten Lichtarbeiter, die sich dazu berufen fühlen, Menschen auf die eine oder andere Weise zu begleiten, sich irgendwo dort auf dem Übergang vom Ego hin zum Herzen befinden. Wie kann man dann wissen, ob man sauber genug ist? Geht es nur darum, seine eigene Menschlichkeit und Fehlbarkeit zu erkennen und dies auch in seiner Arbeit deutlich zu machen?*

Ja, in der Essenz schon. Wo du noch in Ängsten oder Urteilen oder in Verwirrung feststeckst, wird sich in deinem Leben ganz von selbst offenbaren. Wenn du mit dem Lebensstrom mitgehst und mit einem offenen Herzen dich selbst, deine Reaktionen, deine Muster betrachtest, wirst du immer lichter. Dein Bewusstsein nimmt zu, nicht dadurch, alte Muster oder Ängste mit Gewalt eliminieren zu wollen, sondern dadurch, dich selbst ehrlich und zugleich mit Milde anzuschauen.
Wann du bereit bist, Andere ein Stück auf ihrem Weg zu begleiten, zeigt sich meist von selbst. Als allgemeine Richtlinie könnte man sagen:

- Folge deiner Sehnsucht; tue, was dir tiefe Freude macht
- Was immer du tust, erkenne, dass du Mensch und fehlbar bist
- Du darfst Fehler machen; verurteile dich nicht selbst um deiner Fehler willen und siehe sie als Richtungsweiser an
- Vertraue auf das Urteilsvermögen deiner Klienten

**Die eigene Weiblichkeit zum Ausdruck zu bringen, muss nicht per se dadurch geschehen, dass man Therapeut oder Heiler ist, oder? Auf welche Weisen kann die weibliche Weisheit sich durch Frauen manifestieren?*

In allem! Wenn dein Herz geöffnet ist und du in deinem eigenen Bauch zuhause bist, dann hast du Kontakt mit deiner Seele. Es gibt in deinem Leben eine Strömung der Freude und Inspiration, sogar in schwierigen Zeiten und Phasen von Rückschlägen. Aus der einzigartigen Strömung deiner Seele heraus wirst du spüren, welches deine Form ist, auf welche Weise du deine einzigartige Energie in diese Welt einbringen und ansiedeln möchtest. Du musst darüber nicht lange nachdenken oder Kurse darüber belegen. Deine Form ist einzigartig und gehört wirklich zu dir. Sie offenbart sich von selbst. Deine vornehmliche Aufgabe ist es, an dich selbst zu glauben, die leise Stimme deines Herzens zu hören und dich zu trauen, ihr zu folgen. Dann wird dir von einer überpersönlichen Kraft der Liebe und Güte geholfen, die dich auf deinem Weg unterstützt.

Inspirierte, kraftvolle Frauen können auf allen Gebieten des Miteinanders wirken und einen positiven Unterschied bewirken. Ihre Energie ist unabhängig, schöpferisch, voller Leidenschaft und Mitgefühl. Dies ist mein

Wunschtraum: Dass Frauen ihre eigene Kraft aufnehmen und fühlen, wie gut sie ist. Dass sie wieder auf ihre tiefe Verbindung mit Mutter Erde vertrauen, auf ihr Vermögen, Leben weiterzugeben, und ihre Gabe, das Netz der Einheit zwischen allem was lebt zu verstärken und zu bekräftigen. Frauen haben eine heilige Aufgabe in dieser Welt: Wenn ihr Selbstbewusstsein erwacht, können sie zur Genesung und Heilung dessen beitragen, was in eurer Realität gepeinigt und zerbrochen wurde. Eine erwachte Frau vollzieht ihren inneren Weg zur Heilung: Sie erkennt ihren Schatten, sie schließt Frieden mit der männlichen Energie und wird von innen heraus ganz. Sie öffnet das Tor zu ihrer Seele und nimmt so die Verbindung mit einer überpersönlichen Strömung der Liebe und des Mitgefühls auf, die sie berührt und inspiriert. Die überpersönliche Strömung des Einen wird auch Andere berühren: Die erwachte Frau wird zum Kanal der Liebe für diese Welt.

Kapitel 7
Die männliche Wunde heilen: drei Schritte

**Wir haben über die weibliche Energie in ihrer höchsten Form gesprochen: Das dritte Auge, verbunden mit dem Herzen. Weibliche Weisheit beruht auf intuitiver Vereinigung mit dem Anderen und darauf, aus ihr heraus Liebe, Mitgefühl und Ermutigung anzubieten. Was ist die höchste Form der männlichen Energie? Wie sieht männliche Weisheit aus?*

Die Kraft der männlichen Energie liegt darin, eine größere, erweiterte Perspektive anbieten zu können. Wenn die männliche Energie auf eine höhere Ebene aufsteigt, entsteht die Gabe, kontemplativ und philosophisch zu schauen, wodurch mancherlei Dinge mit einem weiseren, umfassenderen Blick erfasst werden können. Aus dem männlichen Schauen heraus erschafft ihr einen Abstand zu den Dingen und stellt ihr den Kontakt mit einer kosmischen Ebene des Denkens und Wissens her, was erhellend und befreiend sein kann. Abstand erschafft Freiheit. Wenn ihr jemandem begegnet, der enorm unter einer Situation in seinem oder ihrem Leben leidet, versetzt euch eure weibliche Intuition in die Lage, tief zu empfinden, was der oder die Andere durchmacht und was er oder sie braucht. Die männliche Weisheit in euch geht einen Schritt zurück und verbindet sich mit einer Perspektive, die den Sinn und die Bedeutung des Leidens von Jemandem aufzeigt. Auch die männliche Weisheit schaut aus der Liebe und dem Mitgefühl heraus, aber dadurch, einen Schritt zurück zu treten, wird man aus dieser Strömung heraus eher einen Blick auf die Gründe bekommen, die hinter dem Geschehen liegen, auf einen größeren Sachverhalt, in dem die sonderbaren Situationen eine Bedeutung gekommen.

**Ein wahrer Lehrer, Reader oder Heiler wendet dennoch beide Perspektiven, beide 'Strömungen der Weisheit' an?*

Ja, das ist richtig. Oft liegt durchaus auf der einen oder der anderen Strömung der Schwerpunkt, aber sie können nicht anders als zu verschmelzen. Jemand, der aus der männlichen Warte heraus wirkt, wird oft so sehr auf die Person eingestimmt sein, der er hilft, dass er auch aus seiner weiblichen Intuition heraus spezifische Informationen über diese Person aufnimmt. Jemand, der mehr aus der weiblichen Energie heraus wirkt, wird ebenfalls eine Verbindung mit einer kosmischen Perspektive spüren, aus der heraus der Sinn und die Bedeutung von Situationen klarer werden. In gereiften Readern, Therapeuten und Begleitern besteht bereits ganz natürlich eine immer weiter wachsende Harmonie zwischen Männlich und Weiblich. Sie funktionieren auf einer Herz-getragenen Ebene, und dann wirken die männlichen und weiblichen Aspekte auf eine beinahe selbstverständliche Weise zusammen.

**Wir haben bereits zuvor über die Herz-getragene männliche Energie gesprochen und über die Wichtigkeit, diese Energie anzuerkennen und zu umarmen, gerade auch seitens der Frauen. Diese männliche Energie in sich selbst zu umarmen, hat also nicht allein damit zu tun, sich selbst abzugrenzen, sich selbst zu behaupten und 'Nein' sagen zu dürfen. Es geht auch darum, den Kontakt zur 'männlichen Weisheit' aufzunehmen: Das Einnehmen des richtigen Abstandes, um zum wirklichen Verständnis für Situationen zu gelangen.*

Das Vermögen, Abstand einzunehmen und aus der Entfernung zu schauen, ist von großer Bedeutung, gerade für Frauen (oder Menschen mit einer starken weiblichen Energie). Wenn eure weibliche Energie stark entwickelt ist und ihr hochsensibel und empathisch seid und dazu neigt, Anderen helfen zu wollen, braucht ihr einen geregelten Abstand, um die richtige Perspektive zu bewahren. Denn da liegt eine Falle verborgen. Menschen, die sich sehr aus der weiblichen Energie heraus manifestieren, haben oft eine Blockade im Empfangen, darin, sich zu behaupten und 'Nein' zu sagen. Wenn sie auf halbem Wege auf dem Übergang vom Ego zum Herzen festsitzen, besteht oft noch ein Bedürfnis, sich die Zustimmung durch den Anderen zu verdienen und damit auch die Neigung, nett und hilfsbereit zu sein. Die höheren Gaben der Empathie und Intuition sind noch mit den Ego-basierten Energien der Angst vor Ablehnung und einem Gefühl der Unwertigkeit verflochten. Gerade dann besteht die Gefahr der Falle, zu viel zu geben und mit dem Anderen zu verschmelzen. Die Emotionen des Anderen können dann aufgenommen werden und Beschwerden verursachen oder zur Erschöpfung führen. Und gerade hier wird die männliche Energie gebraucht, um euch davon zu lösen, über

Gebühr mitzuleiden. Ihr braucht sie dann, um auf Seelenebene Kontakt mit dem Anderen aufzunehmen und aus dieser Perspektive heraus zu schauen, was der Andere wirklich von euch braucht. Und das ist niemals ein ausschweifendes Mitfühlen und Mitleiden. Die männliche Weisheit hilft euch, den Anderen wieder als ein freies und kraftvolles Ich anzusehen, das selbst das Vermögen hat, Probleme zu lösen. Durch diese Perspektive helft ihr sowohl dem Anderen als auch euch selbst. Ihr bringt den Anderen in Kontakt mit seiner oder ihrer Kraft und werft selbst unnötige Lasten von euren Schultern ab.

**Wie ist es mit Menschen, die dazu neigen, sich mehr mit der männlichen Energie zu identifizieren? Männer und Frauen also mit viel männlicher Energie?*

Bei ihnen besteht die Falle eher in einem Mangel an Empathie und darin, ein nur unzureichendes Auge für das 'menschliche Maß' zu haben, für das Kleine und Individuelle. Wenn ihr viel männliche Energie habt und euch im Übergang vom Ego zum Herzen befindet, habt ihr oft noch ein starkes Bedürfnis nach Kontrolle und neigt dazu, in die Energie des Kopfes zurück zu verfallen, sobald etwas nicht klappt oder ungünstig läuft. Statt zu fühlen und euch intuitiv einzustimmen, denkt und analysiert ihr und hofft, so eine Lösung zu finden. Wenn ihr die Haltung einnehmt, anderen Menschen helfen oder sie begleiten zu wollen, können sie das Gefühl bekommen, dass ihr sie nicht wirklich seht oder hört, dass ihr aus allgemeinen Prinzipien heraus handelt, statt ein Auge für ihre einzigartige, besondere Situation zu haben. Das schauende männliche Denken ist dann unzureichend mit dem Herzen und mit Liebe und Mitgefühl verbunden. Es kann reserviert und distanziert werden, im Sinne von Kälte und Emotionslosigkeit. Abstand kann sich also sowohl negativ als auch positiv auswirken. Männliche Weisheit in ihrer höchsten Form weiß eine groß angelegte, kosmische Perspektive mit dem Gefühl für das Individuelle zu verbinden. Unausgewogene männliche Energie führt zu kalter Gleichgültigkeit und zu Rohheit oder Unmenschlichkeit.

**Ist Letzteres der Kern der männlichen Wunde: Ein verschlossenes Herz und das Fehlen einer Verbindung mit dem Ganzen?*

Wir haben über die weibliche Wunde als eine energetische Leere im Bauch gesprochen, die mit einem unzureichenden Eigenwert und einer falschen Form der Selbstlosigkeit verbunden ist. Auch bei Männern geht es um eine energetische Wunde im Energiefeld, diese ist im Bereich des Herzens zu finden. Wenn wir zum Geschehen der kosmischen Geburt der Seele zurückkehren (Kapitel 4), dann erinnert ihr euch vielleicht, dass die weibliche Energie als 'die Mutter' Schwierigkeiten mit dem Loslassen und Freilassen 'des Kindes' hatte - des männlichen Teils der Seele, der sich von der Einheit abwandte und ein eigenes Ich zu bilden begann. Das Kind (männlicher Aspekt der Seele) erlebte dies als eine Verweigerung seitens der Mutter (der weibliche Aspekt) und fühlte sich durch ihre Bestrebungen, es bei sich zu behalten, in seiner Bewegungsfreiheit eingeschränkt. Hier nahm die männliche Neigung ihren Anfang, das Weibliche als eine verschlingende oder erstickende Kraft zu erleben, die dem Kind seine Selbständigkeit und Unabhängigkeit nehmen will. Es entstanden die Angst und der Widerstand gegen diesen Aspekt der Mutter. Zugleich bestand in der männlichen Energie eine große Sehnsucht, sich mit der weiblichen Energie zu verbinden, weil sie sich ohne sie nicht vollständig fühlt. Die Mutter in ihrer höchsten Form verkörpert das Eine, die Einheit, die alles auf liebevolle Weise verbindet. Ohne diese Verbindung fühlt ihr euch leer und einsam. Euer Herz verwelkt und das Leben wird sinnlos. Dies droht mit der männlichen Energie zu geschehen, wenn sie sich vollständig von der weiblichen Energie löst und sich von ihr abwendet. Kosmisch gesehen geriet die männliche Energie bei der Geburt der individuellen Seele in einen enormen Zwiespalt: auf der einen Seite der tiefe Impuls, sich abzusondern und ein unabhängiges Selbst zu werden, auf der anderen Seite die starke Sehnsucht, in Verbindung mit dem Ganzen und mit der Liebe der Mutter zu bleiben.

So wie sich in der weiblichen Energie ein Schatten bildete (Besitzgier, Manipulation, Machtlosigkeit), entstand auch in der männlichen Energie eine Schattengestalt. Diese nahm die Form eines übermäßigen Strebens nach Freiheit an. Freiheit ist ein kostbares Gut und ist unentbehrlich dafür, euch zu einem eigenständigen Individuum zu entwickeln. Wenn das Freiheitsstreben jedoch vor allem ein Widerstand gegen jegliche Form der Verbindung ist und dagegen, 'von sich selbst zu geben', entsteht eine inhaltslose Freiheit, die letztlich zur totalen Abtrennung und Kontaktlosigkeit führt. Dann besteht eine tiefe Angst und Abneigung dagegen, sich einem Anderen zu öffnen, ein starker Drang, Andere auf Abstand zu halten. Diese Form der Freiheit führt nicht zur Erfüllung, sondern zu einem verschlossenen Herzen und einer Gefühlsarmut, die eure Seele aushöhlt. Der Impuls, ein eigenständiges Ich zu entwickeln, wird dann zu einem Ego, das sich nicht mehr für etwas anderes als sich selbst öffnen kann. Was als Drang nach Freiheit begann, endet in einem selbstgeschaffenen Gefängnis.

**Findet dann das Gegenteil von Empathie und Hochsensibilität statt? Ist ein verschlossenes Herz der Nährboden für ein unzureichendes Einfühlungsvermögen, Gleichgültigkeit und sogar Brutalität und Aggressivität?*

Das kann sehr wohl passieren. Ein verschlossenes Herz und ein Mangel an Gefühl führen niemals zu Freude und Erfüllung. Sie gehen einher mit einer erheblichen Entfremdung vom Leben selbst, und das erzeugt im Menschen große Unruhe. Er will die Unruhe beseitigen, und wenn er geistig noch nicht gereift ist und nicht dazu bereit ist, sich nach innen zu wenden, dann führt dies nur allzu oft zu einem unausgewogenen Verhalten. Dies kann bedeuten, dass jemand immer extremere Dinge tut, nur um etwas zu fühlen oder um sich mit etwas oder Jemandem zu verbinden. Dies kann zu Gewalttätigkeit führen. In Jemandem, der für seine eigenen Gefühle verschlossen ist, besteht eine existentielle Leere. Diese Leere verursacht sehr viel Leid.

Es gibt auch sanftmütige Männer, die zum Beispiel in ihrer Jugend oder durch vorherige Lebenserfahrungen den Kontakt mit ihrem Herzen und ihrem Gefühl verloren haben. Sie übernehmen quasi die männliche Wunde, ohne sich hierfür bewusst entschieden zu haben. Die Leere, die sie erleben, drückt sich zum Beispiel in Gefühlen der Einsamkeit aus und darin, nicht aus dem Kopf herauskommen zu können, zwar fühlen zu wollen, es aber nicht zu können, und einen unzulänglichen Kontakt zu ihrem eigenen Körper zu haben. Es umgibt sie eine Art Depressivität, ein Mangel an Vitalität und Begeisterung, die dadurch entsteht, dass sie nur unzureichend Kontakt mit ihrem Herzen und mit ihrer Seele herstellen können, während sie sich durchaus danach sehnen.

**Wie kommt man da raus? Wie heilt man die männliche Wunde?*

Letztendlich heilt ihr diese Wunde, indem ihr ein positives Bild von der weiblichen Energie entwickelt und euch aufs Neue mit ihr verbindet. Wenn ihr als Mann zum Beispiel spürt, dass ihr Schwierigkeiten damit habt, euch in einer Beziehung emotional mit dem Anderen zu verbinden, dann ist es hilfreich, eine Verbindung zu eurer inneren Frau herzustellen: die weibliche Energie in euch selbst. Möglicherweise empfindet ihr in der Anwesenheit miteinander eine Angst davor oder einen Widerstand dagegen, offen für eure Emotionen zu sein, etwa weil ihr dann die Kontrolle verliert und es euch verletzbar macht. Das Wichtigste ist dann, zu allererst euch selbst gegenüber ehrlich damit zu sein, was ihr innerlich fühlt und diese Gefühle zuzulassen, in eurem Körper und in eurem Herzen. Wenn ihr euch mit euren Emotionen wieder sicher fühlt und es euch zugesteht, sie zu haben, dann habt ihr in der Beziehung eine festere Position. Je tiefer ihr Kontakt mit euch selbst herstellt, desto einfacher wird es für euch, euch in einer Beziehung zu öffnen, ohne euch selbst zu verlieren.

Kontakt mit eurer eigenen weiblichen Energie aufzunehmen, bedeutet vor allem: wieder fühlen. Nicht so sehr zu denken oder zu handeln, sondern gegenwärtig zu bleiben mit allem, was sich emotional in euch löst, ohne mit dem Verstand einzugreifen. Das erfordert Mut und Hingabe. Ihr könnt es euch so vorstellen, dass eure Emotionen wie Kinder sind, die zu euch kommen, um gesehen und danach getröstet oder ermutigt zu werden. In jedem Mann lebt ein inneres Kind, das seine Emotionen noch spontan fühlt und zum Ausdruck bringt. Die Kunst ist es, den Kontakt mit diesem Kind herzustellen.

Manchmal ist es notwendig, hierbei um Hilfe zu bitten. Den Kontakt zu deinen tiefsten Gefühlen, mit deinem Körper und deinem inneren Kind herzustellen, kann dich bis in den Kern hinein berühren. Es kann überwältigend sein, wodurch du dich (zeitweise) wieder vor dem verschließt, was nach oben kommt. Es ist immer gut, um Hilfe zu bitten, wenn ihr euch in diesem Heilungsprozess unsicher fühlt. Stimmt euch dabei auf euer Herz ein und wählt Jemanden, der sich für euch richtig und vertrauenswürdig anfühlt.

**Welchen Effekt hat bei Männern ein verschlossenes Herz bei ihrem Erleben der Sexualität?*

Sexualität mit einem verschlossenen Herzen ist Sexualität ohne Gefühlskontakt mit dem Anderen. In erster Instanz leiden Frauen hierunter mehr als Männer, weil sie mit ihrem Gefühl stärker in Kontakt stehen und den Mangel an tatsächlichem Kontakt während des Sex' eher als schmerzhaft erfahren. Frauen scheinen mehr Bedarf an emotionellem und geistigem Kontakt zu haben, derweil Männer eher auf Lustbefriedigung ausgerichtet zu sein scheinen. Dennoch ist dies letztlich Schein. Im Wesentlichen wollen Männer ebenfalls Kontakt auf Gefühlsebene, aber sie sind sich dessen (als eine Folge der Verletzung im Herzen) nicht immer bewusst. Auch versuchen sie mitunter, *über* Sexualität eine Verbindung auf Herzebene herzustellen und dem Anderen nahe zu kommen, doch wenn ihr ein Problem damit habt, von eurem Herzen aus eine Verbindung herzustellen, dann wird dies nicht dadurch gelöst, dass ihr Sex habt. Sex selbst öffnet euer Herz nicht.

**Was öffnet das Herz dann?*

Für die Heilung der männlichen Energie sind drei Schritte erforderlich, die sozusagen das Spiegelbild zu den drei Schritten bilden, die wir zuvor für die weibliche Energie aufzählten:

- den männlichen Schatten erkennen;
- Kontakt mit der inneren Frau (dem Herzen) herstellen;
- die höhere männliche Energie etablieren.

Schritt 1.
Den männlichen Schatten erkennen

Der männliche Schatten ist der Teil der männlichen Energie, der sich ganz und gar vom Einen abkehren will und 'übertrieben' autonom sein will. Diese Autonomie lässt keinen Raum für den Anderen, für Verbindung und Austausch in Gleichwertigkeit. Der Andere (Mensch, Tier oder Natur) muss beherrscht und kontrolliert werden. Beziehungen stehen im Zeichen des Kampfes und werden in Termen der Macht definiert. Man kann gewinnen oder verlieren, mehr Optionen gibt es nicht.

Die Motivation hinter diesem übertriebenen Hang zur Autonomie ist Angst vor und Widerstand gegen die Mutter. Aus der männlichen Perspektive gesehen, lässt die Mutter das Kind nicht frei und es muss für seine Freiheit kämpfen, indem es sich mit Gewalt löst und ganz und gar seinen Weg geht. Zuvor habe ich gesagt, dass bei der Geburt der Seele die männliche Energie den Teil der Seele repräsentierte, der Individualität erschaffen wollte. Damit das gelang, war es notwendig, einen Schritt aus dem Einen heraus zu tun. Dieser Schritt verursachte ein Trauma im weiblichen Aspekt der neugeborenen Seele: Dieser Teil fühlte sich im Stich gelassen. Aus diesem Trauma heraus wollte die weibliche Energie als Mutter die Einheit mit dem rebellischen Kind dadurch herstellen, indem sie versucht es einzusperren und durch Manipulation zu binden. Hierauf reagierte die männliche Energie mit Widerstand und Härte. Es entstand ein Riss zwischen der männlichen und der weiblichen Energie. Ihrer beider natürliche Zusammenarbeit und Komplementarität wurde zerspalten. Diese Zerrissenheit und Zersplitterung ist in allen Seelen gegenwärtig und wird auf der Reise jeder Seele auf eigene Weise erfahren. In denjenigen mit einer starken männlichen Energie (dies können auch Frauen sein) lebt ein Drang nach Freiheit und Unabhängigkeit, der sich so sehr aufdrängen kann, dass tiefe und erfüllende Beziehungen mit Anderen unmöglich werden. Es besteht dann ein Misstrauen der weiblichen Energie gegenüber, das euch fortwährend davon abhält, euch gefühlsmäßig zu öffnen und euren Schmerz und eure Freude mit einem Anderen zu teilen. Ihr vermeidet dies aus Angst vor Selbstverlust, Angst vor dem Verlust der Kontrolle und eurer Grenzen oder aus Angst vor Abweisung im Allgemeinen. Euch zu öffnen kann sich lebensbedrohlich anfühlen, wenn der männliche Schatten in euch wirksam ist. Verletzbar zu sein bedeutet verlieren, sagt dieses Schatten-Selbst. Es laufe auf das Preisgeben eurer Autonomie hinaus und dann wäret ihr verloren. Also lasst ihr es lieber.

Diese verschlossene Haltung macht eure Beziehungen arm und oberflächlich, doch sie führt zu einem noch größeren Problem, weil ihr dadurch auch den Kontakt zu euch selbst verliert. Wenn ihr den Kontakt mit euren eigenen Gefühlen verliert und nicht mehr in der Lage seid, in eurem Bewusstsein Emotionen der Angst, des Kummers oder der Wut zuzulassen, dann verschließt ihr euch dem Leben selbst. Es ist möglich, dass ihr eure Emotionen systematisch unterdrückt, wodurch auf Dauer eine innere Leere entsteht, die der Autonomie ähnelt. Nichts scheint euch mehr wirklich zu berühren. Das mag, oberflächlich betrachtet, frei und unabhängig aussehen, aber das ist es nicht. Es ist eine inhaltslose Freiheit - ihr entscheidet euch nicht für etwas, sondern nur gegen etwas - die einhergeht mit einer Aushöhlung eures Herzens, eurer Gefühle, dessen, was euch mit dem Leben verbindet. Ihr werdet zu einem lebenden Toten, der nicht mehr lachen, genießen, weinen oder lieben kann.

**Ist man dann im Grunde depressiv? Ich kann mich in diesen Zustand nicht sehr gut hineinfühlen, weil ich in mir eher den weiblichen Schatten erkenne und wahrscheinlich eher zu viel fühle als zu wenig. Aber vor einigen Jahren war ich klinisch depressiv. Damals fühlte ich mich wie eine lebende Tote und hatte zum Beispiel die Fähigkeit zu weinen verloren. Ich fand das furchtbar, und es fühlte sich an, als ob ich von innen her öde und ausgetrocknet war. Ist es das, wohin der männliche Schatten führt?*

Kontaktlosigkeit und Gefühlsarmut führen tatsächlich zur Depression, aber Depression ist ein allgemeines Wort und kann viele Formen annehmen. So gibt es eine eher passive Form, die sich darin zeigt, dass man gelähmt und niedergeschlagen ist und das Gefühl hat, den Menschen und der Welt um sich herum völlig entfremdet zu sein. Doch es gibt auch aktivere Formen der Depression, in denen große Anspannung und Unruhe im Menschen entstehen, die zu Explosionen von Wut und Aggression führen können. Ein Mangel an bedeutsamen Kontakt mit sich selbst und Anderen führt, je nach Umgebung, zu Hass und Brutalität. Wenn Menschen dann noch glauben, sie seien das Opfer von Mächten außerhalb ihrer selbst, zum Beispiel einer anderen Glaubensgruppe, einer anderen Rasse oder eines anderen Landes, können sie einen Konflikt mit diesen Mächten heraufbeschwören und hoch und heilig daran glauben, dass ihre inneren Probleme gelöst sein werden, sobald sie den Feind besiegt haben. Im Namen des heiligen Kampfes sind sie bereit, alles zu geben, selbst ihr Leben.

**Du spielst auf Terrorismus an.*

In der Tat, doch extreme Äußerungen von Gewalt sind in der menschlichen Geschichte nicht selten. Sie finden in allen Kriegen und zu allen Zeiten statt. Die gefährlichste Mischung ist die eines verschlossenen Herzens und der Weigerung, dafür selbst die Verantwortung zu übernehmen. Wenn man einem Anderen oder einer Gruppe von Anderen die Schuld geben kann, dann gibt es etwas, wogegen man kämpfen und damit dann die innere Leere - zeitweise - weniger leer erscheinen lassen kann. Das scheint dem Leben einen Sinn zu geben. Es wird euch dabei allerdings kein einziger Sieg Freude schenken. Eure Grundhaltung bleibt: Das Leben ist ein Kampf und die einzigen Optionen sind Gewinnen oder Verlieren. Dies ist der männliche Schatten in Reinform. Aus diesem Schatten können weder Erfüllung noch Glück entstehen. In der Extremform führt er zu Tod und Verderben und zu einer Verachtung von Menschlichkeit und Mitgefühl.

Dieser männliche Schatten verfolgt die Menschheit, und es gibt nun immer mehr Männer und Frauen, die diesen Schatten bewusst loslassen wollen. Für die Menschheit als Ganzes ist es von besonderer Wichtigkeit, zu begreifen, dass die männliche und die weibliche Energie auf der Ebene des Herzens von Natur aus gut miteinander zusammenarbeiten können und beide gleichermaßen einen wertvollen Beitrag zum Ganzen zu leisten haben. Der Konflikt zwischen der männlichen und der weiblichen Energie muss beendet werden. Konkret bedeutet das, dass Frauen alte Feindbilder loslassen und die Herz-getragene Version der männlichen Energie anerkennen, sowohl in sich selbst als auch in Männern. Für Männer gilt ebenso, dass sie alte Feindbilder loslassen müssen: Bilder von der weiblichen Energie als eine manipulierende Kraft, die ihnen ihre Vitalität und Freiheit nimmt. Denn diese Bilder sind in der männlichen Psyche absolut noch wirksam und beeinflussen die Beziehungen zu Müttern, Partnern und Töchtern. Ein wirkliches Verständnis in sich selbst dafür zu entwickeln, was Herz-getragene weibliche Energie ist, kann die Angst vor dem weiblichen Schatten zur Auflösung bringen. Männer können nicht auf die weibliche Energie in sich selbst verzichten. Über ihre eigene weibliche Energie finden sie den Kontakt zu ihrer Seele wieder. Für Männer ist es wichtig, zu spüren, dass sie sich mit der weiblichen Energie verbinden können, ohne ihre Freiheit und ihre Besonderheit aufzugeben.

Damit kommen wir zu Schritt 2.

Schritt 2.
Kontakt zu deiner inneren Frau herstellen (das Herz)

Für die Heilung der männlichen Energie ist es entscheidend, dass Männer ihrer inneren Frau begegnen. Dies ist der Teil von ihnen, der fühlt, intuitiv ist und sich mit Anderen in Liebe verbinden möchte. Die innere Frau repräsentiert den weiblichen Aspekt eurer Seele, und indem ihr sie in eurem Bewusstsein und euren Gefühlen zulasst, kann sie euer Herz öffnen und euch ermutigen, ein Zuviel an mentaler Kontrolle loszulassen. Insbesondere möchte ich über Männer sprechen, die sich im Übergang vom Ego-basierten ins Herz-getragene Bewusstsein befinden, weil sie zu denjenigen gehören, für die dieses Buch bestimmt ist. In diesen Männern gibt es eine deutliche Bereitschaft, Verantwortung für ihren eigenen Schatten zu übernehmen und ihre innere Leere anzuschauen. Ihr könnt mit diesem Schatten arbeiten, indem ihr ruhig dasitzt und Kontakt zu eurem Körper herstellt. Fühlt vor allem deutlich in eure Beine und Füße und lasst euren Einatem ruhig in euren Bauch hineinsinken. Stellt euch dann vor, dass vor eurem inneren Auge ein Schatten erscheint. In diesem Schatten befinden sich Informationen darüber, wie die Wunde in eurem Herzen entstanden ist. In dem Schatten sitzt eine Gestalt, die euch sagt, wie man sich als Mann verhalten soll; sie kommt aus der Vergangenheit und kann das Gesicht eures Vaters, eines Lehrers oder einer anderen Autorität haben. Macht euren Kopf leer und bittet nun diese Gestalt, aus dem Schatten heraus zu treten, so dass ihr sie bzw. ihn sehen könnt. Es muss kein Bekannter sein, es kann auch eine Fantasiefigur sein oder ein Tier. Seht richtig hin, was er/es ausstrahlt und eventuell zu euch sagt. Ist er/es böse, streng, ängstlich oder defensiv? Realisiert, dass diese Gestalt euch mit falschen Bildern darüber beeinflusst hat, was Männlichkeit beinhaltet. Ihr habt diese Bilder in euch aufgenommen, und das hat in eurem Herzen eine Wunde verursacht.

Stellt euch nun vor, dass in eurem Herzen ein Kind wohnt, das spontan und rein geblieben ist, trotz dieser falschen Bilder. Ladet es ein, vor euch zu erscheinen. Was fällt euch an diesem Jungen auf? Was fühlt er in seinem Herzen? Was hat er Menschen zu geben und was schenkt ihm wahre Freude und Erfüllung? Stellt euch vor, dass ihr eure Hand nach diesem

Kind ausstreckt und es in eure Obhut nehmt. Ihr werdet zu seinem Vater und Beschützer. Ihr holt es aus dem Schatten, aus dem Einfluss der Gestalt, die ihr gesehen habt. Dies öffnet euer Herz. Ihr wisst nun klarer, wer ihr seid.

In der Kontaktaufnahme mit ihrer eigenen weiblichen Energie begegnen Männer früher oder später ihren Gefühlen in Bezug auf ihre Mutter. Für ein Kind stellt die Mutter das erste Beispiel weiblicher Energie dar, dem sie in ihrem Leben begegnen. Wie reagierte eure Mutter auf euren Drang nach Unabhängigkeit, als ihr aufwuchst und in die Pubertät kamt? Hattet ihr das Gefühl, dass ihr den Raum dafür bekamt und dass mit Aufmerksamkeit und Interesse angeschaut wurde, wie ihr euch entwickelt? In eurer Mutter können Schatteneinflüsse gelebt haben, wie sie in allen Frauen gegenwärtig sind. Es ist wichtig, euer allgemeines Bild der weiblichen Energie nicht dadurch verzerren zu lassen. In eurer Seele lebt eine Herz-getragene weibliche Energie, die frei von diesem Schatten ist. Stellt sie euch als eine innere Gestalt vor, die immer bei euch ist und euch mit Sanftheit und Liebe umgibt. Gesteht euch selbst zu, diese weibliche Energie zu empfangen und lasst sie euer Herz erfüllen. Indem ihr euch auf sie einlasst, wird eure höhere männliche Energie aktiviert und ihr fühlt euch vollständiger. Je mehr Sanftheit und Milde ihr euch als Mann selbst zugesteht, desto mehr werdet ihr auf eure Intuition vertrauen und aus eurem Kopf herauskommen. Die nährende, verbindende und hegende Wärme eurer eigenen weiblichen Energie wird euch ein Gefühl des Nachhause-Kommens schenken. Euer Herz öffnet sich von innen her.

Dies wird auch eure Beziehungen zu Frauen positiv beeinflussen. In sensiblen Männern mit einem verwundeten Herzen kann aus einer Empfindung einer inneren Kälte und Leere heraus eine Sehnsucht nach weiblicher Sanftheit und Fürsorge bestehen. Wenn ihr nicht wisst, wie ihr diese Kälte und Leere aus eurem Herzen heraus auflösen könnt, kann diese Sehnsucht etwas Verzweifeltes bekommen. Das Verlangen nach einer Frau kann verkrampft, obsessiv oder flehentlich werden. Das ist kein guter Nährboden für eine Begegnung oder Beziehung mit einer Frau. Wenn ihr versucht, die Wunde in eurem Herzen von außen durch eine Frau heilen zu lassen und dafür selbst keine Verantwortung übernehmt, könnt ihr eine Frau anziehen, die eure emotionelle Abhängigkeit missbrauchen wird, weil sie aus ihrer eigenen Ohnmacht und ihrem eigenen

Schatten heraus handelt. Ihr könnt euch selbst dann in einer Beziehung verlieren. Nicht nur bekommt ihr dann nicht die weibliche Energie, nach der ihr euch gesehnt habt, letztendlich nimmt auch eure männliche Energie Schaden, weil ihr es gestattet, eure Grenzen zu überschreiten und ihr euch selbst untreu seid. Der Versuch, innerliche Leere mit der Energie eines Anderen zu lösen, bringt euch auf Dauer weiter fort von zu Hause.

Eine andere Möglichkeit, eure weibliche Energie zuzulassen, ist regelmäßig mit dem spontanen Kind in euch Kontakt aufzunehmen, wie ich hier oben bereits sagte. Es ist sehr einfach: Wenn ihr im Alltag vor einer Wahl oder Entscheidung steht - wie klein sie auch immer sei - dann überprüft einmal innerlich, was euer inneres Kind davon hält. Wie ist seine spontane Reaktion? Indem ihr nach innen geht und ganz bewusst mit eurem Herzen fühlt, was euer innerer Junge davon hält, betrachtet ihr all die Entscheidungen, die ihr fortwährend trefft, anders. Es bringt einen innerlichen Prozess in Gang der sehr viel in euch selbst und in euren Beziehungen verändern kann.

**Du hast zuvor angeführt, dass ein verschlossenes Herz die Folge davon ist, seine Gefühle systematisch wegzudrücken. Solange man seine Gefühle aktiv unterdrückt, hat man sie immerhin noch und ist es weniger schwierig, sich auf sie einzulassen, als wenn die Gefühle fast schon nicht mehr da sind. Ich habe einige Male miterlebt, dass Männer (in meiner Praxis) sagten, dass sie durchaus gern Kontakt zu ihrem Gefühl herstellen würden, aber dass es ihnen schlichtweg nicht gelänge. Sie wussten nicht, wie. Ein Beispiel: Es geht alles gut in ihrem Leben, es geschehen schöne Dinge, aber sie können sie nicht wirklich genießen. Sie wollen es durchaus, aber es geht nicht. Was ich fragen möchte: Gibt es einen Unterschied zwischen Nicht-mehr-fühlen-wollen und Nicht-mehr-fühlen-können? Wie löst man das Letztere?*

Nicht mehr fühlen zu können (Kontaktarmut, Leere, Depression, Einsamkeit) ist das Endstadium eines langandauernden Prozesses der Verleugnung vorhandener Emotionen. Dies ist die eigentliche Wunde im Herzen von Männern, auf die ich hinweise. Als Seele seid ihr bereits viele Leben hindurch auf der Erde gewesen. Ihr tragt nicht nur die Energien der Erziehung von diesem Leben mit euch, ihr tragt auch die aus euren vorherigen Leben und damit die kollektiven Überzeugungen hinsichtlich Männlichkeit und Weiblichkeit. Es ist daher möglich, dass ein junger Mann mit einem verschlossenen Herzen und heftigen Verhaltensproblemen ringt, ohne dass er in diesem Leben Traumata erlitten hat. Die Wunde im Herzen von Männern ist ebenso tief und gravierend wie die weibliche Wunde im Bauch. Darum ist es von großer Bedeutung, diese Wunde zu erkennen und sie zu begreifen. Ich möchte behaupten, dass ohne das Erkennen und Heilen der männlichen Wunde die Weltprobleme wie Krieg, Umweltverschmutzung und Armut nicht gelöst werden können. Es kann auf mentaler Ebene Vieles ersonnen und erfunden werden - Strategien, Analysen, neue Technologien - aber ohne ein geöffnetes Herz, das die Verbindung mit Allem was lebt tatsächlich *fühlt und erlebt*, mangelt es an der grundlegenden Motivation zu wahrer Veränderung. Wenn im Hintergrund der Schattengedanke vom Leben als einem Kampf von Allem gegen Alles vorhanden ist, verbunden mit der Überzeugung damit völlig auf sich allein gestellt zu sein und Gewinnen oder Verlieren die einzigen Optionen sind, dann bleiben die alten Reflexe bestehen. Veränderung hat allein dann eine Chance, wenn der Schatten gesehen und überwunden wird.

Deine Frage ist: Wie kann man das erreichen? Meine Antwort ist, dass die Veränderung von der Basis her, aus dem geöffneten Herzen von immer mehr individuellen Männern kommen wird. Diese Männer sind die Väter von neuen Generationen von Jungen und damit von Männern, die es immer selbstverständlicher finden werden, mit einem offenen Herzen zu leben. Der Prozess braucht Zeit. Aber er hat sich bereits in Bewegung gesetzt. Je mehr Bewusstwerdung aufkommt, desto schneller wird es gehen. Jemand, der in deine Praxis kommt und der sich fragt: 'Ich möchte so gern mehr Kontakt zu meinem Gefühl haben, aber ich weiß nicht wie', hat im Inneren bereits viele Schritte gemacht. Er erkennt die Wichtigkeit des Kontaktes zu seinen Gefühlen, was zeigt, dass er falsche Bilder von der Männlichkeit bereits ad acta gelegt hat. Das ist ein entscheidender Schritt. Aber auch wenn euer Geist frei von alten Schatten ist, braucht euer Wesen, das über Jahrhunderte und viele Leben hindurch gezeichnet und geformt wurde, immer noch Zeit, um die tiefen Wunden und den entstandenen Schmerz zu heilen. Gesteht euch diese Zeit zu, gesteht euch vor allem auch den Raum dafür zu, zu sein, wer ihr seid. Wenn ihr immer wieder einmal einen Schritt vorwärts tut, ist es gut. Euch selbst anzutreiben oder euch vorzuwerfen, dass es nicht schneller geht als es geht, hat keinen Sinn und kann sich sogar kontraproduktiv auswirken. Erinnert euch an die Sanftheit und die Milde, die zu einem Herz-getragenen Bewusstsein gehören. Je mehr ihr akzeptiert wer ihr seid, desto müheloser werdet ihr von der Strömung eures Herzens aufgenommen. Euer Gefühl wird sich in dem Maße öffnen, wie ihr euch entspannt und sicherer fühlt. Die weibliche Energie kommt zu euch zurück, denn sie ist ein Teil von euch, ein Teil von eurer Seele.

Schritt 3.
Die höhere männliche Energie etablieren

Je mehr sich das Herz von Männern öffnet und sie innerlich wieder ins Gleichgewicht zwischen ihrer männlichen und ihrer weiblichen Energie finden, desto mehr werden Männer von ihrer Seele inspiriert werden. Die Gabe der Weisheit und Besinnlichkeit, die ich zuvor als den höheren Aspekt der männlichen Energie bezeichnete, wird sich dann immer deutlicher manifestieren. Wie dies konkret vonstattengeht, ist sehr unterschiedlich. Es geht darum, dass Männer sich mehr und mehr nach dem richten, was ihr Herz ihnen sagt, was ihnen Freude und Verbindung schenkt. Wenn ihr aus dem Ego heraus lebt, seid ihr vor allem auf Erfolg, Macht und Anerkennung aus. Es besteht, bei Männern ebenso wie bei Frauen, eine tiefe Angst, dass ihr nicht gut seid wie ihr seid. In Jemandem mit einer vorherrschend männlichen Energie wird diese Angst zu einem Drang führen, sich zu beweisen und sich 'aufzublasen', um zu bekommen, was er will. Ihr macht euch dann selbst größer als ihr seid und füllt die innere Leere mit Erfolg, Besitz oder Macht auf. Aber das Gefühl 'Jemand zu sein', der Kick des Erfolges oder der Macht, besteht immer nur vorübergehend. Immer streckt die innere Leere ihren Kopf wieder hervor und manifestiert sich als Ruhelosigkeit oder in einem Gefühl der Sinnlosigkeit. Dies ist die Seele, die an eure Türe klopft. Je mehr ihr am eigenen Leib erfahrt, dass Erfolg oder Besitz euch nicht geben, was ihr wirklich braucht, desto mehr öffnet ihr euch dem Ruf eurer Seele.

Ihr gelangt allerdings zunächst in eine Übergangsphase, in der ihr nichts mehr sicher wisst und euch von der Leere und Sinnlosigkeit überwältigt fühlen könntet, die ihr erlebt. Dies ist eine kritische Phase. Das Ego kann nicht mithalten und wird dem nicht mehr gerecht, aber ihr habt auch noch keinen ausreichenden Kontakt mit eurer Seele, um eine neue Richtung zu finden. Tatsächlich befinden sich viele Männer in dieser Phase. Sie sind so weit gereift, dass sie innerlich den Ruf von etwas Anderem fühlen, von etwas, das ihnen mehr bietet als in der Außenwelt erfolgreich und anerkannt zu sein. Aber sie wissen nicht, wie sie damit weiter vorgehen sollen. Es ist dabei nicht gerade hilfreich, dass in eurer Welt, vor allem in den 'entwickelten' westlichen Ländern, ein Tabu auf der Spiritualität liegt. Gerade Männer, die die Einschränkung des Lebens, das aus dem Ego heraus stattfindet, erleben (Angst, Konflikte, Wettstreit), haben einen enormen Bedarf an Kontakt mit ihrem Inneren, also mit ihrer Essenz, ihrer Seele. Doch wenn ihr diese Tatsachen missachtet und als mittelalterlichen Aberglauben abtut, dann schneidet ihr den Weg zu einer tieferen Inspiration ab, die im Herzen wohnt. Das Herz erhebt euch über eure eigene Individualität und verbindet euch mit etwas Größerem, mit dem Ganzen. Das Herz der Männer stellt das Tor zu ihrem Gefühl und ihrer Intuition dar. Wenn sie diese Domäne betreten, erfahren sie einen tieferen Kontakt mit sich selbst, mit ihren Emotionen, mit ihren Frauen, Kindern und Freunden. Dieser Kontakt gibt dem Leben Sinn und Erfüllung. Die eigentliche Quelle der Sinngebung und Bedeutung, die die Männer brauchen, ist ein lebendiger Kontakt mit sich selbst und mit Anderen. Viele heutige Erscheinungsformen der Entfremdung, des Nihilismus und des Surrealismus, in der Kunst, der Musik oder der Literatur, sind auf einen gravierenden Mangel an bedeutungsvollem Kontakt zurückzuführen. Kontaktarmut, das Ausbleiben des Austauschs von Herz zu Herz, ist eines der schlimmsten Leiden dieser Zeit. Es ist nicht einfach eine private Angelegenheit, sondern berührt alle Bereiche des Miteinanders und Zusammenlebens.

Wirklichen Kontakt herzustellen, bedeutet tatsächlich, offen zu sein für die Individualität des Anderen. Ihr seid offen für ihre oder seine Seele. Diese Form des Kontaktes kann allein dann erblühen, wenn ihr erkennt, dass das Leben mehr ist als ein Überlebens-Kampf zwischen Egos. Der zynische Blick auf das Leben, der aus einer männlichen Energie hervorgeht, die über das Ziel hinausgeschossen und in Abgeschiedenheit geraten ist, steht einem wahren Kontakt im Wege. Nur wenn wieder Raum für den Einheits-Gedanken ist, für das Begreifen, dass alles was lebt, verbunden ist und ein Ganzes bildet, kann wirklich ein Herz-getragenes Bewusstsein in den Menschen und in der Gesellschaft durchkommen. Darum besteht Bedarf an einer neuen Spiritualität, die diese Einheit fühlbar macht, ohne in Regeln, Dogmen oder ins Predigen zu verfallen. Männer und Frauen, die den Übergang von einem Ego-basierten zu einem Herz-getragenen Bewusstsein vollziehen, sind die Schöpfer dieser neuen Spiritualität. Dies wird eine irdische, menschliche Spiritualität sein, die mitten im Leben steht und die die höheren Aspekte der weiblichen und der männlichen Energie miteinander verbindet.

Der dritte Schritt auf dem Heilungsweg von Männern ist das Aktivieren der höheren männlichen Energie in ihnen selbst. Für jedes Individuum ist der Weg zur Etablierung und Verankerung der eigenen Seelenenergie einzigartig. Es gibt auch keine Aufteilung in spirituelle Beschäftigungen und nicht-spirituelle Beschäftigungen. Das ist eine alte Denkweise. Alles was ihr tut, ist spirituell, wenn es von einem Gefühl der Inspiration und der Freude genährt wird. Wenn ihr aus der Strömung eurer Seele heraus agiert, fühlt ihr euch ein wenig aus der irdischen Schwere gehoben. Denn ihr braucht für eure Ziele nicht mehr zu kämpfen und um sie zu ringen. Ihr werdet getragen. Selbst wenn ihr noch altem Schmerz oder Negativität begegnet, in dem Moment wo ihr euch für das Herz entscheidet, bekommt ihr Hilfe. Diese Hilfe geht zum großen Teil aus euch selbst hervor: Ihr gesteht es eurer Seele zu, ihr magisches Werk zu tun und für euch das anzuziehen, was ihr in eurem täglichen Leben braucht. Es kommt auch Hilfe vom Großen Ganzen. In dem Moment, wo ihr euch mit etwas verbunden fühlt, das größer ist als ihr, könnt ihr leichter die Kontrolle loslassen und kann das Universum euch auf ein neues Abenteuer mitnehmen.

**Wenn Männer ihr Herz öffnen, dann werden sie sich auch mehr aus ihrer Seele heraus mit ihren Kindern verbinden. Was bedeutet die Entwicklung und Entfaltung der höheren männlichen Energie für die Vaterschaft?*

Sehr viel. Mütter haben die Erziehung der Kinder lange Zeit dominiert. Die Väter waren oft abwesend oder waren vor allem auf autoritäre und gebietende Weise präsent. In keinem dieser beiden Fälle besteht hier ein Seelenkontakt mit dem Kind. Nicht nur das Kind leidet hierunter, auch der Vater verpasst die Chance, sich von den einzigartigen Eigenschaften seines Kindes verzaubern zu lassen und sein Herz für ein neues Bewusstsein zu öffnen. Kinder sind immer auch eure Lehrer. Sie brauchen euch als Eltern in der ersten Phase ihres Lebens. Es besteht in der Kindheit eine körperliche und emotionelle Abhängigkeit, die auf äußerst integere Weise behandelt werden muss. Die Mutter ist diejenige, die es versorgt und hegt, sie sieht das Verletzliche in dem Kind und möchte es beschützen und in Sicherheit großziehen. Der Vater hat ebenfalls versorgende und schützende Energien mit dem Kind zu teilen, aber er steht mehr auf Abstand und zieht gerade dadurch das Kind eher in das Erwachsensein hinein als die Mutter. Die väterliche Energie stimuliert stärker die Unabhängigkeit des Kindes, indem er es ab und zu scheitern lässt und an seine eigenen Fertigkeiten appelliert. Diese Art der Liebe ist unentbehrlich für ein Kind. Sie stimuliert sein oder ihr Selbstvertrauen. Um diese Art der Vaterliebe zu geben, muss es ein Gefühlsband mit dem Kind geben. Wenn der Vater das Kind aus seinen eigenen vorgefertigten Auffassungen heraus zu etwas zwingt oder es herumkommandiert, dann verkennt oder verleugnet er das Einzigartige in dem Kind und entmutigt es darin, sein oder ihr wahres Selbst zu sein.

Ich möchte betonen, dass eure Offenheit für eure Kinder und eure liebevolle Involviertheit in ihren Wachstumsprozess, ihre Probleme und ihre Entscheidungen eine sehr direkte Weise sein kann, als Mann in dir selbst die Wunden in deinem Herzen zu heilen. Deine Kinder vertrauen dir zu Anfang vollständig. Sie stützen sich auf dich und sehen dich in ihrer ersten Lebensphase als ihren Führer an. Nimm die Verantwortlichkeit auf dich, dieser Führer zu sein. Nicht dadurch, ihnen blindlings Regeln aufzuerlegen und Entscheidungen für sie zu treffen, sondern dadurch, ihnen ihr eigenes Vermögen bewusst zu machen, Entscheidungen zu treffen, Herausforderungen anzugehen und an sich selbst zu glauben. Dein Vaterherz ist liebevoll. Vertraue darauf. Folge deinem Gefühl, wenn du deine Kinder begleitest. Stimme dich darauf ein, wer sie sind, auf ihre Seele, ihre Individualität. Respektiere ihren Drang nach Freiheit und Erneuerung; diesen Drang kennst du von innen heraus. Vielleicht entdeckst du, dass du deine eigene Originalität und deinen Sinn für Erneuerungen im Laufe deines Lebens beiseite gedrängt hast. Indem du dich für dein Kind stark machst, entdeckst du vielleicht auch ein Kind in dir selbst, das nicht gut genug zum Ausdruck gekommen ist. Dein Kind dafür zu stimulieren, auf sich selbst zu vertrauen und an sich und seinen einzigartigen Weg zu glauben, kann dir helfen, dein eigenes inneres Kind von altem Ballast zu befreien. Die Einladung hierzu wird dir durch deine eigene Tochter oder deinen eigenen Sohn überreicht: Dies ist eines der Geschenke, die sie oder er mitbringt. Elternschaft ist kein Einbahnverkehr; nicht nur haben Kinder Bedarf an einem involvierten und anwesenden Vater, Väter haben ebenso Bedarf an der sprühenden Originalität und Unschuld ihres Kindes: Dies hilft ihnen, sich aufs Neue zu entdecken und ihr Herz zu öffnen.

Kapitel 8
Sexualität auf Herzebene

**Wenn Männer Kontakt zu ihrer weiblichen Energie aufnehmen und Frauen zu ihrer männlichen Energie, werden sie dann androgyner, geschlechtsneutraler? Verschwindet dann nicht die Gegensätzlichkeit und damit auch die Anziehungskraft zwischen Männern und Frauen?*

Wenn Männer sich mit ihrer weiblichen Energie verbinden, wirken sie stärker aus ihrer Seele heraus. Sie werden vollständiger in sich selbst. Dadurch können sie einander von Seele zu Seele begegnen. Du fragst, ob dies die Anziehungskraft zwischen Männern und Frauen abnehmen lässt. Was da stattfindet, ist eine Transformation der Anziehungskraft.

Auf der rein körperlichen, instinktiven Ebene gibt es in jedem Menschen ein sexuelles Begehren, das nach Befriedigung durch den Sex mit jemand Anderem trachtet. Dieser Antrieb ist sehr basal und nicht individualisiert: Ihr seid auf dieser Ebene nicht in jemand Speziellen verliebt, sondern es ist ein biologischer Trieb, der euch nach Sex sehnen lässt, so wie ihr auch ein Bedürfnis zu essen, trinken und schlafen habt. Dann gibt es die emotionale Ebene: Ihr sehnt euch nach Kontakt, Liebe, Trost, Zuspruch und Freundschaft durch und mit einem Anderen, und wenn dieses emotionale Bedürfnis sich mit dem natürlichen sexuellen Bedürfnis verbindet, dann findet eine klar ausgerichtete Verliebtheit statt. Ihr wollt dann nicht einfach nur Sex, ihr wollt mit dieser einen Person, die euch aufregt und anzieht, zusammen sein. Dies ist ein höheres Stadium der Anziehungskraft als das erstere, denn ihr seid nun emotional berührt und ihr sucht nach einem Kontakt und einer Intimität, die über das Befriedigen eurer biologischen Bedürfnisse hinausgehen.

Aber ihr befindet euch noch nicht auf der Ebene des Herzens. Wenn ihr euch in einen Anderen verliebt und euren eigenen Schatten noch nicht erkundet habt, dann bestehen oftmals heftige Gefühle der Anziehung und die Hoffnung, dass der Andere euch auf eine bestimmte Weise erlösen wird. Ihr tragt einen unverstandenen inneren Schmerz in euch, und die Gefühle der Entzückung und Ekstase, die ihr in Gegenwart des Anderen erfahrt, scheinen zu versprechen, diesen Schmerz von euch zu nehmen. Aber nach einiger Zeit merkt ihr, dass der Andere euren Schmerz nicht auflösen kann. Eine Frau, die sich ihre männliche Energie nicht bewusst wieder angeeignet hat, wird in typisch weibliche Fallen geraten. Ein Mann, der unzureichenden Kontakt mit seiner weiblichen Seite hat, wird typisch männliche Schatteneigenschaften zeigen. Die enorme Anziehungskraft wird auf Dauer in ein sich Isolieren, ein sich Entfernen, in Drama und gegenseitige Vorwürfe umschlagen. Dann entsteht oftmals der typische Venus-Mars-Gegensatz (‘Frauen kommen von der Venus, Männer vom Mars‘), Männer und Frauen scheinen auf verschiedenen Planeten zu leben und nur schwerlich zu Übereinstimmungen zu gelangen.

Es ist ein großer Irrtum, dieses Spiel heftiger Anziehung und Abstoßung als ‘wahre Liebe‘ anzusehen. Es ist eine unreife Liebe, die nicht auch nur die Hälfte dessen bietet, was eine erfüllende Liebesbeziehung auf Seelenebene für euch bedeuten kann. Es besteht anfangs freilich eine stürmische Anziehungskraft, doch das Feuer dieses Verlangens ist wild und ungestüm und versengt eher als dass es wärmt. Dennoch sind solche Begegnungen, auch wenn sie scheitern, oft der Beginn einer inneren Entwicklung und Bewusstwerdung. Sie holen euch aus eurer Komfortzone und bringen in jedem Fall Dynamik und Erneuerung. Vor allem weisen sie euch auf die Notwendigkeit hin, Selbsteinsicht zu üben und Verantwortung für euren eigenen Schatten zu übernehmen.

In einer Herz-getragenen Beziehung ist die grundlegende Anziehungskraft geistig-spiritueller Natur und in zweiter Instanz körperlich und emotionell. Mit geistiger Anziehungskraft meine ich, dass zwischen den beiden Partnern ein Erkennen auf Seelenebene stattfindet. Diese Form von Kontakt ist eine tiefgreifende Erfahrung, die alles in euch öffnet. Es ist, als wenn ihr durch den Anderen zu euch selbst nach Hause kommt. Durch die Augen des Anderen seht ihr euer eigenes Licht deutlicher und werdet stärker ihr selbst als ihr es zuvor wart. Der Andere hilft euch, mehr ihr selbst zu werden und euch selbst zu lieben. Er oder sie wertschätzt das Authentische und Originale in euch: eure individuelle Seelenenergie. Im Gegensatz zu einer Beziehung, die einzig auf körperlicher oder emotioneller Anziehungskraft basiert, füllt eine Herz-getragene Beziehung keine Lücken und entsteht in ihr keine Abhängigkeit von dem Anderen. Natürlich könnt ihr den Anderen arg vermissen, wenn sie oder er nicht da ist, aber die Quelle der Beziehung ist nicht Bedürftigkeit, sondern Freude. Indem beide Partner wissen, dass sie innerlich vollständig sind, können sie einander wirklich geben, ohne geheime Interessen oder Machtbedürfnisse.

Eine Herz-getragene Beziehung ist eine Beziehung von Seele zu Seele, die von Freude, von der Bereitschaft sich ineinander einzufühlen und von tiefem Respekt für den Anderen, so wie er oder sie ist, gekennzeichnet ist. Auf emotionaler Ebene ist diese Beziehung heilsam. Dadurch, dass ihr das Gefühl habt, auf eurer wesentlichen Ebene erkannt zu werden, bringt die Beziehung Ruhe und Stabilität in euer Leben, wodurch ihr nicht nur innerhalb der Beziehung, sondern auch außerhalb eurer selbst immer deutlicher aus eurer Seele heraus zu manifestieren beginnt. Die Liebe, die in der Beziehung blüht und gedeiht, wird auch andere Menschen in der Welt erreichen; die Liebe fließt über und trägt auf der Erde Früchte.

Auf rein biologischer Ebene bleibt ihr innerhalb einer Seelenbeziehung Mann oder Frau. Auch in euren Emotionen wird euer Geschlecht weiterhin einen Einfluss darauf haben, wie ihr Dinge erfahrt und darauf reagiert. Ihr bleibt Frau oder Mann, aber diese biologische und mitunter auch emotionelle Polarität verursacht Vergnügen und Bereicherung statt zu einer Quelle des Streitens und der Entfremdung zu werden. Ihr könnt über die 'Angewohnheiten' des jeweils Anderen als Frau oder Mann lachen und auch Bewunderung für Eigenschaften empfinden, die der Andere als Mann oder Frau aus seiner Natur heraus hat. Die Dynamik dessen, Mann und Frau zu sein, wird in einer Herz-getragenen Beziehung auf eine andere, lichtere Ebene erhoben.

**Wie beeinflusst dies die Sexualität?*

Das hängt davon ab, wo die Partner individuell in Bezug auf die Sexualität stehen. Viele von euch sind in ihrem Erleben der Sexualität geschädigt. In Männern und in Frauen bestehen gegenseitige alte Feindbilder. Es können Narben von sexuellem Missbrauch existieren, nicht nur aus diesem Leben. Es bestehen oftmals eine Scham und ein Mangel an Offenheit bezüglich der eigenen Sexualität. Dass eure Sexualität als eine Quelle des Vergnügens in Freude erlebt werden darf, ist weit entfernt von der Tradition und

Kultur, in der ihr aufgezogen wurdet. Es besteht heute vermeintlich viel Offenheit in Bezug auf Sex, aber wie viele Männer und Frauen fühlen sich wirklich wohl mit ihrem eigenen Körper und ihren sexuellen Sehnsüchten? Wenn ihr eine Beziehung von Seele zu Seele eingeht, dann sind diese Probleme nicht wie von Zauberhand aufgelöst. Durchaus jedoch besteht in solch einer Beziehung eine Einbettung in Respekt und Vertrauen zwischen den Partnern, die ihnen die Möglichkeit bietet, alte Schmerzen, Ängste und Unsicherheiten auf diesem Gebiet allmählich loszulassen. Je mehr die Partner sich entspannen und sich trauen, einander hinzugeben, desto leichter wird die Sexualität. Lust und Begehren werden nicht mehr als schlecht angesehen; ihr traut euch, euer natürliches Verlangen nach Sex zu zeigen, und eben dadurch werden die Lust und das Begehren abnehmen und die sexuelle Begegnung nicht mehr dominieren. Denn wenn etwas verboten ist, macht ihr es damit nur größer und gebt ihm die Möglichkeit, dämonisch und pervers zu werden. Wenn die Lust einfach als Lebensströmung da sein darf, entdeckt ihr, dass ihr mehr wollt als Lustbefriedigung. Ihr wollt Kontakt mit dem Anderen, ihr wollt das Wesen und die Nähe des Anderen fühlen. Die Lust verschwindet dann nicht, sondern steht Seite an Seite mit dem Verlangen nach Kontakt mit dem Anderen. Es geht darum, der sexuellen Strömung Raum zu geben, während ihr den inneren Kontakt mit dem Anderen aufrecht erhaltet. Ihr seid dann sowohl aus dem Bauch als auch aus dem Herzen heraus verbunden. Dann habt ihr eine spirituelle Sexualität, die euch sowohl körperlich als auch geistig erfüllt.

**Das klingt gut - aber in der Praxis ist es dennoch durchaus schwierig.*

Natürlich ist das so und löst vor allem allerlei idealistische Bilder aus. Gesteht euch zu, mit ihnen zu experimentieren, erwartet keine Vollkommenheit. Für Frauen (und Männern mit viel weiblicher Energie) ist es vor allem von Belang, 'Ja' zur Lust als eine Energie in ihrem Körper zu sagen. Es hat darauf ein Tabu gelegen, und es wird euch schlecht damit gehen, wenn ihr eure eigenen Gefühle der Lust und Sinnlichkeit verleugnet oder verurteilt. Denn in der Lust steckt auch Vitalität und Lebensdrang. Sexualität ist viel weitgefächerter als der Vorgang, Sex zu haben. Sexuelle Energie ist Lebensenergie, die auf dem Boden des Beckens schlummert, und die sich auf allerlei Weise manifestieren kann: als erotisches Verlangen, als ein Genießen im weiteren Sinn, als Kreativität und auch als eine geistige, spirituelle und intuitive Strömung. Es ist ein Lebensfeuer, das sich auf mehreren Ebenen ausdrücken kann. Oftmals sind Frauen, die keine Lust und Erregung erfahren können, nicht in ihrem Körper zuhause und kommen auch nur schwer in Kontakt mit ihrer Kreativität und Lebensfreude. Das Problem der Leere im Bauch wird hier sehr deutlich sichtbar.

Vor allem Frauen, die dies in sich selbst wiedererkennen, sollten am sexuellen Kontakt mit einem Partner besonders großen Nutzen haben und sollten sich vor allem auf ihr eigenes Gefühl und ihr Wohlbefinden konzentrieren. Spürt ganz deutlich nach innen hinein, was ihr wollt und euch wünscht; legt ruhig Grenzen fest und stellt euren eigenen Genuss durchaus an erste Stelle. Diese Frauen sind von Natur aus bereits empathisch eingestimmt, und es ist für sie eher wichtig, sich selbst konsequent als zentral wahrzunehmen, als sich auf den Anderen zu konzentrieren. Das kommt ganz von selbst - und oftmals spontan - wenn ihr stärker in eurer eigenen Basis zu Hause seid und euch mit eurer eigenen sexuellen Energie wohlfühlt.

Für Männer (und Frauen mit einer stark entwickelten männlichen Energie) gilt eher das Gegenteil. Lust ist für sie zumeist einfacher zu fühlen, und es ist für sie sehr wichtig, ihre sexuelle Energie in gute Bahnen zu lenken. Wenn ihr nämlich keine Kontrolle über diese Strömung behaltet und sie euch dominiert, stört sie euren Kontakt miteinander auf Herzensebene. Ein zu dominanter Strom von Lust senkt die Qualität der Sexualität, die ihr erlebt und entzieht euch Lebensenergie, die ihr auf kreativer oder geistiger Ebene hättet einsetzen können. Um das Feuer zu besänftigen oder zu zähmen, ist die Herstellung des Kontaktes mit der eigenen weiblichen Energie unentbehrlich. Ein Mann, der seine eigenen Gefühle kennt und in seinem Herzen zu Hause ist, wird, wenn er sich verliebt, für den anderen Menschen Zärtlichkeit und Zuneigung empfinden. Er wird aus Respekt sein sexuelles Begehren in den Dienst der Geliebten stellen. Dies macht die Sexualität, die er erlebt, leidenschaftlicher denn je. Wenn Lust sich mit dem Kontakt von Herz zu Herz vermischt, entsteht eine Belebung der Sexualität, die den ganzen Körper erreicht und berührt und ihn erhebt und die sich viel vollständiger anfühlt als alleinige Lustbefriedigung. Durch den Kontakt von der Seelenebene aus wird der Körper in

eine höhere Schwingung gebracht, was sich anfühlt als wenn ihr leichter und fließender werdet und weniger vom Anderen getrennt seid.
Sowohl Männer als auch Frauen, die sich im Übergang vom Ego zum Herzen befinden, suchen nach Seelenkontakt. Seelenkontakt ist nicht asexuell. Die Tatsache, dass männliche und weibliche Energie in eine gereifte Persönlichkeit integriert werden, macht diese Person *androgyner, aber nicht asexuell*. Es ist eher umgekehrt. Je mehr Kontakt ihr mit eurer Seele habt, desto offener und freier könnt ihr lieben. Irgendwie klingt euch 'spiritueller Kontakt' nicht gerade sexy in den Ohren, aber was ist sexyer als in Verbindung mit der inneren Essenz eines Anderen zu stehen? Wahrlich, die tiefste Quelle des Genusses ist eure Seele und als ihre Verlängerung euer Körper. Wenn euer Körper von der Strömung eurer Seele inspiriert wird, erlebt ihr Genuss auf tieferer Ebene und fühlt ihn als Liebe.

**Wie sieht es dann nach dem Tod mit der Sexualität aus? Wenn man den irdischen Körper losgelassen hat, gibt es dann jenseits noch immer eine Polarität zwischen dem Männlichen und dem Weiblichen? Erlebt die Seele dort auch noch eine Form der Sexualität oder anders gesagt: Erlebt die Seele sich selbst dort noch als ein sexuelles Wesen?*

Es gibt viele Schichten des Daseins auf jener Seite. Einige ähneln sehr der Erde. Es ist nicht so, dass wenn ihr sterbt, ihr unmittelbar eure Seele seid und eure Menschlichkeit loslasst. Eigentlich ist dies eher die Ausnahme als die Regel. Die meisten Menschen erfahren noch eine Form der Sexualität nach dem Tod, in Form einer Anziehungskraft zum anderen Geschlecht. Gewöhnlich seht ihr euch selbst nach dem Tod noch immer in einem männlichen oder weiblichen Körper. Ihr habt nach dem Tod einen astralen oder energetischen Körper, der fließender und veränderlicher ist als der materielle Körper auf der Erde. Er verändert sich mit euren Gemütszuständen und eurem Bewusstsein mit. In eurem Herzen besteht zumeist eine starke Verbindung mit einem der beiden Geschlechter; ihr fühlt euch darin zu Hause, und ihr empfindet den Körper dieses Geschlechtes als natürlich für euch. Im Wesentlichen seid ihr als Seele nicht auf eines der beiden Geschlechter beschränkt. Aber dadurch, dass ihr viele Male inkarniert seid, werdet ihr eine Vorliebe für einen männlichen oder einen weiblichen Körper entwickelt haben, und daher gibt es auch auf Seelenebene eine Art Geschlechtlichkeit, die auf der anderen Seite erlebt wird.

Von eurem energetischen Körper aus eine sexuelle Wechselwirkung mit einem Anderen zu haben, fühlt sich sehr natürlich und schön an. Was geschieht ist, dass die zwei Energiefelder allmählich ineinander übergehen und subtil aufeinander einwirken. Sie vermischen sich vollkommen; es gibt keine so scharfe Grenze wie zwischen zwei irdischen Körpern. Das schenkt ein Gefühl der Ekstase, ein Gefühl der Verbindung mit dem Einen, der Quelle. Jeder möchte dies erleben, aber ebenso wie auf der Erde gibt es auch im Jenseits Hindernisse und Blockaden. Ihr könnt auch hier an Angst, Widerstand oder einem Mangel an Offenheit zueinander festhalten. Daher ist es nicht so, dass die Sexualität hier per definitionem besser ist.

**Wenn ich an die Sexualität auf Seelenebene denke, sehe ich die beiden Energiefelder als Felder aus vielerlei Farbschattierungen, die sich in einem Tanz miteinander vermischen. In der Mitte - dem Herzen? - fühle ich ein vollständiges Zusammenfließen beider Seelen. Wenn die stattfindet, geschieht eine Art Berührung von Gott, wodurch man sich bewusst wird, dass man Teil eines großen Ganzen voller Liebe und Weisheit ist.*

Ja, es gibt in der Sexualität einen mystischen Unterton. Wenn ihr euch aus dem Herzen heraus miteinander vereinigt, weitet ihr euch und lasst ihr eure Grenzen los. Ihr begegnet dem Anderen, doch in diesem Öffnen erfahrt ihr darüber hinaus auch etwas Größeres, das euch beide bewegt und einbezieht und umfasst. Indem ihr dieses Eine und Große *vermittels des Anderen* erlebt, findet eine Initiation statt. Dies ist das Geheimnis der sexuellen Liebe. Indem ihr euch dem Anderen hingebt und euch von eurem Herzen aus verbindet, lasst ihr euch selbst für eine Weile los und öffnet ihr euch für die Wirklichkeit des Anderen. Durch diese Öffnung tritt nicht nur der Andere herein, sondern wird zugleich auch etwas Größeres geweckt: Eure Seele wird aktiviert und eine sehr ursprüngliche Schwingung berührt euer Herz. Ihr werdet dadurch mehr ihr selbst als ihr es je zuvor wart. Ihr werdet größer als ihr je wart.

Der zeitweilige Selbstverlust in einer sexuellen Begegnung öffnet die Tür für einen tieferen Kontakt mit eurer Seele. Das Tor dorthin ist der Andere. Seine oder ihre einzigartige Gestalt, die Verliebtheit, die ihr in ihrer oder seiner Gegenwart erlebt, durchbricht eure Verteidigungsmauern und versetzt euch in die Lage, euch auf eine Weise hinzugeben, die die starren Anteile in eurer Persönlichkeit herausfordert und dehnt. Die Verletzlichkeit, die ihr fühlt, wenn ihr verliebt seid, ist eine der größten Kräfte, die ihr erfahren könnt. Eure Verteidigungsschilde werden noch verschärft, aber zugleich ist da eine Urkraft, die diese Schilde bricht und euch ganz und gar öffnet und verletzlich macht. Diese Verletzlichkeit ist der erste Schritt zur Liebe hin. Ihr könnt nicht die Kontrolle aufrecht erhalten, wenn ihr verliebt seid und euch voneinander heftig angezogen fühlt. Durch diesen grenzüberschreitenden Aspekt der sexuellen Liebe kann sie das Tor zu einer mystischen Initiation sein. Ihr werdet *durch den Anderen* eingeweiht in die Geheimnisse eurer eigenen Seele.

**Kann dies nur durch einen Anderen, durch eine sexuelle Beziehung geschehen oder auch beispielsweise durch Meditation, Einkehr und Bewusstwerdung? Mit anderen Worten: Kann man das auch selbst erreichen, allein?*

Es gibt viele Wege zur Bewusstwerdung und zum Öffnen eures Herzens. Es gibt keinen exklusiven Weg, der besser ist als der andere. Frage dich dann nur, warum einem bestimmten Weg gerade deine Vorliebe gehört. Wenn du Angst vor der Kraft und Tiefe einer sexuellen Begegnung hast und deshalb zur Vereinigung mit deiner Seele den einsamen Weg vorziehst, dann passe auf. Angst ist kein guter Grund dafür, etwas sein zu lassen. Sei bereit, deiner Angst ins Gesicht zu sehen, und sei offen und ehrlich in Bezug auf deine eigenen Sehnsüchte, auch wenn sie Schmerz verursachen und dich verletzbar machen.

In vielen Menschenherzen herrschen bezüglich der romantischen Liebe Enttäuschung und Desillusion. Jeder ist sensibel und empfänglich für die Anziehungskraft der Liebe, aber zugleich könnt ihr auf diesem Gebiet viele dunkle Emotionen erfahren haben, die euch innerlich erschütterten und verwirrten. Ihr fühltet euch zum Beispiel von einem Anderen im Stich gelassen, als ihr euch gerade sehr verletzbar gemacht hattet. Oder ihr habt euch total in einer Verliebtheit verloren, wodurch ihr euch selbst aus den Augen verloren und alle Grenzen aufgegeben habt. Dann entsteht keine Transzendenz hin zur Seele, sondern eher eine Abhängigkeit vom Anderen und ein Unvermögen, euren eigenen

Anker weiterhin zu fühlen. In solchen Fällen könntet ihr desillusioniert zurückbleiben und das Gefühl haben, dass es besser ist, wenn ihr euch zurückzieht und eure Sehnsüchte aufgebt. Es kann auch sehr fruchtbar sein, über kürzere oder längere Zeit Single zu sein und eure Ich-Kraft und euren Selbstwert aufzubauen. Wenn ihr euch allerdings wegen des Schmerzes in der Vergangenheit dauerhaft zurückzieht, dann baut ihr wieder Mauern auf, die euch von einer Verbindung mit eurer Seele abhalten. Daher: Ihr müsst nicht durch einen Anderen zu euch selbst kommen, aber bleibt offen für diese Möglichkeit und schließt sie nicht aus. Folgt einem Weg, der euch Freude schenkt, und lasst euch überraschen vom Leben selbst.

**Einige spirituelle Lehrer sprechen geringschätzig über Verliebtheit und alle Gefühle, die die romantische Liebe auslöst. Es komme immer einer Illusion und zeitweiliger Erblindung gleich. Aber du sprichst über Verliebtheit als eine Urkraft, die uns tiefer in den Kontakt mit uns selbst bringen kann. Wie verhält sich das nun?*

Verliebtheit ist eine Urkraft, die Menschen in ihrem Wesen berührt; das ist eine empirische Tatsache. Diese universelle Erfahrung und Tatsache zu bagatellisieren und kleiner zu machen als sie ist, zeugt in der Regel von einer Feindseligkeit dem Leben gegenüber. Wenn ihr geringschätzig und zynisch mit der Verliebtheit umgeht, dann könnt ihr sicher sein, dass ihr entweder von der Liebe verletzt worden seid oder Angst vor dem Kontrollverlust habt, den Verliebtheit mit sich bringt.

Eine authentische, wahre und echte spirituelle Lehre nimmt die menschliche Erfahrung als Ausgangspunkt. Verliebtheit ist eine entscheidende Erfahrung, die das menschliche Herz öffnet, die Musiker und Künstler inspiriert und die euch bis zu eurem Tod im Gedächtnis bleibt. Wenn ihr diese Erfahrung nicht ernst nehmt, verliert ihr den Kontakt zum Menschlichen. Dies war auch das Verhängnis vieler spiritueller Dogmen. Viele basieren auf Misstrauen und Angst vor den großen emotionellen und sinnlichen Kräften, die in einem Menschen schlummern. Die Ironie ist, dass wenn ihr diese Urkräfte wegdrückt oder verleugnet, sie gerade dadurch größer und auf Dauer unbeherrschbar werden. Niemand ist so von Sex besessen wie jemand, der aus einem nicht im Leben verwurzelten

Urteil heraus selbst dem Sex entsagt. Niemand kann so heftig, wütend und verrückt werden wie jemand, der sich selbst dazu zwingt, Emotionen zu beherrschen und Wut zu unterdrücken. Ein wahrer Lehrer der geistigen Selbstverwirklichung arbeitet mit den Urkräften der Sexualität, Leidenschaft und Emotion zusammen und akzeptiert diese als Grundmotivation des menschlichen Handelns.

**Dem kann ich nur zustimmen, aber es ist doch auch so, dass Verliebtheit und das Drama der romantischen Liebe einen Menschen völlig aushebeln und zu einem Kummer und einer Verzweiflung treiben können, die ihn lahmlegen und unterminieren. Zuvor in diesem Buch hattest du selbst über 'romantische Benommenheit' gesprochen und wie diese uns aus dem Gleichgewicht bringen kann. Wie hängt das zusammen?*

Verliebtheit ist eine Urkraft. Urkräfte sind nicht sauber und ordentlich. Sie gehen nicht nach einem überschaubaren Fahrplan vor. Urkraft bedeutet Chaos und Wildheit - Kreation und Destruktion. Daher, ja, das 'Drama der Liebe' kann euch an den Rand des Abgrundes bringen. Gerade dort, am Rand oder im Abgrund selbst, entstehen die wesentlichen Einsichten und Erfahrungen, die euch auf eurem Weg weiterbringen. Es ist richtig, dass ihr von Liebesschmerzen tief verletzt werden könnt. Ihr könnt euch mitschleifen lassen von unrealistischen Erwartungen und falsch verstandenen inneren Sehnsüchten. Die Fallgruben sind unzählbar. Worum es geht ist, *dass ihr die Kräfte von Emotionen, Sex und Leidenschaft mit den Kräften von Bewusstsein und Liebe verbindet.* Das ist die Alchemie, die Transformation, die den Schlüssel zu geistigem Wachstum und Selbstverwirklichung bildet. Nicht gegen die 'dunklen Kräfte' anzugehen, sondern mit ihnen zusammenzuarbeiten und sie als Quelle des Lebens und als *Tor zu einem tieferen Kontakt mit der Seele* anzunehmen. Dies bedeutet konkret, dass ihr bereit seid, ja zu sagen zu euren eigenen Sehnsüchten und Emotionen und dass ihr dabei zugleich euer Bewusstsein einbezieht und aufrecht erhaltet. Ihr braucht euer Bewusstsein nicht dafür, eure Leidenschaft und Emotionen zu ordnen und an die Kette zu legen, sondern rein dafür, die Urkraft *zu verstehen und euch darin mitzubewegen*. Und so verliebt ihr euch zum Beispiel und fühlt, dass ihr von einer Kraft mitgezogen werdet, die ihr nicht mit eurem Kopf beherrschen könnt.

Statt dagegen anzukämpfen, entscheidet ihr euch ganz bewusst, gegenwärtig und präsent bei dem zu bleiben, was da geschieht, ohne einzugreifen. Vielleicht denkt ihr jetzt: Was habe ich davon, wenn ich nur gucke ohne einzugreifen? *Aber dies ist dennoch das Kraftvollste was ihr tun könnt.* In wirklich tiefe Emotionen wie Liebe, Kummer und Angst könnt ihr nämlich gar nicht eingreifen. Ihr seid ihnen mit eurem persönlichen Willen oder eurem Verstand nicht gewachsen. Die Strömung von Emotionen, die durch euch hindurchgeht, ist jedoch keineswegs blind oder sinnlos. Sie hat eine Richtung, doch ihr wisst noch nicht welche. Lasst die Kontrolle los, aber bleibt bewusst dabei. Urteilt nicht. *Sagt Ja zu dem, was ihr fühlt, und vertraut darauf, dass es zu irgendetwas dient.* Nun setzt ihr einen alchemistischen Prozess in Gang, eine echte innerliche Transformation. Wenn ihr ganz und gar offen für das seid, was sich in euch als Emotion und Leidenschaft zeigt, dann arbeitet die Kraft eures Bewusstseins mit der Kraft eures Bauches zusammen. Anders gesagt, Herz und Bauch werden verbunden. Ihr werdet eine tiefe Leidenschaft für euch selbst erfahren. Wenn alles da sein darf - euer Schmerz, eure Sehnsucht, eure Emotionen - löst sich der Konflikt und tritt Selbstheilung ein. Bewusst erlebter Schmerz, erlebte Emotion und Sehnsucht führen zum Erblühen eurer Seele auf der Erde. Eure Wunden werden heilen, wenn ihr Ja zu dem sagt, was euch innerlich berührt und bewegt; wenn ihr die Urkräfte in euch respektiert und auf ihre natürliche Weisheit vertraut.

**Ich begreife, was du sagst. Dennoch frage ich mich, ob in Sexualität auf der rohesten, tierischsten Ebene noch natürliche Weisheit steckt. Steckt in sexueller Begierde nicht auch ein blinder Drang zu erobern, so wie ein Tier ihn haben kann? Zum Beispiel ein Löwenmännchen, das am Kopf der Gruppe steht: Die Tatsache, dass er der Anführer ist, bedeutet, dass er das Recht auf Sex mit allen Weibchen in der Gruppe hat. Macht und Sex gehen also miteinander einher.*

Und dem möchte ich gern noch hinzufügen, dass es meinem Gefühl nach einen Unterschied zwischen der männlichen und der weiblichen Erfahrung von sexueller Begierde gibt. Im männlichen sexuellen Hunger steckt der Drang zu erobern. In der weiblichen sexuellen Begierde scheint der Drang zu stecken, erobert zu werden. In beiden Instinkten steckt nach meinem Gefühl ein blindes, unpersönliches, machthungriges Element.

Wie kann man nun auf solch eine Urkraft vertrauen?

Sex und Macht sind in der menschlichen Welt eng miteinander verwoben. Im Tierreich allerdings würde ich nicht von Macht sprechen, da Tiere kein Ego haben. Ein Tier hat einen klaren Sinn für seine Grenzen und einen starken Überlebensdrang, jedoch kein Ego im menschlichen Sinne des Wortes. Ego und Macht sind verbunden. Im tierischen Sinn ist der Drang nach Eroberung durch das Männchen ein instinktiver Drang, sich fortzupflanzen. Das Weibchen will - unter bestimmten Voraussetzungen - erobert werden, weil sie auf den instinktiven Drang reagiert, Junge zu bekommen. In einer Gruppe von Tieren gibt es eine Aufteilung von Aufgaben und Verantwortlichkeiten, die im Gleichgewicht ist. Die Führer der Gruppe akzeptieren diese Aufteilung, und daher kann hier nicht von Dominanz im Sinne von 'Machtmissbrauch' gesprochen werden.

In der menschlichen Welt verhält sich das anders. Es gibt eine biologische sexuelle Triebfeder, die einen tierischen Ursprung hat, aber dieser ist in den Menschen mit einer emotionellen Bedürftigkeit und auch einem geistigen Bedürfnis nach Kontakt und Liebe vermischt. In der menschlichen Sexualität gibt es ein Motiv, eine Triebfeder, die Getrenntheit zwischen dir und dem Anderen - zeitweise - aufzuheben. Dies ist eine sehr wichtige Triebfeder, die den Fortpflanzungstrieb übersteigt und Sexualität zu einer spirituellen Kraft macht. Sicherlich ist es so, dass es in der Sexualität auch eine tierische Komponente gibt, aber diese ist nicht schlecht. Auf tierischer Ebene gibt es einen reinen Instinkt, kein Verlangen nach Macht. Wenn in einer sexuellen Beziehung Schmerz, Aggression oder Ungleichgewicht bestehen, wird dies beinahe immer von der emotionalen Wechselwirkung zwischen Menschen verursacht. Gewöhnlich sind es die emotionale Bedürftigkeit und die Forderungen und Erwartungen, die Menschen in diesem Bereich aneinander stellen, die Machtmissbrauch und geistige oder körperliche Gewalt verursachen. Menschen versuchen zum Beispiel einen Mangel an Selbstwert oder eine Leere in ihrem Herzen durch eine Liebesbeziehung aufzulösen. Ihr braucht dann den Anderen, um euch gut zu fühlen. Dann könnt ihr euch enorm nach dem Anderen sehnen, aber diese Sehnsucht ist keine rein unschuldige; es besteht dann eine Abhängigkeit in euch, die euch für die typischen Fallstricke empfänglich macht, über die wir zuvor sprachen. Frauen können sich aus dieser Abhängigkeit heraus negieren und übermäßig gebend werden. Männer können recht dominant werden und Macht und Kontrolle ausüben wollen. Dann entspinnt sich das Drama, das du blind und destruktiv nennst. Es sind nicht die körperlichen Instinkte, die hierfür verantwortlich sind. Habt ihr schon einmal ein Tier in einer 'Beziehungskrise' gesehen? Solche Probleme liegen immer auf einer emotionellen Ebene und haben mit einem Mangel an Selbstbewusstsein und Eigenliebe zu tun.

Das körperliche Verlangen nach Sex ist rein und unschuldig. Selbst der Drang von Männern danach zu erobern und der Drang von Frauen danach erobert zu werden, ist nichts, aus dem man ein Problem machen muss. Spielt mit den Neigungen, genießt sie; sie können nicht schaden, solange ihr emotionell im Gleichgewicht seid und euch eures eigenen Schattens und der Fallstricke, die darin liegen, bewusst seid.

**In Bezug auf die Urkräfte in uns selbst: Meiner Ansicht nach kann es auf zwei Weisen schiefgehen. Entweder respektiert man die Urkräfte nicht, unterdrückt sie und schneidet sich selbst vom Leben ab. Man ist zu kontrollhaft und es entsteht nach einiger Zeit ein Mangel an Vitalität, Freude und Kreativität. Oder man lässt sich völlig mitschleifen und wird so überwältigt, dass man sein Bewusstsein verliert und letztendlich zum Spielball der Versklavung, Impulsivität und Realitätsflucht wird. Im ersten Fall bleibt man zu sehr im Trockenen, im zweiten Fall ertrinkt man in den Urkräften. Kommt das so ungefähr hin?*

Ich würde sagen, dass die Urkräfte von Sehnsucht und Emotion immer in eurem Leben existieren und dass ihr Ja oder Nein zu ihnen sagen könnt. Wenn ihr Nein sagt, indem ihr sie verleugnet oder verdrängt, schneidet ihr euch selbst vom Leben ab und werdet starr und rigide. Manchmal seht ihr das im Älterwerden stattfinden. Ihr seid dann nicht mehr offen für etwas Neues und denkt, dass ihr alles wisst. Aber älter werden kann einfach auch bedeuten, dass ihr die Urkräfte schließlich akzeptiert und mit ihnen zusammenarbeitet. Das ist die Wahl, die jeder selbst treffen muss.

Ihr könnt die Ja-Kraft in jedem Moment eures Lebens einsetzen, wodurch ihr wieder wirklich fühlt und lebt. Du sagst, dass die Ja-Kraft auch zu groß werden kann und dass du dich selbst dann in Versklavung, Begierde und Fluchtverhalten verlierst. Es ist sicherlich wahr, dass, wenn ihr dermaßen in einem Verlangen aufgeht, es euch ganz und gar beherrscht, ihr euer Zentrum verliert und auch euren Kopf. Ihr übernehmt keine Verantwortung mehr für euch selbst und lasst euch mitschleifen, beispielsweise von einer Kraft wie Verliebtheit, die dann obsessiv und alles beherrschend wird. Ihr sagt dann eigentlich auch Nein, aber euch selbst gegenüber. Ihr weigert euch, in Hinblick auf den Drang oder die Begierde, bewusst für euch einzustehen und erniedrigt euch selbst. Dann seid ihr Sklave und nicht Meister.

Es gibt also zwei Arten, Nein zu sagen: Nein zu den natürlichen Kräften und Verlangen, Begierden und Gefühlen zu sagen; und Nein zu sagen zu eurem eigenen schöpferischen Selbst, eurer eigenen Kraft und eurem Vermögen, diese Naturkräfte bewusst zu handhaben.

**In Ordnung, aber wenn man obsessiv verliebt ist, sein Zentrum verliert, darunter leidet und es ändern will: Wie kann man das dann bewerkstelligen? Wie kann man wieder ein schöpferisches und verantwortliches Selbst werden?*

Es geht darum, wieder Raum für sich selbst zu schaffen. Wenn ihr obsessiv verliebt seid, erwartet ihr, dass alles Heil von dem Anderen kommt. Dann lebt ihr in permanenter Angst und Unsicherheit, ob der Andere denn auch für euch da sein möchte. Ihr macht den Anderen dann größer als er oder sie ist; ihr erschafft ein Idealbild. Realisiert tief innerlich, dass das nicht klappt. Versucht, den Anderen als Menschen zu erleben, mit all seinen Unvollkommenheiten, seinen hellen und dunklen Seiten. Lasst die Vorstellung los, vom Anderen gerettet zu werden. Nur ihr selbst könnt euch retten. Richtet eure Aufmerksamkeit auf liebevolle Weise nach innen. Seid euch selbst ein Geliebter oder eine Geliebte. Fühlt euren Körper von innen her, die Emotionen und Anspannungen, die die Verliebtheit verursacht. Nehmt sie mit einem milden Blick wahr und umarmt euch selbst voller Aufmerksamkeit, Achtsamkeit und Besänftigung. Erzählt euch selbst, dass ihr euch versteht und begreift, und dass ihr alles fühlen dürft, was ihr fühlt. Es ist nicht falsch, es ist nicht verboten. Und weil alles sein darf, könnt ihr ruhig mit eurem Bewusstsein dort bleiben. Ihr müsst nichts verbergen. Wenn ihr so auf euch selbst und eure Gefühle blickt, werdet ihr merken, dass eine gewisse Entspannung eintritt. Ihr gebt euch selbst Raum und akzeptiert euch wie ihr seid. Diese Eigenliebe ist heilsam. Das Verlangen nach dem Anderen wird schon allein durch die sanfte Aufmerksamkeit für eure eigenen Gefühle weniger dringlich werden.

**Man kommt wieder zu sich selbst nach Hause, ohne etwas von dem zu ignorieren was man fühlt.*

Ja. Dieses Zurückkehren zu euch selbst müsst ihr immer wieder wiederholen, bis ihr überwältigenden Emotionen weniger zum Opfer fallt und euer Gleichgewicht besser halten könnt. Dann könnt ihr auch begreifen, warum der Andere euch so anzieht, denn oftmals gibt es in dem Anderen eine Energie, die ihr in euch selbst zu wecken lernen könnt, wodurch ihr weniger abhängig vom Anderen werdet.

**Ich bin früher ein paar Mal heftig verliebt gewesen in Männer mit einer ausgesprochen männlichen Energie. Männer, die deutlich spürbar anwesend, eckig, kraftvoll und durchaus auch provokativ waren. Manchmal fühlte ich mich unfähig, angesichts der heftigen Gefühle der Anziehung zentriert zu bleiben, und als ich mich dann auf meine innere Stimme oder meine innere Führung einstimmte, war die Antwort jedes Mal: Wecke die männliche Energie in dir selbst. Eigne dir selbst die Eigenschaften an, die du in dem Anderen bewunderst. Ich spürte, dass das richtig war.*

Je mehr du zu einer einseitigen weiblichen Energie oder einer einseitigen männlichen Energie neigst, desto mehr verfällst du Menschen mit den entgegengesetzten Eigenschaften. Dies führt zu stürmischen Verliebtheiten, die oftmals nicht lebensfähig sind, weil ihr euch auf einen bestimmten Aspekt desjenigen fixiert und nicht den ganzen Menschen seht. Jemand mit einer starken männlichen Energie hat auch eine verletzliche, unsichere Seite, die in einer echten Beziehung zum Vorschein kommen wird. Davon fühlt ihr euch möglicherweise abgestoßen, falls ihr euch gerade in die selbstbewusste, tatkräftige Seite verliebt habt. Das Gefühl zweier Gegenpole, die einander anziehen, verschwindet dann. Wenn es ein echter Seelenkontakt ist, kann die Beziehung gerade dann mehr Tiefgang bekommen und sich nach und nach zur Liebe zwischen beiden

Partnern entwickeln. Beide realisieren, dass sie nicht zwei Hälften von einem Ganzen sind, sie sind beide zwei Ganze. Nach Ablauf einiger Zeit wird die Verliebtheit weniger intensiv und macht Platz für eine irdischere Form der Liebe. Das ändert nichts daran, dass bestimmte Unterschiede in Charakter und Temperament eine Quelle der Inspiration und des Staunens bleiben können. In einer liebevollen Partnerbeziehung bleibt die Verliebtheit bestehen, sie ist nur nicht mehr so durchdringend und feurig. Diese Form der Verliebtheit erlebt ihr als ein Gefühl des Staunens und der Neugier auf den Anderen. Es ist wie ein Entdeckungskreis, der niemals endet.

** Viele Menschen erleben in einer langandauernden Beziehung ab einem gewissen Moment Routine, Erstarrung, Gewohnheit und einen Mangel an Glanz und Aufregung. Ist das unvermeidlich oder kann man dem zuvorkommen und wenn ja: wie?*

Ihr könnt dem *gerade* dadurch zuvorkommen, indem ihr *Abstand zueinander bewahrt*. In einer langandauernden Beziehung wird oftmals jeder Abstand aufgegeben. Ihr kennt einander auf allerlei verschiedenen Ebenen, ihr seid daran gewöhnt, wie der Andere reagiert. Oftmals ist da keinerlei Staunen mehr. In Wirklichkeit gibt es dann auch keinen echten Kontakt mehr. Echter Kontakt kann nur stattfinden, wenn ihr euch dem Anderen öffnet und nicht als selbstverständlich annehmt, dass ihr bereits wisst, wie er oder sie reagiert, denkt und fühlt. Kontakt und Staunen gehen immer Hand in Hand. Um sich Jemandem wieder mit Staunen zu nähern, müsst ihr einen Schritt zurück machen, Abstand schaffen, so dass die Selbstverständlichkeit und die Vorhersehbarkeit durchbrochen werden. Langeweile und Routine in einer Beziehung sind ein Zeichen von mangelndem Kontakt und oftmals die Folge von einem zu großen Bedarf nach Sicherheit und beieinander sein wollen.

Wenn Menschen in einer Beziehung die Neigung haben, alles miteinander zu teilen und zu unternehmen, ist die Individualität der Partner auf Dauer oft starkem Druck ausgesetzt. Zu große Anpassung aneinander führt zum Selbstverlust. Dies führt auf Dauer zu Unruhe, beiderseitiger Irritation und der Sehnsucht, auszubrechen. In manchen Fällen gelingt es nicht mehr, den ursprünglichen Funken der Anziehungskraft wiederherzustellen.

Es ist dann an der Zeit, dass Jeder seinen eigenen Weg geht. Manchmal ist dann das Abbrechen einer Beziehung das Beste für beide Partner. In anderen Fällen funktioniert es gut, wenn beide Partner sich wieder mehr auf ihren eigenen Lebensweg ausrichten, Dinge allein tun und auf diese Weise mehr Raum dafür schaffen, einander vollkommen neu zu begegnen.

**Abschließend: Kann man sagen, dass es für ein Herz-getragenes Erleben der Sexualität notwendig ist, das Gleichgewicht zwischen Bewusstsein und Ekstase zu halten? Mit Ekstase ziele ich auf die Erfahrung des Verschmelzens mit dem Anderen und das Transzendieren der eigenen Grenzen hin. Mit Bewusstsein meine ich das Vermögen, durch die ekstatische Erfahrung hindurch in sich selbst zuhause zu bleiben, nicht von seiner Basis abgedrängt zu werden, sondern seinem eigenen Ich treu zu bleiben.*

Das ist gut gesagt. In der Ekstase belebt ihr die weibliche Energie, während ihr im Zuhause-bleiben bei euch selbst die männliche Energie umarmt. So kann der Tanz der Sexualität ein heiliger Tanz werden, ein Tor zu einer neuen Geburt, sowohl im innerlichen als auch im äußerlichen Sinne des Wortes.

**Ich habe nun eine Frage zum Körperbewusstsein von Frauen. Du sagtest bereits, dass Frauen aufgrund der energetischen Wunde in ihrem Bauch Mühe damit haben, Lust zu erfahren und Sexualität zu genießen. Vor allem empathische, 'gebende' Frauen finden es schwierig, in diesem Bereich Raum einzunehmen und ihrem eigenen Genuss Priorität zu geben. Hat das nicht auch mit der Tatsache zu tun, dass Frauen oft nicht ihren eigenen Körper lieben? Ich habe den Eindruck, dass dies ein weit verbreitetes Phänomen ist: Frauen, die ihren Körper mit einem Idealbild vergleichen, unsicher sind über ihr Äußeres und sich weit mehr damit beschäftigen, wie Andere (insbesondere Männer) sie finden, als was sie selbst fühlen und wollen. Frauen sehen ihre Körper schnell als 'Objekt' an, das bewundert oder abgelehnt werden kann. Weil schlicht sehr wenige Frauen dem Idealbild entsprechen, ist dies eine Quelle von Minderwertigkeitsgefühlen, Scham und Unsicherheit. Wie kann man vor diesem Hintergrund die Sexualität und den eigenen Körper frei genießen?*

Unterschätze nicht, wie Männer an ihrer eigenen Anziehungskraft und Begehrbarkeit für Frauen zweifeln können. Frauen sind im Allgemeinen mehr in ihrem Körper zu Hause als Männer. Männer neigen dazu, sich mehr in ihrem Kopf einzuschließen und fühlen ihren eigenen Körper oft weniger deutlich als Frauen. Die Aufmerksamkeit für Äußerliches kann sich für Frauen auch positiv auswirken. Wenn ihr eure Aufmerksamkeit zum Beispiel darauf richtet, wie ihr euch kleidet, wie ihr euch bewegt und wie stark ihr über euer Äußeres ausdrücken könnt, wie ihr euch fühlt, dann bewohnt ihr euren eigenen Körper mehr und es besteht eine Verbindung zwischen eurem Gefühl und eurem Äußeren. Das ist für Frauen selbstverständlich, für viele Männer nicht. Homosexuelle Männer ausgenommen; sie haben diesen Kontakt mit ihrem Körper oft durchaus.

Natürlich wird die Aufmerksamkeit für das Äußere zu etwas Negativem, wenn sie aus einem Verlangen oder dem obsessiven Streben hervorgeht, einem künstlichen Idealbild zu entsprechen. Mit eurem Äußeren beschäftigt zu sein, wird dann zu einem Kampf, der die Aufmerksamkeit von der Verbindung zwischen Innerem und Äußerem fortzieht und sie nur noch einseitig auf die äußere Ebene zieht. Frauen, die sich verzweifelt bemühen, den 'richtigen' Körper zu bekommen, werden gerade dadurch weniger anziehend. Sie strahlen nicht von innen heraus. Gerade diese Ausstrahlung von innen heraus ist es, was euch schön macht. Es ist die Spürbarkeit der Seele, die nach außen tritt, die Jemanden wirklich schön, anziehend und aufregend macht.

Männer denken oft, dass sie anziehend werden durch das, was sie leisten oder besitzen. So wie Frauen ihr Äußeres als Trumpf einsetzen wollen, tun Männer dies mit ihren Leistungen oder Fertigkeiten. In beiden Fällen fehlt ein Vertrauen in die eigenen Seelenqualitäten. Es steckt in beiden Strategien ein Mangel an Selbstwert. Dies ist verständlich, denn die Seele spielte lange Zeit keine Rolle in der jeweiligen Art und Weise, wie ihr als Kultur denkt und fühlt.

Für Frauen ist es wichtig, ihren Körper als den Sitz ihres Gefühls und als Ausdruck ihrer Seele zu ehren. Ihr dürft in eurem Körper Freude erleben und ihn lieben wie ihr möchtet. Setzt euch nicht wegen eures Äußeren unter Druck, denn es wird niemals den allgemeinen Forderungen entsprechen. Bewohnt vielmehr euren eigenen Bauch. Fragt euch weniger, wie

Männer euch finden, und mehr wie *ihr* das Leben und die Welt um euch herum findet. Werdet aktiv statt passiv. Was ihr meint, ist wichtig, und es bestimmt, was ihr in eurem Leben anzieht. Wartet nicht auf die wahre Liebe; werdet selbst eure eigene wahre Liebe: Umarmt euch so wie ihr seid, unterstützt euch selbst bedingungslos. Die Freude und das Selbstvertrauen, die dann in eurem Herzen aufblühen, sind so anziehend für Andere, dass ihr nie mehr an eurer eigenen Schönheit zweifeln werdet.

Für Männer ist es wichtig, ihren eigenen Körper mehr zu bewohnen und zu spüren, dass sie für das geliebt werden, was sie sind, statt für das, was sie können. Im Kontakt mit Frauen sind Männer oft unsicher darüber, wie sie sich einer Frau am besten nähern können. Sie fühlen sich in ihrem Kopf zuhause, aber in der Kommunikation mit einer Frau funktioniert das häufig nicht; dieser Kontakt zwingt sie, sich stärker mit ihrem Gefühl zu verbinden. Das jedoch ist ihnen nicht selten in ihrer Erziehung aberzogen worden. Daher besteht in Männern oft eine Sehnsucht nach einem Kontakt, der von ihnen vor allem als ein sexuelles Begehren im Bauch erlebt wird. Der Kopf ist aktiv, das Lustzentrum ist aktiv, aber das Gebiet dazwischen, das des Herzens, ist wie ein unerforschtes Gebiet. Frauen, innerlich entwickelte Frauen, erfahren dies als unangenehm, als ob der Mann emotional nicht zugänglich ist und sie von ihm nicht wirklich gesehen wird. Oft tut ein Mann dies nicht bewusst; er will einfach Eindruck auf eine Frau machen und Kontakt zu ihr bekommen, aber er weiß nicht, wie er dies anders bewerkstelligen soll als über Kopf und Bauch.

Kontakt zu seinen eigenen Gefühlen herzustellen und zu erleben, wie Gefühle sich in seinem Körper manifestieren, ist heilsam für einen Mann und bringt ihn in Kontakt mit seinen wahren Bedürfnissen und Sehnsüchten. Sein inneres Kind beginnt wieder zu leben und die Authentizität dieser Energie umgibt ihn. Wenn sich wieder der Kontakt mit dem Herzen bildet, wird ein Mann ein Selbstbewusstsein ausstrahlen, das Frauen anzieht und das unabhängig ist von Leistung oder Erfolg. Dieses Selbstbewusstsein versetzt ihn in die Lage, sich selbst zu zeigen und sich in den Kontakt mit einer Frau zu begeben und hinzugeben, ohne dass er seine Kraft und Autonomie verliert.

**Zum Schluss habe ich eine Frage über Homosexualität. Was bedeutet es aus spiritueller Sicht, wenn man homosexuell ist? Warum wählt* *eine Seele für sich diese Erfahrung? In der Vergangenheit ist Homosexualität von religiösen Autoritäten scharf verurteilt worden, und es gibt noch immer geistige Theorien, die besagen, dass sie eine Anomalie oder etwas Unnatürliches sei. Wie siehst du das?*

Homosexualität ist keine Anomalie. Sie ist eine bewusste Wahl der Seele, eine Erfahrung als Mensch mit einer Vorliebe für das gleiche Geschlecht zu machen. Die Gründe für diese Entscheidung sind vielfältig. In den meisten Fällen will die Seele erleben, wie es ist, von gängigen Mustern und Denkbildern über Weiblichkeit und Männlichkeit abzuweichen. Es sind mutige Seelen, die sich hierfür entscheiden, weil sie wegen ihrer Natur auf Widerstand und Unverständnis treffen werden. Zumeist haben diese Seelen auch eine überpersönliche Mission in diesem Zusammenhang. Sie durchleben Homosexualität nicht nur für ihre eigene Entwicklung, sondern tragen auch auf kollektiver Ebene dazu bei, die Definition von Männlichkeit und Weiblichkeit aufzulockern. Das ist äußerst notwendig, denn wie ich zuvor sagte, wird der Kontakt mit der Seele in Menschen oft durch starre und einseitige Auffassungen über das Mann- und Frausein blockiert. Je mehr Kontakt ein Mensch mit seiner Seele hat, desto mehr spielen die männlichen und die weiblichen Energien in diesem Menschen zusammen. Die Vorstellung, ein Mensch sei entweder männlich oder weiblich, kombiniert mit den dazu gehörenden, strikt definierten sexuellen Vorlieben, wird dann unhaltbar.

Homosexualität ruft oftmals heftige Reaktionen hervor, und genau diese Reaktionen zeigen, inwieweit jemand in der Lage ist, sich auf die Ebene der Seele zu begeben. Auf der Ebene der Seele gibt es kein Urteil über Homosexualität; nur Liebe ist auf dieser Ebene relevant. Empfindet ihr viel Widerstand, Angst oder Ärger, wenn ein nahestehender Mensch mitteilt, dass er homosexuell sei, oder wenn ihr solche Gefühle in euch selbst verspürt, dann steckt ihr in alten, rigiden Denkmustern fest und findet es schwer, auf die fließende und freie Wirklichkeit der Seele zu reagieren. Ihr könnt euch dann zwar oftmals nicht einfach so von den alten Denkmustern lösen, doch wenn ihr euch auf die Liebe fokussiert, die ihr für diesen Nächsten fühlt, dann werdet ihr immer weniger in Termen von gut oder schlecht urteilen und immer mehr offen sein für seine oder ihre Gefühls-Wirklichkeit.

**Wenn man homosexuell ist, muss man also nicht denken, dies gehe zum Beispiel aus einem Trauma in der Kindheit oder Jugend oder aus einem vorherigen Leben hervor?*

Nur wenn ihr denkt, dass Homosexualität ein Problem ist, fangt ihr an, nach der Ursache dafür zu suchen. Angenommen Jemand wird mit lila Augen geboren. Das hat man noch nie zuvor gesehen, es weicht vom Normalen ab, und daher beginnt man zu schauen, wodurch das verursacht wurde. Wenn aber lila Augen ebenso gewöhnlich wären wie braune oder blaue Augen, würde sich niemand darüber aufregen. So könnt ihr es auch mit der Homosexualität sehen. Menschen, die homosexuell sind, haben tatsächlich kein Problem. Es ist die Gesellschaft, die ein Problem daraus macht. Sie mögen als Mensch durchaus allerlei Traumata erlitten haben, ebenso wie jeder Andere auch. Aber eine Verbindung zwischen Homosexualität und traumatisiert-zu-sein herzustellen, ist eine verkehrte Denkrichtung. Jemand kann als Seele diese Erfahrung der Homosexualität aus gutem Grund gewählt haben: um beizutragen zu einer flexibleren Auffassung von Sexualität und Geschlechtlichkeit. Dann hat es nichts mehr mit irgendeinem Trauma zu tun. Jemand kann sich auch für ein homosexuelles Leben entschieden haben, weil er in einem anderen Leben selbst ein scharfes Urteil darüber gefällt hat und er dies verändern und ein differenzierteres Verständnis dafür entwickeln will. Die Seele ist flexibel und gesteht sich selbst viele Variationen und Formen der Manifestation zu. Menschen sehen aus einer Angst und einem Misstrauen heraus ein Problem darin, aber spirituell betrachtet ist es das schlicht und einfach nicht.

**Man hört gegenwärtig regelmäßig von Frauen, die schon immer heterosexuell gewesen sind und die nach vielen Jahren der traditionellen Ehe auf einmal eine Beziehung zu einer Frau eingehen. Ich habe dies einige Male in meiner Umgebung gesehen und auch im Fernsehen davon gehört. Weißt das darauf hin, dass sexuelle Vorlieben nicht so festgelegt sind wie wir geneigt sind zu denken? Hat es mit einer inneren Entwicklung zu tun, die diese Frauen durchmachen?*

Frauen, die zu einer späteren Lebenszeit ihre Vorliebe verändern, sind gewöhnlich dabei, ihre eigene männliche Energie stärker zu entwickeln und sich anzueignen. Dadurch werden sie zur Ebene der Seele hingezogen; sie werden vollständiger in sich selbst. Dies kann dazu führen, dass eine Anziehung zu Jemandem desselben Geschlechtes entsteht, wenn eine tiefe Seelenverwandtschaft empfunden wird, die einen sehr starken Reiz hat und dazu einlädt, einander kennenzulernen. Im Allgemeinen gilt, dass je mehr Menschen sowohl ihre männliche als auch ihre weibliche Energie entwickeln, desto fließender der Übergang zwischen Heterosexualität und Homosexualität ist. Die Seelenanziehung beginnt an erster Stelle zu stehen, und es zeigt sich dann, dass der Körper hinsichtlich sexueller Vorlieben beweglich und dynamisch ist. Es ist alles nicht nur schwarz und weiß.

In jedem Menschen sind die weiblichen und männlichen Energien unterschiedlich verteilt, und es ist nicht so, dass, wenn ihr beide Energien in euch entwickelt, ihr sexuell neutral werdet. Eher noch werdet ihr als Frau einfach kraftvoller in eurer Weiblichkeit, wenn ihr eure männliche Energie aufgreift und gebraucht. Ihr werdet dadurch selbstbewusster, klarer in dem, was ihr wollt, und tatkräftiger in eurem Handeln, und das macht euch nicht männlich, sondern einfach auf eine strahlende Weise weiblich. Für Männer gilt dasselbe. Wenn sie ihr Herz öffnen und ihre weibliche Energie zulassen, werden sie nicht auf einmal weiblich, sondern werden einfach auf eine Weise männlich, die sensibel, ruhig und beherrscht ist. Die männliche Energie zeigt sich bei Männern mit einer entwickelten weiblichen Energie in einer höheren Schwingung. Es findet daher in der Integration beider Energien keine Neutralisierung statt, sondern vielmehr eine Verschmelzung und eine Transformation, die dafür sorgen, dass jemand sowohl Seele als auch Frau ist oder sowohl Seele als auch Mann. Weiblichkeit und Männlichkeit erscheinen dann in einer erfüllteren, reichhaltigeren Gestalt: Die Seele schimmert durch sie hindurch. Wenn die Seele durch jemandes Geschlechtlichkeit hindurch strahlt, wird dessen Weiblichkeit oder Männlichkeit dadurch nicht aufgehoben, sondern auf eine höhere Ebene gehoben. Dieses Durchschimmern der Seele bewirkt auch, dass jemand freier und offener wird und dass die Begegnung mit einem Anderen nicht mehr gemäß fester Schubladen und vorgebahnter Pfade verläuft. Jede Begegnung ist einzigartig. Manchmal kann dabei ein Funke von Mann zu Mann oder von Frau zu Frau überspringen. Die Seele ist frei und achtet nicht auf Definitionen wie homosexuell oder heterosexuell. Wenn ihr zweifelt, ob etwas stimmig ist oder nicht, dann solltet ihr euch immer diese eine Frage stellen: Ist da Liebe? Wenn da Liebe ist, ist es gut.

Teil 2
Channelings von Maria Magdalena

Kapitel 9
Die Kraft des Bauches

Ich bin Maria Magdalena. Ich grüße euch alle voller Wärme und Freude in meinem Herzen. Ihr seid mir wohlbekannt und vertraut. Wir sind Seelenverwandte und gehen alle, auf jeweils eigene Weise, denselben Weg. Heute möchte ich über die weibliche Energie sprechen und darüber, wie sie in dieser Zeit zur Blüte kommen kann, denn das ist entscheidend für die Bewusstseinsveränderung, durch die die Menschheit als Ganzes hindurch muss. Es besteht Bedarf an einem Gleichgewicht zwischen der männlichen und der weiblichen Energie, sowohl in der Welt als Ganzes als auch im einzelnen Menschen. Die weibliche Energie wurde lange Zeit unterdrückt, beschädigt und verwundet, und das hat zur Dominanz seitens einer einseitigen männlichen Energie geführt. Auf den ersten Blick scheint es, als sei das Gleichgewicht bereits wieder hergestellt: In vielen Ländern haben Frauen nahezu dieselben Rechte wie Männer. In diesen Teilen der Welt können Frauen sich ebenso frei zeigen und auftreten wie Männer, eine Ausbildung genießen, Karriere machen, Machtpositionen bekleiden und Reichtum erwirtschaften.

Doch gibt es auf tieferer Ebene etwas, das in diesem Gleichgewicht fehlt. Denn was tatsächlich passiert, wenn Frauen sich auf diese Weise Gleichheit erkämpfen, ist, dass sie selbst sich nun die männliche Energie der Dominanz und Kontrolle aneignen und sie in ihrem eigenen Interesse anwenden. Das ist nicht verkehrt, aber die Frage ist, ob dies Frauen in der Tiefe erfüllt. So wie es im Übrigen die Frage ist, ob es Männer tief erfüllt, Macht und Überlegenheit zu erlangen.

In dieser Zeit sind immer mehr Menschen auf der Suche nach einer tieferen Erfüllung. Leben aus der Inspiration heraus, nach einer Verbindung mit der Erde und den Mitmenschen und danach, auf euer Herz zu vertrauen statt auf die Angst... das sind Ideale, die die Herzen junger Menschen jetzt berühren. Die alte männliche Energie der Kontrolle und des Zwangs hat ihre längste Zeit erlebt. Es ist nun eine neue Generation da, die anders denkt und fühlt, und hierin liegt die Chance für eine wirkliche Wiederauferstehung der weiblichen Energie. Es geht dabei nicht nur um die Wiederherstellung sozial-politischer Rechte und Freiheiten für die Frau, sondern um die tatsächliche Heilung der tiefen inneren Wunden, die ihrer Psyche zugefügt wurden.

Was ist in der Vergangenheit mit der weiblichen Energie geschehen? Sie wurde auf viele Weisen geschwächt, sowohl durch geistige als auch körperliche Gewalt. Dazu gibt es Aufzeichnungen in den Geschichtsbüchern, das muss ich hier also nicht ausführlich beschreiben. Meine Aufmerksamkeit geht heute vor allem dahin, was Gewalt in der weiblichen Energie verursacht hat. Wenn ihr die kollektive weibliche Aura betrachtet, also das durchschnittliche Energiefeld der Frau, dann seht ihr, dass im Bereich des Bauches eine Leere herrscht. Dort ist ein Loch. Der Bereich der unteren Energiezentren - das Steißchakra, das Nabelchakra und das Sonnengeflecht - ist leer und schwach geworden. Es herrschen dort bei vielen Frauen, wenn auch nur halb bewusst, Gefühle der Wertlosigkeit, Unwürdigkeit, Angst und Unsicherheit. Die ursprüngliche weibliche Bauch-Kraft ist vital und geerdet: Von Natur aus fühlen Frauen eine Verbindung zur Erde, zu den Rhythmen der Jahreszeiten und wird die Weisheit durch ein selbstverständliches Gefühl des Eigenwertes und der Selbstachtung in ihren Herzen getragen. Dies ist im Laufe der Jahrhunderte verloren gegangen, und ohne die Basis, die natürliche Bauchkraft, kann die Frau ihr Herz nicht ausgewogen mit der Welt um sie herum verbinden. Gemeint ist hier das Unvermögen, Raum einzunehmen und Grenzen zu setzen, stattdessen gibt sie oft zu viel gibt und verliert sich in Anderen.

Wenn Abweisung, Gewalt und Erniedrigung bis in euren Kern vordringen, dann findet in eurem Energiefeld eine Verlagerung statt. Euer Bewusstsein verlässt euren Bauch, der der Sitz der Emotionen, des Kontaktes und der Intimität ist. Eine Frau zieht sich aus diesem Bereich zurück, wenn es zu schmerzhaft wird, dort weiterhin anwesend zu sein. Sie spaltet sich ab. Das Bewusstsein schnellt nach oben und bleibt im oberen Bereich der Aura hängen. Die Gefühle werden flacher, es kann Depressivität auftreten, ein Gefühl der Müdigkeit oder nicht über die eigene Energie verfügen zu können. Über das Trauma der Gewalt hinaus, die stattgefunden hat und die tiefe emotionale Verwirrung, die dies verursacht, entstehen dort durch den Verlust des Selbstes nun auch Kummer und Leere. Das ist kurz gesagt, was in der weiblichen Seele geschehen ist. Auch wenn nicht alle Frauen dieses Muster gleich stark aufweisen, geht es hier dennoch um eine allgemeine Tendenz, die wir folgendermaßen zusammenfassen können:

• Das Becken, das das Gebiet der Emotionen, der Sexualität und der Intimität und von Natur aus stark mit der Erde verbunden ist, ist verhältnismäßig leer. Es ist bedrohlich, dort anwesend zu sein, sowohl wegen der Schmerzen, die dort als Erinnerungen gespeichert sind, als auch wegen der Kraft, die dort schlummert. Es ist unheimlich, diese Kraft zuzulassen.

• Als Folge der Rückzugsbewegung ist im Energiefeld eine Kluft zwischen oben und unten entstanden, zwischen dem Bereich des Herzens und dem Bereich des Bauches.

• Die Energie des Herzens, des Zentrums der Inspiration und der Liebe, hat eine nur unzureichende Möglichkeit, auszuströmen und sich mit der Welt und mit anderen Menschen zu verbinden. Es bestehen entweder zu viel Angst und Unsicherheit oder aber die Neigung, sich so stark mit den Anderen zu verbinden, dass ihr euch selbst verliert und emotional von jemand Anderen abhängig werdet.

Auch Frauen, die in ihrem Leben keine Gewalt (geistig, körperlich oder sexuell) erfahren haben, zeigen oft dieses Muster. Oft hat es in einem oder mehreren Leben durchaus eine Beschädigung der weiblichen Energie gegeben und ist diese in der jetzigen Inkarnation noch nicht vollständig geheilt. Ihr tragt dann ein altes Muster aus anderen Leben mit euch. Zudem werdet ihr als Frau durch die kollektive weibliche Psyche, die allgemein herrschenden Bilder über das Frau-Sein und die gesammelten Erfahrungen der Vergangenheit, beeinflusst. Was ich hier skizziere, betrifft jede Frau. Es ist für keine einzige Frau selbstverständlich, ihre Bauchkraft natürlich strömen zu lassen.

Umso unentbehrlicher wird es in diesen Zeiten der Bewusstseins-Transformation, die energetische Wunde im Bauch zu heilen. Wenn ihr euch im spirituellen Bereich entwickelt und einen Drang verspürt, aus dem Herzen und eurer tiefen Inspiration heraus zu leben, werdet ihr als Frauen entdecken, dass ihr auf Ängste stoßt, die sehr tief sitzen. Euch zu differenzieren, euch groß zu machen, aufzurichten und euch Konflikten zu stellen: All das ist nicht selbstverständlich und lässt euch vor tiefgehenden Fragen über Eigenwert und Selbsttreue stehen. In einem gewissen Sinn werdet ihr als Frauen ersucht, einen Teil des kollektiven Schmerzes der Frauen innerlich zu transformieren. Mit dem Anschauen und Heilen des eigenen Schmerzes legt ihr neue Wege dafür frei, dass das Bewusstsein wachsen kann.

Spirituelle Entwicklung wird verbreitet als das ´Öffnen eures Herzens´ gesehen, euch in Liebe mit dem Anderen zu verbinden und euer Ego loszulassen. Doch gerade für Frauen, die es mit einem Mangel an Bauchkraft zu tun haben, liegen hierin einige Fallstricke. Denn wenn ihr euch mit anderen verbindet, ohne dass ihr gut in eurem Bauch, in eurem Zentrum, anwesend sein und Fühlung mit euren Bedürfnissen und eurer Wahrheit aufrechterhalten könnt, dann kann die Verbindung mit Anderen schnell zum Selbstverlust und sogar zur Erschöpfung führen. Gerade wenn ihr hochsensibel seid, ein geöffnetes Herzchakra habt und die Stimmungen und Emotionen anderer problemlos spürt, profitiert ihr besonders stark von einem sicheren Erkennen eurer eigenen Grenzen. Ihr braucht gerade dann einfach ein starkes Ego! Mit einem starken Ego meine ich das deutliche Bewusstsein dafür, wo ihr aufhört und wo der Andere beginnt. Ich meine damit auch, euch dessen bewusst zu sein, wann ihr zu viel gebt, weil ihr vielleicht gern als freundlich gelten möchtet oder euch nicht traut, Nein zu sagen. Deutlicher zu fühlen, was in der Interaktion mit anderen Menschen mit euch geschieht, wird durch ein gesundes Ego möglich. Das Wort 'Ego' ist verunreinigt worden, es steht inzwischen für alles was niedrig ist und losgelassen werden muss, aber gerade für Frauen ist diese Form des Ich-Bewusstseins und der Handhabung der Grenzen ausgesprochen wichtig.

Bei Männern liegt das etwas anders. Männer werden mit einer anderen Moral erzogen. Sie werden als Jungen stärker dazu ermutigt, sich zu behaupten, den Kampf zu suchen und sich von anderen zu unterscheiden. Das kann übrigens für Jungen, die sich darin nicht zu Hause fühlen, Jungen, die von Natur aus einfühlsam, bedachtsam oder ruhig sind, sehr schmerzvoll sein. In jedem Fall werden Männer weniger dazu ermuntert, gebefreudig zu sein, und Ehrgeiz und Geltungsdrang werden positiv gewertet. Auch bei Männern gibt es eine energetische Wunde, entstanden durch die Erfahrungen in der Vergangenheit. Männer haben sich von ihrer weiblichen Energie, von ihrem Gefühl und ihrer Intuition abgelöst, und sie erleben dies als einen Verlust an Freude, Emotion und Verbindung. Es ist eine Leere in ihrem Herzen, nicht so sehr in ihrem Bauch, und diese Leere peinigt sie ebenso sehr wie Frauen unter der Leere in ihrem Bauch leiden. Beide Geschlechter wurden durch die Tradition geschädigt, in der ihr lebt. Doch ihr seid auf jeweils verschiedene Weisen verwundet worden, entsprechend findet auch die Heilung auf unterschiedlichen Wegen statt.

Für Männer ist es im Allgemeinen heilsam, den Nachdruck auf das Herz-Öffnen zu legen. Kontakt mit ihrem Gefühl herzustellen, ihre Verletzlichkeit zeigen zu dürfen, die weibliche Energie in sich selbst zuzulassen ist fundamentaler Bestandteil ihres Heilungsweges. Doch für Frauen gilt in gewisser Hinsicht das Gegenteil. Für sie verläuft der Weg zur Selbstheilung gerade über die Selbsttreue, darüber, Grenzen zu setzen und ihre einzigartigen Gaben zu erkennen und zu etablieren. Energetisch bedeutet das, dass ihr die Energie eures Herzens, eurer Seele, bis hinein in die Ebene eures Bauches integriert. Sie also wirklich tief in die Höhlung eures Beckens einzubringen, die sinnbildlich für die Urkraft der weiblichen Energie ist.

Einer der Wege für Frauen, heim in ihre Basis kommen zu können, ist der bewusstere Umgang mit der Wut in ihnen selbst. Viele Frauen unterdrücken Emotionen des Ärgers oder der Enttäuschung und Ohnmacht. Wut ruft Angst oder ein Gefühl der Machtlosigkeit hervor. Wütend zu sein ist bedrohlich, denn es bringt euch möglicherweise in Konflikte mit Anderen. Wenn ihr euch nicht imstande fühlt, euch für euch selbst einzusetzen und euren Zorn zu äußern, dann fühlt ihr euch machtlos und kann die Wut in Niedergeschlagenheit, Passivität oder Zynismus umschlagen. Ihr könnt allerdings die Wut auch als ein wertvolles Signal dafür ansehen, dass etwas oder jemand eure Grenzen überschreitet und dass ihr euch verletzt fühlt. Als ein Signal, das ihr dafür nutzen könnt, in eurem Leben positive Veränderungen zu erschaffen. Indem ihr die Wut willkommen heißt, nehmt ihr euch selbst ernst und kann die in der Wut enthaltene Kraft sich auf eine positive Weise ausdrücken. Der erste Schritt hierbei ist, die Wut nicht als etwas Schlechtes in euch anzusehen und euch nicht ihretwegen zu verurteilen. Dies ist für Frauen schwieriger als für Männer. Frauen sind es eher gewohnt, sich selbst beiseite zu schieben und dem Anderen Raum zu geben, statt selbst ihren natürlichen Raum zu beanspruchen.

Deshalb möchte ich einen Aufruf an hochsensible Frauen richten, die sich auf den spirituellen Weg begeben: Achtet auf eure Bauchkraft, macht euch diese Kraft wieder zu Eigen, wagt es, für euch selbst einzustehen und Raum einzunehmen. Manchmal assoziiert ihr Spiritualität zu stark mit Liebe, Licht und Verbindung. Sie sind auch unabdingbar und entscheidend, aber eine ausgeglichene Verbindung steht und fällt mit dem Vermögen, euch selbst entziehen und abgrenzen zu können. Deshalb dient es euch, eure eigene Kraft, eure Talente und all eure Emotionen voll und ganz zu würdigen und wertzuschätzen.

Ich selbst lebte in einer Zeit, in der der freie Selbstausdruck von Frauen nicht akzeptiert, geschweige denn wertgeschätzt wurde. Ich fühlte eine tiefe Verbindung mit der Botschaft von Jeshua Ben Josef und mit der Essenz der Christusenergie: die Anerkennung des göttlichen Funken in Jedem und Allem das lebt. Ich wurde berührt von seinen Worten, seiner Ausstrahlung, und in dem Leben erinnerte ich mich immer deutlicher daran, wer ich war. Allerdings lebte in mir eine Wut in Bezug auf die herrschenden Mächte, die es mir verboten, die zu sein, die ich war: unabhängig, kraftvoll, eigenwillig. Ich wurde regelmäßig auf mich selbst zurückgeworfen und rang mit Gefühlen der Ohnmacht und der Wut. Mein Bauch wurde von der Energie der Frustration beschlagnahmt, darunter schlummerte ein Gefühl der Minderwertigkeit, des Zweifels an mir selbst. Es war mein Auftrag, mit meinem Mangel an Selbstwert ins Reine zu kommen und das Urteil der Außenwelt loszulassen.

Das ist unser aller Herausforderung. Gerade weil Frauen nicht im Bereich ihres Bauches anwesend sind, neigen sie dazu, Anderen aus dem Herzen heraus zu viel zu geben, sich selbst leer zu geben oder sich zu sehr in Beziehungen mit Anderen aufzugeben, zum Beispiel mit ihren Geliebten, ihrem Kind oder ihren Kindern, ihren Eltern oder ihren Freundinnen. Doch euch selbst im Anderen zu verlieren, zeugt nur allzu oft davon, nicht vollständig in euch selbst, in eurer eigenen Basis zu Hause zu sein. Wenn dort ein Gefühl der Leere oder Entfremdung herrscht, wird es verlockend, die Hand nach jemand Anderem auszustrecken - scheinbar in Liebe, doch da lauert auch ein anderes Motiv: Ihr braucht den Anderen, um euch gut und akzeptiert zu fühlen. Echte spirituelle Größe beinhaltet, dass ihr euch fragt: Aus welchem Motiv heraus verbinde ich mich mit der Welt um mich herum, mit meinem Geliebten, mit meinen Freundinnen, mit meinen Kindern, meinen Eltern...?

Wählt nun eine dieser Beziehungen aus und geht dann mit eurer Aufmerksamkeit in euren Bauch hinein und fühlt von dieser Ebene aus, wie viel Raum ihr in dieser Beziehung einnehmt oder erhaltet. Wählt zum Beispiel euren Geliebten und fragt euch einfühlsam, ob ihr in seiner Gegenwart bis tief in euren Bauch hinein Platz, Raum habt und wahrnehmt. Macht dasselbe mit einer Freundin. Atmet tief bis in euren Bauch hinein, wenn ihr an sie denkt und schaut ob das gelingt. Fühlt ihr euren Atem stocken oder blockiert dort etwas? Experimentiert in Gedanken damit. Die Schlüsselfrage ist: Kann dein Bauch sich in dieser Beziehung entspannen? Fühlst du dich akzeptiert und bist du frei, du selbst zu sein? Oder nimmst du wahr, dass du dich anstrengen musst, dich windest, oder dass du deine Energie an den Anderen verlierst? Dann schnellt dein Bewusstsein in die Höhe und du verlässt deine eigene Basis, deinen Bauch. Wenn das so ist, verurteile dich nicht, sondern siehe dir mit liebevoller Ehrlichkeit deine eigene Angst davor an, groß zu sein und Raum einzunehmen. Dadurch, dass du deine eigene Angst erkennst, kannst du sie transformieren. Und du tust dies nicht allein. Das kollektive Energiefeld der Frau ist dabei sich zu verändern. Was sie sich selbst gibt, kommt Anderen zugute und umgekehrt.

Kapitel 10
Dich selbst aus einem alten Gefängnis befreien

In eurem Leben auf der Erde fühlt ihr euch mitunter hilflos gegenüber den Belastungen, die euch begegnen, ob es nun äußerliche Geschehnisse sind oder Emotionen, die in euch herauf wallen und mit denen ihr eure Schwierigkeiten habt. Begreift, dass ihr das als menschliche Wesen nicht allein lösen müsst; es gibt eine Strömung der Liebe, die euch umgibt und hilft. Dies ist die Strömung eurer Seele, und daneben gibt es die liebevolle Energie eurer geistigen Führer. Ihr seid nicht allein. Manchmal bekommt ihr aus diesem Licht um euch herum einen Anstupser und werdet dazu eingeladen, etwas Neues zu tun oder etwas aufzugeben. Die Kunst ist es, mit dieser inspirierenden Strömung mitzugehen, die sich euch als ein Gefühl, eine Suggestion oder eine Sehnsucht zeigt. Ihr zweifelt oft, ob dieser sanften inneren Stimme, diesem Anstupser der Liebe, wirklich zu trauen ist. Ihr alle seid entmutigt und seid furchtsam darin geworden, der Stimme eures Herzens wirklich zu vertrauen.

Ein Teil von euch fühlt sich verloren, gefangen zwischen Mauern, die aus Angst und Misstrauen errichtet wurden. Es ist nun an der Zeit, auszufliegen, die Fenster zu öffnen: Die Erde ruft und der Himmel ebenso. Wir sind hier um euch zu befreien, aber wir können es nicht allein tun, wir brauchen euch. Ihr müsst unserem Ruf Gehör schenken, es wagen zu vertrauen, wagen euch zu öffnen, wagen zu fühlen. Alle Emotionen, die dieser Befreiungsprozess in euch wachruft, müssen gesehen und gefühlt werden, nicht um ihnen anzuhaften, sondern damit sie ausfliegen können, frei wie Vögel. Was versteckt und verborgen war, was in euch selbst klamm und kalt geworden ist wie in einem feuchten Gefängnis, wird durch die Stimme der Liebe geweckt und zum Licht gerufen. Das müsst ihr nicht allein tun. Das Licht ruft euch und ist da, aber ihr müsst auch mit der Strömung mitgehen, dem Öffnen eurer selbst zustimmen.

Stelle dir einmal vor, dass dein Gefängnis, wie auch immer du es dir vorstellst, eine Tür hat, vor der zwei Wächter stehen. Sie bewachen die Tür und sind einst deine Antwort auf den Schmerz und die Angst gewesen, die du erlebt hast, sei es nun in diesem Leben, in Leben davor oder beides. Schaue einmal, wer da vor der Tür steht. Diese Wächter meinen, dass sie Gutes tun, sie wollen dich gegen weiteren Schmerz beschützen, aber in ihrem Beschützer-Verhalten trennen sie dich vom Leben, vom Fühlen, vom Strömen. Doch behandele diese Wächter mit Achtung, sie haben großartige Arbeit getan. Du siehst sie vielleicht als negative Gestalten an, aber sie sind es gewesen, durch die du in dieser Dimension der Dichte und Schwere, die es bis vor Kurzem gab, leben und überleben konntest. Schaue die Wächter an und danke ihnen für ihre Arbeit. Die menschliche Psyche ist enorm einfallsreich und ersinnt alles Mögliche, um das Leben lebbar zu machen, zum Beispiel indem sie eure Sensibilität abschirmt oder euch zurück zieht, in eine Schattennische hinein, weil sie euch eine gewisse Sicherheit bietet. All diese Mechanismen sind aus dem Licht des Mitgefühls heraus vollkommen begreiflich und vorstellbar. Jeder hat dies mitgemacht! Alle menschlichen Verhaltensweisen, die aus Überlebensmechanismen entstehen, aus einer verschlossenen Türe, sind zutiefst menschlich. Wenn wir über die neue Erde sprechen, die nun zur Blüte kommt und im Begriff ist, in euren Herzen zu erwachen, dann spreche ich über eine Welt, die zutiefst menschlich ist. Die neue Erde ist eine Welt voller warmer, verbindlicher Menschen, die einander auf einer feineren Ebene verstehen, weil sie selbst ihre Menschlichkeit bis ins Extrem erfahren haben und mit ihr ihren Frieden gefunden haben. Mit Menschlichkeit meine ich die Höhen und Tiefen der Emotionen, die Mischung von Schmerz und Freude, die zum Menschsein gehört. Mit Menschlichkeit meine ich: Dynamik, Veränderung, Suchen, Wachsen und neu Beginnen. Mit Menschlichkeit meine ich: das Gleiche im Anderen zu erkennen, auch wenn er oder sie auf den ersten Blick so verschieden zu sein scheint; auf die Suche zu gehen nach dem Gemeinschaftlichen und von da aus miteinander zu kommunizieren – das erschafft Bruderschaft und Schwesternschaft.

Dies ist die Liebe, auf die die Erde schon so lange wartet, und diese Liebe wird geboren durch euch alle, durch das erwachende Herz in dir und dir und dir. Erzähle den Wächtern, die an der Türe deines Gefängnisses stehen, dass es Zeit für Veränderung ist. Stelle dir buchstäblich vor, dass du ihre Hand schüttelst oder kurz ihre Schulter berührst, um dich dafür zu bedanken, was sie für dich getan haben. Fühle ihre Kraft und ihre Würde. Es geht darum, in allen Energien in dir den Lichtkern zu erkennen. Nicht nur in Beziehungen mit anderen Menschen geht es darum, das Licht im Anderen zu erkennen, sondern auch in dir selbst: In allen negativen Energien sitzt ein Kern von Licht, ein Kern der Sehnsucht nach Liebe, das Gute tun zu wollen, manchmal auf eine stark verzerrte Weise. Sogar Grausamkeit und Machtmissbrauch gehen letztlich aus einer Sehnsucht nach Liebe hervor und aus dem Unvermögen, diese Sehnsucht auf eine kraftvolle, selbstbewusste Weise zu verstehen und zu erfüllen. Es geht mir nicht darum, negative Handlungen oder Energien zu beschönigen; ich möchte Verständnis dafür wecken und euch fühlen lassen, inwiefern diese in einem Mangel an Liebe und in menschlichem Schmerz und Angst wurzeln. Jeder kennt tiefe Angst und hat erfahren, wie sie euer emotionelles Leben verzerren und sogar entstellen kann. Jeder kennt die Neigung, kontrollieren zu wollen, das Leben steuern zu wollen, andere zu etwas zwingen zu wollen. Es ist alles sehr menschlich, und durch das Erkennen dieser Menschlichkeit könnt ihr euch aus eurem eigenen Gefängnis befreien.

Siehe einmal, ob deine Wächter einen Schritt zur Seite treten und die Tür sich öffnen lassen können. Diese Tür möchte sich öffnen, es kostet Kraft, es zu verhindern. Und was will durch diese Tür nach außen treten? Wer oder was möchte da in deinem Leben erscheinen? Lasse es einmal nach draußen treten; du kannst dann etwas sehen oder einfach fühlen, als Stimmung oder Schwingung. Vielleicht ist es ein sehr liebevoller Teil von dir selbst, vielleicht hattest du Angst, dass du für diese Welt zu lieb und zu zart wärest und hast es darum verborgen gehalten. Vielleicht siehst du eine Farbe oder eine Blume. Es kann auch ein sehr kraftvoller Teil von dir sein, der nun nach außen tritt, ein Teil, der stark und fest entschlossen ist, verwurzelt und zielbewusst. Du könntest auch ein Tier nach draußen kommen sehen, wenn dies dir hilft, Kontakt mit der Essenz dieser Energie zu knüpfen. Lasse diese neue Energie frei nach außen strömen wie etwas, das von selbst geschieht und fühle, wie die Erde und der Kosmos diese Energie hier und jetzt willkommen heißen. Da also bist du nun, endlich frei. Die Ketten der Vergangenheit können abgeworfen werden, und das Zusammensein mit Gleichgesinnten kann dir dabei helfen, wenn ihr einander willkommen heißt und einander eure Menschlichkeit gönnt. Natürlich stecken in allen Menschen noch alte Mechanismen. Auch wenn ihr innerlich die Tür geöffnet habt, werdet ihr euch noch damit auseinandersetzen müssen, aber gebt dem nicht mehr Gewicht als es hat.

Das Alte braucht Zeit um sich aufzulösen. Wenn ein Baum stirbt, bleibt er noch sehr lange in der Landschaft stehen. Langsam kehrt die Materie zur Erde zurück, und das ist richtig und gut, das ist Teil des Zyklus des Lebens. Lasst euch nicht von den toten, alten Teilen in euch selbst leben. Es ist menschlich und sehr verständlich, dass ihr ab und zu mitgezogen werdet von einem Mahlstrom des Zweifels und Kummers, der Angst oder Schwermut. Betrachtet es mit milden Augen, es darf da sein, ihr müsst es nicht länger verstecken, und auch Andere dürfen es sehen. Das Licht der neuen Erde strömt durch eure Menschlichkeit herein, da wo ihr verletzlich seid, da wo ihr bereit seid, der Geschichte eines Anderen zu lauschen, da wo ihr nicht urteilt, weder über euch selbst noch über Andere, da strömt das Licht herein. Nicht über spirituelle Disziplinen oder Fertigkeiten, nicht über theoretische Kenntnisse, sondern über das Herz, über die Menschlichkeit. So bekommt die neue Erde Gestalt unter euren Füßen und in euren Herzen.

Ich bitte dich zum Schluss, Kontakt mit der Erd-Energie unter dir aufzunehmen; erlebe die Kraft von Mutter Erde und wie sie dich trägt. Du bist ihr Kind, aber du bist auch ein Lehrer: Du bringst etwas Neues hierher, ein himmlisches Licht. Fühle, wie ein kraftvolles Licht über dir hängt und seine Strahlen über dich ergießt, ausgiebig und reichlich. Fühle, wie die Kräfte von Himmel und Erde sich in dir vermischen und wie du von beiden Energien getragen wirst. Traue dich, dich dieser Strömung hinzugeben. Mache dich selbst größer, traue dich, dich darin zu erheben, wer du bist. Du bist schön und kraftvoll und anmutig. Lasse dich nicht von alten Stimmen ablenken, die dir etwas anderes erzählen. Toleriere sie als Hintergrundgeräusch, aber vertraue auf dich selbst. Du bist der Überbringer eines neuen Lichtes auf die Erde, das ist unverkennbar. Ich grüße dich als Hüter der neuen Erde.

Kapitel 11
In Deine Kraft kommen

Ich bin Maria Magdalena. Ich komme in Freundschaft zu euch. Es stimmt mich freudig und dankbar, hier in eurer Mitte zu sein. Ihr bewirkt etwas. Indem ihr hier mit der Absicht zusammenkommt, euer Bewusstsein zu erweitern, erschafft ihr eine Veränderung in eurem eigenen Leben, aber auch im Leben der kollektiven Sphäre auf der Erde. Alles was ihr tut, verursacht eine Veränderung. Von der Welt aus gesehen, in der ich lebe, ist das Innerliche primär. Wir betrachten Geschehnisse in der äußerlichen Sphäre - das was ihr die objektive Welt nennt - als sekundär. Diese Geschehnisse ergeben sich aus innerlichen Veränderungen, sie sind deren Folge, die Folge von Intentionen auf innerer Ebene. *Das Außen folgt dem Inneren.* Für mich und Alle, die hier mit mir in dieser Sphäre sind, ist das Innere weit echter und realer als das Äußerliche. Für euch ist es oft genau anders herum. Die Welt um euch herum drängt sich euch auf. Es scheint als würde die physische Wirklichkeit, die ihr über eure Sinnesorgane wahrnehmt, die anderen Menschen um euch herum, die objektiven Umstände außerhalb von euch, euch bestimmen. Doch ist dies im Wesentlichen nur Schein. Es gibt eine innere Welt, die all dem vorausgeht, was ihr außen um euch herum seht. Und gerade durch die bewusste Kontaktaufnahme mit dieser innerlichen Welt, der Welt der Seele, gewinnt ihr eure Kraft zurück.

Auf äußerlicher Ebene seid ihr verletzlich und schwach. Ihr habt einen menschlichen Körper, der allerlei Einflüssen von außen, wie Krankheiten, Naturkräften oder menschlicher Gewalt, zum Opfer fallen kann. Euer menschlicher Körper ist fragil und zart, und er ist sterblich. Darüber hinaus gibt es eure Emotionen. Obwohl es so scheinen kann, dass ihr diese Emotionen seid, haben viele von euch wenig Kontrolle über sie. Ihr fühlt euch dann wie ein Spielball eurer wechselnden Stimmungen, die - ebenso wie das Wetter: Wolken, Wind und Regen - durch euch hindurch ziehen. Wenn ihr euch stark mit euren Emotionen identifiziert, könnt ihr euch sehr von eurem inneren Zentrum entfernen, weil ihr dann keinen Halt findet und euch den Launen eurer Stimmungen ausgeliefert fühlt. In diesem Sinn sind heftige Emotionen und Impulse ebenfalls etwas, das sich außerhalb von euch befindet. Es gibt einen Kern in eurer inneren

Welt, der unabhängig, sowohl von der physischen Welt außerhalb von euch, als auch von euren Emotionen ist.

Ich lade dich ein, dich nun diesem tiefen inneren Ort zuzuwenden. Es gibt einen Ort der Neutralität und Stille in dir, der unabhängig ist von Zeit und Raum. Dennoch findest du ihn in deinem Körper, im intimen Raum deines körperlichen Selbstes. Der Körper ist das Tor zum inneren Selbst. Gehe mit deiner Aufmerksamkeit nach innen, nimm Kontakt mit deinem Herzen auf und fühle, wie der warme Strom deiner Aufmerksamkeit deinen Körper berührt. Deine Aufmerksamkeit tut deinem Körper gut. Dein Körper hat ein inneres Leben und ist nicht bloß ein objektives Ganzes von Zellen, das von einem Chemiker oder Biologen definiert oder beschrieben werden kann. Dein Körper hat inneres Bewusstsein und Leben, fühle dem einmal nach. Lasse deinen Atem etwas tiefer einsinken und nimm wahr, dass dies ganz von selbst geht; dein Körper weiß, wie er auf ruhige und entspannte Weise atmet. Fühle, wie die äußere Welt weniger wichtig wird, nun da du nach innen gehst und still wirst. Dann sinke hinab in den Bereich deines Bauches. Suche einen Ort in deinem Bauch, an dem du ausruhen kannst. Spüre energetisch hin, wo er sich für dich befindet. Stelle dir vor, dass du diese Stelle nun mit deiner Atmung berührst. Dann sinke in diesen Punkt, diesen Raum hinein - wenn es dir hilft, kannst du ihn innerlich wie eine Schale sehen, gebildet von zwei Händen, oder als einen Ort in der Natur. Stelle dir vor, wie dieser Ruhepunkt in deinem Bauch, deiner inneren Basis, deinem inneren Boden aussieht.

Stelle dir nun vor, dass all deine Kraft sich dort versammelt. Es ist eine ruhige Kraft, die den Jahrhunderten standgehalten hat und die uralt ist. Du bist schon so oft in einem Körper auf der Erde gewesen. Tief in deinem Bauch gibt es ein Bewusstsein, dass du viel mehr bist als dieser Körper und diese Person mit diesen Emotionen. Du bist ein zeitloses Wesen, und je mehr du das fühlst und begreifst, desto mehr Zugang hat deine Seele zu deinem täglichen Dasein und zu der äußerlichen Realität um dich herum.

Nimm die innere Ruhe auf dem Boden deines Bauches wahr. Dort gibt es einen Anker, eine Boje, die nicht von all den Emotionen und Stimmungen mitgenommen wird, die durch dein Energiefeld hindurch ziehen. Dennoch ist dieser stille Punkt nicht leer: er ist neutral, aber nicht leer. Fühle das Bewusstsein dort: es ist elastisch und vital und zugleich weit und geräumig. Stelle dir vor, dass von dieser Quelle aus nun eine Energie durch deinen ganzen Körper strömt. Siehe einmal, wie das vor sich geht: Von dem Ruhepunkt in deinem Bauch aus wirbelt langsam eine Energie-Strömung durch deinen ganzen Bauch hindurch. Sehr friedvoll und sanft findet diese Strömung ihren Weg. Es ist dein tiefstes Selbst, das hier Kontakt mit deinem irdischen Selbst aufnimmt. Schaue einmal, wohin die Strömung will: nach oben zu deinem Herzen, deinen Schultern und deinem Kopf oder vielleicht eher nach unten zu deinen Oberschenkeln, deinen Knien und Unterschenkeln? Nimm wahr, dass wenn du den Kontakt mit dieser Strömung hältst, du eine ganz andere Perspektive auf viele Dinge in deinem Leben bekommst. Du begreifst, dass du stark und unabhängig bist. Du bist größer und weiträumiger als alles, was in deinem Leben geschieht, auch als die heftigen Emotionen und dich durchdringenden Gefühle. Es gibt etwas, das größer ist als all das, und das bist Du.

Was viele Menschen heutzutage brauchen, ist Raum für sich selbst und Sicherheit. Die bestehenden Strukturen in der irdischen Gesellschaft sind nicht dafür geeignet, Menschen diesen inneren Raum und diese innere Sicherheit zu schenken. Darum werden Menschen gebraucht, die neue, flexible Strukturen erschaffen, die aus innerer Freiheit und Weisheit hervorgehen und nicht auf Angst und Kontrolle basieren. Ihr, die ihr euch von meinen Worten angezogen fühlt, seid die Boten, die Träger des Neuen. Ihr denkt oftmals, dass ihr hier auf der Erde als Alleingänger lebt und handelt, aber was ihr tut, denkt und fühlt, bewirkt eine Veränderung und übt einen Einfluss aus. Das Innere geht stets dem voraus, was äußerlich geschieht. Innen wiegt schwerer als Außen. Was ihr denkt und fühlt, ist von wesentlicher Bedeutung. Starrt daher nicht verblendet auf das sogenannte 'Output', auf das, was ihr in der Welt sichtbar hervorbringt. Ich bitte euch, nach innen zu gehen. Was äußerlich aus diesem Schritt nach innen hervorgeht, nach dem Wiederfinden eurer Kraft, ist überraschend und für euch momentan unvorhersehbar. Damit müsst ihr euch nicht befassen. Wenn ihr beschließt, die Kraft in eurem Bauch, die große Kraft eurer Seele zu umarmen, dann ist das wie das Umdrehen des Schlüssels: Ihr aktiviert eine hohe Quelle der Weisheit in euch selbst, und der Rest folgt von selbst.

Der Weg nach innen erfordert Mut. Es mag manchmal einfacher erscheinen, euch an die Erwartungen, Gewohnheiten und Selbstverständlichkeiten anzupassen, die in der Gesellschaft um euch herum bestehen. Von alledem geht ein gewisser Zwang, ein Sog aus, und es hat sogar eine versklavende Wirkung. Es ist schön, irgendwo dazuzugehören und geschätzt zu werden, aber was ist das für ein Preis, wenn ihr euch gleichzeitig eingeengt und bedrückt fühlt und nicht dem gerecht werden könnt, das ihr innerlich wirklich seid?

Die lebendige, einzigartige, vitale Kraft, die in eurem Bauch wohnt, kommt geradewegs aus eurer Seele. Ihr fühlt euch erst dann wirklich erfüllt, wenn ihr euch auf diese Kraft ganz und gar einlasst, und das beginnt damit, innerlich Abstand von Strukturen, Forderungen und Erwartungen zu nehmen, die nicht zu euch passen. Das erfordert Mut. Es ist nicht verrückt oder merkwürdig, wenn ihr viel Angst dabei empfindet, wenn ihr in euren Bauch eintaucht, die Verbindung zu eurer spontanen Natur und euren tiefsten Impulsen herstellt. Es ist notwendig, dies immer aufs Neue zu tun: den Kontakt mit der Kraft in eurem Bauch immer aufs Neue zu suchen und euch selbst daran zu erinnern, dass hier euer wahrer Kern liegt, die Quelle eurer Inspiration und der Bedeutung in eurem Leben.

Ich bitte dich nun erneut, in deinen Bauch hinein zu sinken, die Verbindung mit diesem Ruhepunkt aufzunehmen und von dort aus eine Strömung zur Erde hin zu fühlen. Fühle dich frei und unbeschränkt darin, wie du die Verbindung mit der Erde, mit ihrem Wesenskern eingehst. Ihr seid beide kraftvolle Seelen. Die Erde heißt dich willkommen.

Nun frage dich: ‚Was brauche ich in meinem täglichen Leben, um meine eigene Kraft besser zu fühlen und ihr Form zu verleihen? Gibt es einen konkreten Schritt, den ich machen kann, um das zu realisieren?'

Bleibe fest in deinem Zentrum verankert und bleibe verbunden mit der Erde und frage dich dann: ‚Was ist mein tiefster Wunsch für mich selbst?'. Nimm das SELBST wahr, das du hier ansprichst; es befindet sich unter der Schicht von wechselnden Emotionen und Stimmungen. Es ist dein wesentliches Ich, das älter ist als dieses Leben und das hier nun zurück auf die Erde gekommen ist, um sich selbst noch besser kennenzulernen und auszudrücken. Möglicherweise bekommst du nicht sofort eine konkrete

Antwort, aber achte dann einfach darauf, was du fühlst, wonach du dich sehnst oder was du vermisst. Vielleicht sehnst du dich nach einem bestimmten Gefühl, zum Beispiel mehr Freiheit, mehr Lockerheit oder mehr Inspiration oder Begeisterung. Lasse es einfach herauf sprudeln und vertraue der instinktiven Weisheit deiner Bauchströmung. Denke nicht zu lange darüber nach, gehe mit dieser Strömung mit.

Wenn du diese Form der Kontaktaufnahme mit dir selbst im täglichen Leben regelmäßig wiederholst, in Stille und Ruhe, kannst du eine Revolution bewirken. In der Stille der Einkehr in dein authentisches Selbst lässt du das Selbstverständliche los, beginnst du, deinem authentischen Selbst zu lauschen, und damit erschaffst du eine Veränderung, nicht nur für dich selbst, sondern auch für die Gesellschaft um dich herum.

Kapitel 12
Wut willkommen heißen

Ich bin Maria Magdalena. Ich bin eure Schwester und Gleichgesinnte und ich komme hierher in Freundschaft. Ich schaue euch alle an. Mit meinem inneren Auge sehe und fühle ich eure Herzen. Ich freue mich über euer Kommen. Ihr seid Reisende. Ihr habt euch mit einem inneren Feuer, aus einem Suchen, einer Sehnsucht heraus, auf den Weg in dieses Leben gemacht, aber auch aus einem Bewusstsein heraus, in dieser Zeit auf der Erde sein zu wollen, im Hier und Jetzt eures Lebens. Eure Seele entschied sich dafür.

Ich bitte dich, dies zu fühlen. Fühle die Seele in deinem Herzen, deine Seele. Nimm Kontakt zu dieser Quelle auf, die dein Schöpfer ist: der Schöpfer deiner irdischen Persönlichkeit. Sage deinen eigenen Namen laut in deinem Kopf und fühle, dass du die Schöpfung deiner Seele bist. Ihr seid Eins, aber die Seele hat Teil an verschiedenen Wirklichkeiten, während du als irdische Person auf dieses Leben hier und jetzt ausgerichtet bist, in einem Körper in einer materiellen Wirklichkeit.

Es geht beim spirituellen Wachstum um die Wechselwirkung zwischen dir und deiner Seele. Die Seele ist nicht allwissend. Deine Seele möchte durch dich etwas erfahren. Du verfügst über die Kenntnisse, Erfahrungen und Instinkte, die du in diesem irdischen Leben entwickelt hast, und sie alle sind für die Seele wertvoll, die Seele lernt von ihnen. Umgekehrt kannst auch du als irdischer Mensch von deiner Seele inspiriert werden, denn ihr stehen Quellen der Weisheit und des Wissens zur Verfügung, die für dich schwerer zugänglich sind, da du so sehr von dieser dreidimensionalen Wirklichkeit in Anspruch genommen und einverleibt wirst.

Es gibt also eine Wechselwirkung zwischen Seele und irdischer Person. Ich bitte dich, respektiere das innere Wissen, das in deiner irdischen Person lebt. Siehe dich selbst nicht als den geringeren Teil deiner Seele an, es ist eine ebenbürtige Beziehung.

Wie nun manifestiert sich die Weisheit deiner irdischen Persönlichkeit in dir? Wie nimmst du Kontakt mit ihr auf? Es geschieht über deine

Emotionen und über deinen Bauch. Im Herzen residiert die Seele, zumindest dann, wenn sie deinerseits dort sein darf. Über dein Herz bist du mit den himmlischen Sphären verbunden, aus denen du stammst, wo dein Zuhause ist. Nimm Kontakt mit dem Zentrum deines Herzens inmitten deiner Brust auf, fühle seine Leichtigkeit. Wenn du merkst, dass eine Schwere um dein Herz liegt, gehe noch tiefer, bis zum Kern, über das Irdische hinaus, und fühle die Leichtigkeit, die dort herrscht. Gehe so tief, bis du das Licht fühlst. Stelle den Kontakt zu diesem Licht her. Fühle, wie reich du bist. Du hast zahllose Leben an vielen Orten im Universum geführt, du hast schon so viel mitgemacht und erlebt. Du hast Weisheit gesammelt und Mitgefühl entwickelt. Nimm es nun an dich. Die Weisheit und die Liebe in deinem Herzen, die du in himmlischen Licht-Sphären so einfach erleben konntest, die dort so zugänglich für dich waren: Erlaube, bejahe sie nun in deinem Herzen und fühle dich frei.

Während du dies festhältst, bitte ich dich nun, mit deiner Aufmerksamkeit in deinen Bauch einzutauchen. Auch in deinem Bauch sitzt ein Zentrum. Es ist das Zentrum deiner irdischen Persönlichkeit. Nimm dir einmal Zeit, um es zu finden. Fühle von innen her: Ah, da liegt ein Bereich, der sich anfühlt wie ein Anker, eine Basis, ein Zentrum. Sei mit deinem ganzen Bewusstsein dort anwesend. Dann kannst du fühlen, dass die Sphäre und die Energie dort anders sind als auf der Ebene des Herzens. Auf der Ebene des Bauches ist die Energie dichter, kompakter, sie ist mehr Teil der irdischen, dreidimensionalen, materiellen Welt. Die Energien auf der Erde sind schwerer und dichter als in den leichten, lichten himmlischen Sphären, mit denen du durch deinen Ursprung vertraut bist. Es erfordert viel von dir, hier auf der Erde aus deinem eigenen Licht heraus anwesend zu sein.

Ich möchte unterstreichen, dass du dein Bauchzentrum brauchst, um hier sein zu können. Du musst den Bauch und alle Emotionen, die dort leben, respektieren und ernst nehmen als gleichwertige Partner deines Herzens, deiner Seele. Wenn du dies nicht tust, wird dein Bauch leer und unbewohnt sein. Wenn du dich einzig aus dem Herzen heraus auf der Erde zu manifestieren versuchst, dann fehlt dir die Brücke zu dieser Wirklichkeit und zu allen Energien, die hier leben. Dir fehlt dann ein essentielles Instrument.

Viele von euch weigern sich – bewusst oder unbewusst – das Zentrum in ihrem Bauch zu bewohnen. Warum tut ihr das? Wie kommt es zu der Neigung, dem Bauch zu entfliehen und euch dort nicht zuhause zu fühlen? Es gibt in euch ein Urteil über euren Bauch. Wenn ihr in das Zentrum eures Bauches hinabsteigt, begegnet ihr dort vielen kraftvollen Energien. Es sind sehr menschliche Emotionen wie Angst, Wut, Misstrauen, aber auch Lust, Leidenschaft, Hoffnung und Sehnsucht. Dies sind Energien, die eine große Kraft in sich tragen, vor denen ihr jedoch zurückschreckt, weil sie euch überwältigen können. Ihr fühlt euch eher im Herzen zuhause. Dies kommt zum Teil daher, dass ihr hochentwickelte Seelen seid. Ihr seid hochsensibel und ihr seid mit einer Mission hier: Ihr wollt helfen, das Bewusstsein auf der Erde auf eine Herzensebene anzuheben, auf ein Herz-Bewusstsein.

Dies ist einer der Gründe, warum ihr euch eher im Bereich des Herzens zuhause fühlt. Zudem besteht in vielen von euch ein deutlicher Widerstand gegen das irdische Dasein. Manche sehen den Bereich des Bauches aufgrund der Erfahrungen des Schmerzes und der Gewalt, die ihr in irdischen Leben durchgemacht habt, als ein schlichtweg feindliches Gebiet an. Ihr weigert euch, euch erneut dieser Wirklichkeit hinzugeben. Aber der Bereich des Bauches sollte umarmt werden. Er ist die Brücke zur Inkarnation, zu einem wirklichen Eintauchen eurer Seelenenergie und dafür, ganz und gar auf der Erde anwesend zu sein. Das ist es, wonach ihr euch so tief sehnt und was den alten Schmerz aufheben wird. Um dies zu realisieren, solltet ihr die menschlichen Emotionen wirklich ernst nehmen. Und sie nicht als 'niedriger' ansehen, sondern als wertvolle Instrumente, die euch den Weg weisen.

Lass uns dies einmal üben. Setze dich wieder in das Zentrum deines Bauches. Lasse dort nun eine zornige Frau sich zeigen. Sei anwesend in dem Raum in deinem Bauch und stelle dir vor, dass du eine Frau auf dich zukommen siehst. Diese Frau ist aufgebracht, das strahlt sie deutlich aus. Vielleicht schreit oder tobt sie oder ihr Gesicht ist rot vor Wut. Sie ballt vielleicht ihre Fäuste oder stampft mit den Füßen. Erlaube es ihr ganz und gar. Fühle den tiefen Schrei, der aus ihrem Bauch über ihre Lungen, ihre Kehle und ihren Mund nach außen gelangen will. Sie hat genug davon. Es war in ihr etwas unterdrückt worden, und das will heraus. Sie braucht deine Zustimmung. Kannst du 'Ja' zu ihr sagen? Spüre dem einmal nach.

In dieser Frau stecken Aufrichtigkeit und Ehrlichkeit. Ihre Wut ist nicht dazu bestimmt, anderen Menschen zu schaden, sondern ist vielmehr eine Form des Selbstausdruckes. Sie sucht den Kontakt zu ihrem eigenen Kern und darum schreit sie. Durch ihren eigenen Schrei wird sie wach und kann die verlorenen Teile ihrer selbst zurückfinden und nach Hause bringen.

In Jedem von euch gibt es diese Wut; es kann beinahe nicht anders sein. Durch viele einschränkende Einflüsse seitens der Familie, der Erziehung, der Gesellschaft und vorheriger Leben ist ein kraftvoller und authentischer Teil von euch untergegangen. Dies manifestiert sich als ein Gefühl der Kraftlosigkeit. Ihr traut euch nicht euch zu zeigen, habt Angst vor eurer eigenen Kraft, aber auch davor, den Kontakt zu euch selbst zu verlieren.

Der erste Schritt zur Befreiung eurer selbst ist, eure eigene Wut als legitim anzusehen, als etwas, das da sein darf. Sie ist im Wesentlichen keine aggressive Energie, sondern eine tiefe Sehnsucht danach, ihr selbst zu sein: von alten Lasten befreit zu sein. Ihr könnt diese Lasten nicht über euer Herz loswerden. Das Herz sieht und begreift, es betrachtet Situationen von allen Seiten. Wenn ihr zum Beispiel Opfer gewesen und durch aggressives Benehmen - von wem auch immer - zu Schaden gekommen seid, dann kann das Herz sich in dich hineinversetzen, doch auch in den Täter. Das Herz trägt die universelle Liebe in sich, und das ist seine große Kraft. Aber es gibt daneben noch das menschliche Ich, das der Träger des Herzens ist. Das menschliche Ich ist durchaus Opfer gewesen und ist emotionell gepeinigt und beschädigt worden. Um euch von diesen emotionalen Ladungen zu befreien, ist es notwendig, wirklich in euren Bauch einzusinken und die Wut, die Ohnmacht und auch den Kummer, den großen Kummer, der dort sitzt, zuzulassen. Nur auf diese Weise kann eure Seele wirklich in die Ebene eures Bauches hinabsinken. Sagt daher Ja zu dieser wütenden Frau in euch, wenn ihr ihr im Alltag begegnet.

Es gibt allerlei Momente im täglichen Leben, in denen ihr Irritation, Wut oder Unzufriedenheit in euch erlebt. Nehmt das ernst. Das ist das Allerwichtigste. NEHMT ES ERNST. Dies ist die Sprache eures Wesens, ebenso wie auch das Flüstern eures Herzens. Gerade raue Emotionen können euch viel darüber erzählen, wo auf eurem Lebenspfad ihr mit euch selbst im Zusammenspiel von Seele und irdischer Person steht. NEHMT DAS ERNST. Lasst Wut zu. Arbeitet mit ihr ebenso wie mit allen anderen geistigen Kräften. Wut ist ebenso sehr ein Führer wie ein Engel aus dem Himmel. Diese Emotion möchte euch etwas Wesentliches darüber sagen, wer ihr seid und darüber, was ihr zu tun habt.

Wenn ihr den Kontakt zur Wut aufnehmt, dann lasst diese Emotion körperlich zu und fühlt ganz offen und neutral, wo sich diese Energie in eurem Körper ausdrücken möchte. Lasst die Wut wie eine Welle durch euch hindurch ziehen und ausrollen. Beginnt dann ein Gespräch mit dem wütenden Teil von euch; lasst die Frau, die ihr seht, sprechen. Schreibt auf, was ihr hört und fühlt, erzählt es in irdischen Worten. Nehmt ernst, was ihr sie spontan sagen oder schreien fühlt. Fragt euch selbst, wie ihr ihren Bedürfnissen entgegenkommen könnt.

Die nun folgende Frage ist: Was tut ihr mit der Einsicht und der Information, die ihr da bekommen habt? Wie bewegt ihr euch damit in der Welt? Wut ist zuallererst ein Signal an euch selbst; eine Form der Kommunikation mit euch selbst. Wenn ihr die Botschaft deutlich empfangen habt, könnt ihr sie in einen Schritt in die Außenwelt übertragen: deutlicher gegenüber anderen Menschen werden, Nein sagen, wenn ihr es so empfindet. Gut integrierte Wut führt dazu, mit Anderen ehrlicher darüber zu kommunizieren, was in euch vorgeht. Wut zuzulassen ist daher nicht dasselbe wie euren Ärger ungefiltert anderen Menschen gegenüber zu äußern. Es geht zuallererst um das innerliche Verarbeiten, das heißt darum, eure eigene Wut zu akzeptieren und sie zu begreifen. Danach vollzieht ihr die Übersetzung nach außen: Ihr fragt euch, was ihr verändern wollt und macht das nach außen hin erkennbar.

Realisiert immer, dass, wenn ihr auf einen anderen Menschen wütend seid, ihr den Anderen immer auch liebt. Sonst wärt ihr nicht wütend geworden. Auf jemanden, der euch gleichgültig lässt, werdet ihr nicht wütend; was diese Person tut, gleitet dann an euch ab. Daher erkennt, dass wenn ihr wütend auf Jemanden seid, immer auch Liebe für den Anderen da ist. Wenn ihr dann diese Wut unterdrückt, weil ihr es als gehobener und besser empfindet, erdig und verständnisvoll zu sein, schneidet ihr in Wahrheit den Kontakt zu dem Anderen zur Hälfte ab. Ihr sagt Ja zu der Liebe und Nein zu der authentischen Wut, die in euch lebt, zu eurer irdischen Person. Aber das irdische Ich ist nicht euer geringeres oder niedrigeres Selbst. Es ist ebenso sehr ihr wie die Liebe, die auch da ist. Ihr als Person seid durch irgendetwas verletzt, ihr habt Schmerzen. Wenn ihr das mit dem Anderen teilt, dann ist das auch ein Kennzeichen von Liebe, von irdischer Liebe. Ihr zeigt, dass das, was der Andere sagt oder tut, euch berührt. Dass der Andere also das Vermögen hat, euch zu berühren. Das ist ein Kompliment. Menschen begreifen das instinktiv. Sie fühlen es, wenn ihr ehrlich seid. Indem ihr Wut äußert, gebt ihr dem Anderen in Wirklichkeit etwas. Ihr teilt eure Berührtheit und eure Beteiligung: Auch das ist Liebe.

Wohlgemerkt: Wut ehrlich zu äußern, damit meine ich, deutlich zu zeigen, was ihr fühlt, wie ihr etwas erlebt, wie sehr ihr euch verletzt fühlt. Wut aus innerer Kraft heraus zu äußern, bedeutet nicht, einen Anderen zu beschuldigen, ihm alles an den Kopf zu werfen, ihm Vorwürfe zu machen oder ihn bewusst zu verletzen. Wut bedeutet, etwas in Offenheit mit einem Anderen zu teilen. Das ist der große Unterschied zwischen Wut und Aggression. Wenn ihr aggressiv seid, wollt ihr dem Anderen Schmerz zufügen und ihm schaden. Dieser Impuls entsteht oft, wenn ihr Wut lange Zeit unterdrückt habt. Aber Wut in Reinform ist eine gütige Energie, die darauf ausgerichtet ist, *den Kontakt herzustellen statt ihn zu abzubrechen.*

Ich möchte gern damit schließen, euch einzuladen, noch einmal ganz mit eurem Bewusstsein in euren Bauch einzusinken. Euer Bewusstsein ist ein offener Raum, der Ja sagt, willkommen heißt und nichts verurteilt. Seid offen für und neugierig auf das, was in eurem Bauch lebt, die Emotionen, die dort sind. Fühlt, wie ihr von der Erde getragen werden; die Erde ist eure Mutter. Sie hat eurem Körper Form gegeben. Fühlt einmal euer Steißchakra ganz unten an eurem Rückgrat. Fühlt: Ich bin zuhause auf der Erde, ich bin willkommen, hier mich selbst kennenzulernen und zu entwickeln.

Kapitel 13
Eine neue Definition von Männlichkeit

Ich grüße euch alle von Herzen. Ich bin dankbar, dass wir alle hier anwesend sind. Dies ist eine neue Zeit. Ihr erlebt die Geburt eines neuen Bewusstseins auf der Erde. Und dieses neue Bewusstsein hat bereits dermaßen Wurzeln getrieben, dass man sagen kann: Die neue Zeit hat begonnen. Tief innen, auf der Ebene eurer Seele, wisst ihr das. Bevor ihr in dieses Leben geboren wurdet, wolltet ihr zu dieser Transformation beitragen, die immer mehr Menschen berührt und wachruft.

Um welches neue Bewusstsein geht es hier nun? Ihr tragt eine alte Vergangenheit mit euch, nicht allein von diesem Leben, sondern von vielen Leben davor. Die Energie auf der Erde stand lange Zeit im Zeichen der Angst und des Konfliktes, des Kämpfens ums Überleben, nicht nur rein körperlich, sondern auch emotionell und geistig. Oft habt ihr in vorherigen Leben versucht, die Saat für ein anderes, ein Herz-getragenes Bewusstsein zu säen. Das war nicht einfach, denn es hat lange eine dominante männliche Energie gegeben, die das Leben sowohl innerlich als auch äußerlich im Griff hatte. Diese männliche Energie hat euch alle tief beeinflusst. Abgesehen davon, dass ihr euch mit dieser Energie konfrontiert saht, habt ihr sie auch innerlich absorbiert, bewusst oder unbewusst. Das bedeutet, dass die Denk- und Handlungsweise, die zu dieser Energie gehört, unbeabsichtigt ein Teil von euch geworden ist. Oft äußert sie sich in einer unerbittlichen, gefühllosen, bezwingenden Stimme, die urteilt und zergliedert, und diese Stimme befindet sich in euch selbst.

Einst wurde diese dominante männliche Energie aus der Angst geboren. Die männliche Energie löste sich von der weiblichen Energie, und die natürliche Balance zwischen beiden war gestört. Die männliche Energie begann, autonom zu operieren und verlor die Verbindung zum Gefühl und zum Ganzen. Diese ausschweifende männliche Energie wollte herrschen und kontrollieren und verlor dabei den Respekt vor der Natur, vor der Erde und den darauf lebenden Wesen. Diese gefühlsarme und machthungrige Energie hat sich auch über die Religion manifestiert, anschaulich zu beobachten in der Geschichte der christlichen Kirche. Die lebendige Quelle der ursprünglichen Christusenergie konnte in dieser hierarchischen und gefühllosen Organisation nicht gedeihen. Sie musste in den Untergrund ausweichen, und diejenigen, die die Energie des Herzens öffentlich verbreiten wollten, wurden erbarmungslos verfolgt. Oft wurden sie getötet.

Ihr, die dies lest, seid diejenigen, die den inneren Kontakt zur Quelle der Christusenergie fühlen. Ihr habt diesen Kontakt nicht erst in diesem Leben hergestellt. Es ist eine Seelenerinnerung, die ihr mit euch tragt, und die mit dem Schmerz vermischt wurde, der damit einherging, dass ihr gerade wegen dieser Inspiration abgewiesen wurdet. Ich war eine von euch. Zur Zeit meines Lebens als Maria Magdalena wurde ich von der Kraft und der Weisheit der Christusenergie berührt. Ich lebte in einer Zeit, in der es nicht geschätzt wurde, wenn Frauen mit ihrem inneren Wissen, ihrer Unabhängigkeit und ihrer Kraft, offen nach außen traten. Doch ich wurde von einer Leidenschaft getrieben, die mir den Mut gab, mich von der bestehenden Ordnung zu lösen. Ich schloss mich Jeshua an. Er war für mich ein Geliebter und ein Lehrer. Ich fühlte mich in dieser Beziehung vollständig in meiner Würde anerkannt. Ich fühlte mich in meiner Wahrnehmung der Spiritualität, meinem inneren Wissen und meiner Menschlichkeit wahrgenommen und angenommen. Die Begegnung mit ihm hat mich innerlich geheilt.

Dennoch wurde ich von der bestehenden Ordnung verachtet und verspottet. Selbst von Männern, die mit Jeshua lebten. Ich wurde nicht ernst genommen. Die Wunden, die ich im Bereich meiner weiblichen Energie erlitten habe, weil ich nicht sein durfte wer ich war, haben mich lange sehr beschäftigt. Auch ich habe mehrere Leben auf der Erde gelebt. Ich fühle mich vom Prozess des Erschaffens eines neuen Gleichgewichts zwischen männlicher und weiblicher Energie noch immer stark betroffen. Und ich möchte euch sagen, dass in dieser Zeit fundamentale Veränderungen stattfinden, die mir neue Hoffnung geben.

Wie kann das Gleichgewicht zwischen männlicher und weiblicher Energie wiedererlangt werden und wie können sie als die zwei Gesichter eines lebendigen Herzens arbeiten? In meinen Augen liegt ein wichtiger Schlüssel in der *Transformation eures Verständnisses der männlichen Energie*. Die männliche Energie ist mit der mental ausgerichteten, autoritären Energie von Machthabern gleichgesetzt worden. Letztere ist über lange Zeit das Beispiel männlicher Energie gewesen. Nicht nur Frauen haben hierunter gelitten und waren Opfer dieser Energie, auch wenn es offensichtlich ist, dass gerade ihre Rechte mit Füßen getreten wurden. Frauen haben aus dieser unterdrückenden Tradition ein tiefes Minderwertigkeitsgefühl mitgenommen. Aber schaut daneben einmal, was diese Tradition mit Männern gemacht hat. Männer haben von Natur aus ebenfalls weibliche Energien in sich: Das ist ihre sensible, empathische Seite. Sensible Männer sind in dieser autoritären Tradition oft verurteilt worden. Sie wurden als minderwertige Männer betrachtet. Homosexuelle Männer bekamen von diesem beschränkten Männerbild die gesamte Ladung ab; sie wurden und werden zum Teil noch immer gehasst und verfolgt, weil sie dem überlieferten Standardbild der Männlichkeit nicht gerecht werden. Es entstand eine sehr einseitige Definition von Männlichkeit, die nicht nur Frauen geschadet, sondern auch Männer in ihrem Herzen getroffen und beschädigt hat.

Männer durften nicht aus dem Herzen heraus leben, sie durften nicht aus ihrem Gefühl heraus intuitiv sein, sich nicht mit Anderen verbinden. Dies wurde als nicht-männlich betrachtet. Männlichkeit wurde immer mehr auf eine rigide, geradlinige, auf Kontrolle und Beherrschen ausgerichtete Haltung reduziert. Dies ist allerdings eine erbärmliche und destruktive Variante der männlichen Energie, die absolut nicht der Männlichkeit entspricht, die mit dem Herzen verbunden ist. Es gibt eine höher schwingende männliche Energie, die von Natur aus warm und verbindlich ist, tatkräftig und mitfühlend zugleich. Jeshua, zum Beispiel, war jemand, der diese Energie verkörperte. Tatsächlich ist dies der männliche Aspekt der Christusenergie. Nicht nur die weibliche Energie der Intuition, Empathie und Verbundenheit ist in der Vergangenheit verdrängt worden. Dies geschah ebenso auch mit dieser gereiften männlichen Energie Herz-getragener Führerschaft, Urteilsvermögen und Tatkraft.

Wenn in dieser Zeit von der Wiedergeburt der weiblichen Energie gesprochen wird, dann möchte ich gern betonen, dass diese Wiedergeburt ebenso auch in *Männern* stattfinden muss, um das Gleichgewicht auf der Erde wieder herzustellen. Es geht nicht einfach darum, Frauen Rechte zuzuerkennen. In *beiden* Geschlechtern muss ein neues Verständnis dafür entstehen, was Weiblichkeit und Männlichkeit beinhaltet. Es ist für Männer notwendig, wieder *zu fühlen* und sich *zu verbinden*. Wenn sie die Vorstellung loslassen, dass dies 'unmännlich' sei, können sie ihr Herz mit ihrem Kopf verbinden und danach handeln. Es ist für Frauen notwendig, dass sie in ihre *Kraft* kommen und *Raum* einnehmen. Wenn sie die Vorstellung loslassen, dass dies 'unweiblich' sei, können sie ihre Sehnsüchte und Talente umsetzen und sich selbst klar darlegen und aufstellen.

Nur gemeinsam mit einer geheilten männlichen Energie kann die weibliche Energie wiedergeboren werden und zur Blüte kommen. Das Neudefinieren der männlichen Energie macht es möglich, dass Männer ihre weibliche Energie wieder frei umarmen können und Frauen ihre eigene männliche Energie als wertvoll und bestärkend annehmen.

Viele Frauen haben Schwierigkeiten damit, ihre männliche Energie zu umarmen. In der Vergangenheit sind viele Frauen von einer brutalen männlichen Energie dermaßen verletzt worden, dass in ihnen eine Feindseligkeit gegenüber dem männlichen Geschlecht entstanden ist. Es besteht ein tiefverwurzeltes Misstrauen, und viele Frauen bezweifeln, dass sie in der Beziehung mit einem Mann wirklich sicher sein und sich entspannen können. Es sind in der weiblichen Psyche viele alte Erinnerungen gespeichert, Erinnerungen an sexuelle Gewalt und persönliche Erniedrigung. Jede Frau, die auf der Erde lebt, trägt in sich Spuren des kollektiven weiblichen Trauma, das durch viele Jahrhunderte der Frauenunterdrückung entstanden ist. Die Folge dieser schmerzvollen Erinnerungen und der daraus entstandenen Feindseligkeit und dem Misstrauen gegenüber Männern ist, dass Frauen ein negatives Bild von der männlichen Energie per se angenommen haben. Sie unterscheiden nicht mehr zwischen einer auf Angst basierenden männlichen Energie, die auf Macht und Beherrschung aus ist und einer Herz-getragenen männlichen Energie, die liebevoll, kraftvoll und aufrichtig ist. Sie weisen die männliche Energie als solche zurück, und dies hat erhebliche Folgen für ihre Beziehungen mit Männern, aber vor allem auch für die Beziehung zu sich selbst.

In ihren Beziehungen mit Männern äußert sich dieser Schmerz dann in einem Spiel heftiger Anziehung und Abstoßung. Die Sehnsucht nach einem männlichen Partner wird bleiben, aber zugleich wird eine Frau einen Mann auch von sich fortstoßen, weil sie ihm auf tieferer Ebene nicht vertraut. Da ist das Gefühl, dass er erheblich anders ist als sie, dass er sie nicht wirklich begreifen kann, und dies macht es schwer, wirklich von Seele zu Seele Kontakt zu knüpfen. Aber was infolge dieses Traumas in der Beziehung zu sich selbst geschieht, ist noch schwerwiegender. Wenn Frauen die männliche Energie in sich selbst zurückweisen, schwächen sie sich selbst und nutzen nicht ihr vollständiges Potential. Die männliche Energie in einer Frau ist der Teil von ihr, der für sich selbst einsteht, Grenzen setzt und Nein sagt, wenn sie es so empfindet. Über eure männliche Energie zu verfügen, macht euch als Frauen selbstbewusst und unabhängig. Es verleiht ein Gefühl von Kraft - das genaue Gegenteil des Gefühls, unterdrückt zu werden, das viele Frauen mit der männlichen Energie assoziieren. Das Gefühl von Kraft und Selbstvertrauen ist genau, was viele Frauen brauchen, gerade um ihre weiblichen Eigenschaften der Empathie, Liebe und Sanftheit zu schützen und zu unterstützen. Ihr braucht als Frauen die männliche Energie, zuerst und vor allem in euch selbst! Darum ist es so wichtig, eine Herz-getragene, liebevolle Version der männlichen Energie kennenzulernen und anzuerkennen. Wenn ihr das nicht tut, blockiert ihr weiterhin unbewusst die (höhere) männliche Energie in euch selbst und setzt sie außer Kraft.

Was passiert dann? Viele Frauen haben gelernt, Anderen gegenüber gebend, versorgend und verbindend zu sein. Diese Eigenschaften werden als 'gut' angesehen. Wenn ihr allerdings von Natur aus (sehr) sensibel seid und ein offenes Herz habt, führt diese Haltung oft zu einem Verlust von Grenzen und dazu, von den Emotionen und dem Schmerz Anderer überflutet zu werden. Dann entstehen die typischen Probleme, die der Überempfindlichkeit zugeordnet werden: energetische Erschöpfung, in Beziehungen zu wenig zurückbekommen, sich selbst nicht vermitteln, der Verlust von Erdung, psychosomatische Beschwerden und manchmal sogar Depression, Ausweglosigkeit und Verzweiflung. Sehr oft sind diese Probleme auf eine überfließende weibliche Energie zurückzuführen, die ungenügend von einer tatkräftigen und begrenzenden männlichen Energie ins Gleichgewicht gebracht wird.

Um euch aus eurem Herzen heraus mit Empathie und Verständnis mit Anderen verbinden zu können, ist es notwendig, einen starken Anker in euch selbst zu haben. Die männliche Energie, eure Ich-Kraft, gibt euch diesen Anker. Für Frauen ist es erdend, ihre männliche Energie anzuerkennen, zu bejahen und sie dafür zu gebrauchen, ihre eigenen Bedürfnisse wieder zu erkennen und zu respektieren. Für euch selbst aufzukommen und euch abzugrenzen, ist kein Akt des Egos, sondern einfach Ausdruck einer

Herz-getragenen männlichen Energie. Diese höhere männliche Energie gibt euch den Schutz und die Erdung, die ihr braucht, um vermittels eurer weiblichen Energie verbindend und offen anwesend zu sein.

Für Männer gilt im Allgemeinen das Gegenteil. Sie haben großen Nutzen davon, wenn sie ihre weibliche Energie, ihre Gefühle und ihre Intuition zulassen. Wenn ihr euch vielen Fragen in eurem Leben mit eurem Kopf nähert, verliert ihr den Kontakt zu euch selbst, denn euer Kopf wird oftmals von vielerlei Denkmustern angeleitet, die nicht wirklich von euch kommen. Letztendlich findet ihr die Antworten auf eure Lebensfragen, indem ihr euch zunächst auf eure Emotionen bezüglich einer bestimmten inneren Angelegenheit oder Frage wirklich tief einlasst. Und aus diesen erlebten Emotionen heraus könnt ihr zu eurem Herzen aufsteigen und könnt wirklich begreifen, was *ihr* wollt und was für *euch* wichtig ist. Der Kontakt zu ihrer eigenen weiblichen Energie bringt Männer näher zu sich selbst, und das ist für sie erdend.

Dies beschreibt im Wesentlichen, inwiefern der Kontakt zu der Herz-getragenen männlichen Energie für Frauen heilsam ist und der Kontakt zur Herz-getragenen weiblichen Energie heilsam für Männer ist. Dies ist eine allgemeine Skizze. Es ist möglich, dass ihr als Frau von Natur aus bereits eine starke männliche Energie habt und gerade darin Nutzen findet, den Kontakt mit eurem Gefühl und eurer weiblichen Seite zu verstärken. Das könnt ihr am besten selbst wahrnehmen. Es ist auch möglich, dass ihr als Mann von Natur aus sehr sensibel seid und dass ihr gerade die höhere männliche Energie in euch selbst aufsuchen müsst, um euch selbst besser gegen die Reize von außen her schützen zu können. Ihr seid Individuen, die jedes eine eigene Mischung von männlichen und weiblichen Einflüssen in sich trägt. Wie diese Mischung auch aussieht, ihr habt alle großen Nutzen davon, eine *neue Definition der Männlichkeit* zu finden und vor allem auch von *lebenden Beispielen* einer Herz-getragenen männlichen Energie. Ihr könnt selbst zu solch einem Beispiel werden, indem ihr männliche und weibliche Energien gleichermaßen umarmt und als die zwei Gesichter ein und derselben Quelle anerkennt, der Quelle der Liebe.

Kapitel 14
Deine Individualität umarmen

Ich bin Maria Magdalena. Ich grüße euch alle von Herzen. Ich möchte, dass ihr wisst, dass ihr fortwährend von Hilfe und Begleitung umgeben seid. In der Sphäre jenseits des Irdischen gibt es Gleichgesinnte: Seelen, die euch auf sehr persönliche Weise lieben, nicht nur auf abstrakte und universelle Weise. Es sind Seelen, die euch kennen und mit denen ihr zu anderen Zeiten an anderen Orten zusammen gewesen seid.

Wenn ihr inkarniert, ist dies ein Sprung ins Unbekannte, doch ihr bleibt verbunden mit einem Team von Freunden auf der anderen Seite. Einige davon sind in ihrer Entwicklung weiter und überblicken euren Lebenspfad mit einem umfassenderen Blick als er euch möglich ist. Sie sind, wie ihr es nennt, eure geistigen Führer. Aber es gibt auch Andere, Gleichgesinnte, die wie Nahestehende für euch sind, wie eine gute Familie oder Freunde. Fühlt ihre Anwesenheit, auch wenn ihr nicht wisst, um wen es sich handelt. Ihr werdet gehört und gesehen. Sie haben Achtung davor, wer ihr seid und was es euch abverlangt, diesen Sprung ins Unbekannte zu wagen.

Das Leben auf der Erde, jedes Leben auf der Erde, ist wichtig und bildet einen wertvollen Beitrag zu der Reise eurer Seele. Auch negative Erfahrungen sind sehr wertvoll. Der Schmerz, den ihr jetzt erlebt, ist wie ein Stein, der ins Wasser fällt und an der Oberfläche viele kleine Wellen und Kräuselungen verursacht. Die Auswirkung einer schmerzhaften oder traumatischen Erfahrung zieht Kräuselungen durch die Zeiten hindurch, und in anderen Momenten und an anderen Orten werdet ihr dieser Kräuselungen gewahr werden und werdet diese Erfahrung aus der Vergangenheit begreifen und wertschätzen. Das Verständnis, das ihr später entwickelt, wird wie Balsam in die Vergangenheit zurückkehren und alte Wunden heilen.

Alle Zeitpunkte, alle Jetzt-Momente in der langen Reise deiner Seele sind miteinander verbunden und beeinflussen einander. Niemals ist etwas wirklich vorbei. Wenn du in einer Rückführung durch die Zeit in ein vorheriges Leben reist, fügst du dein Bewusstsein einem Moment in der

Vergangenheit hinzu und entsteht dort eine Strömung, die in zwei Richtungen geht: von der Vergangenheit in die Gegenwart und von der Gegenwart in die Vergangenheit. So reichert sich deine Seele an. Und indem du dies tust, begreifst du zugleich immer mehr, dass du weit mehr bist als diese eine Person, dieser Mann oder diese Frau in diesem Moment. Diese Person bildet einfach einen Zugang zu deiner Seele. Es sind viele weitere Eingänge möglich.

Eure Seele ist immens reich an Erfahrungen, von denen jede ein Puzzleteilchen innerhalb des großen Ganzen ist. Ich bitte euch um Respekt vor der Großartigkeit und Größe dessen, wer ihr seid. Ihr könnt es mit eurem menschlichen Verstand nicht erfassen. Sagt tief aus eurem Herzen Ja dazu. Fühlt, dass dort eine Weisheit liegt, die alles trägt und die den einzelnen Lebenserfahrungen einen Sinn gibt, den ihr mit eurem menschlichen Verstand nicht begreifen könnt. Es gibt für alles eine Zeit und einen Ort. Manchmal müsst ihr durch tiefe Erfahrungen hindurchgehen, ohne zu begreifen warum. Später werdet ihr es begreifen. Ich bitte um Achtung und Respekt für euch selbst. Ihr seid mit verbundenen Augen ins Unbekannte eingestiegen, indem ihr Ja gesagt habt zu dem Leben auf der Erde. Sagt nun Ja zu euch selbst. Und auch zu dem Schmerz, der Angst und dem Zweifel in euch. Sie sind Teil der menschlichen Erfahrung. Weist sie nicht zurück, denn dann entsteht ein Kampf gegen euch selbst, der euch zerbricht und weiter von zu Hause fort bringt. Akzeptiert einfach, was in euch ist, das Licht ebenso wie das Dunkel.

Ich lade dich nun ein, mit mir zum Anfang deines Lebens zu gehen. Gehe zurück in deine Kindheit. Stelle dir einmal vor, dass sich dein heutiger Körper verjüngt, jugendlicher wird, und achte einmal darauf, was geschieht, wenn du die Grenze der Pubertät überschreitest. Nimm wahr, wie deine Geschlechtlichkeit weniger wichtig wird, wenn du in deine Kindheit eintrittst, wenn du unter das zehnte Jahr kommst. Erinnere dich, wie es war, von deinem Geschlecht als Mann oder Frau noch nicht so sehr bestimmt zu sein. Erinnere dich an deine Unbefangenheit und gehe noch weiter zurück in der Zeit. So weit, dass du an der Grenze vorbei gehst, wo du die Sprache erlernt und Begriffe und damit auch Stempel und Urteile geformt hast. Wenn du zurückgehst bis in die ganz frühe Kindheit, wird dein Bewusstsein offener und empfänglicher. Es urteilt nicht, es nimmt in erster Linie in sich auf. Versuche das wieder zu fühlen. Erinnere dich an dein offenes Gewahrsein der Einflüsse um dich herum. Du bist der himmlischen Sphäre noch nahe, aus der du kommst. Du bist noch nicht so sehr vom irdischen Einflussbereich bestimmt. Du bist noch offen für die Realität der Seele. Und dadurch, dass du nun von deinem Heute aus in diese frühe Vergangenheit zurückgehst, kommst du in Kontakt damit, wer du einst warst und kannst diesem unbefangenen, unvoreingenommenen Kind etwas geben.

Stelle dir vor, dass du dich in deiner heutigen Gestalt über dieses kleine Kind beugst, das du damals warst. Siehe einmal, welches Alter da als geeigneter Moment dir in den Sinn kommt. Fühle vor allem das Bewusstsein, das du damals hattest und deine Verbindung mit der Sphäre der Seele. Du warst noch ein Außenstehender, besaßest noch die Frische und Offenheit eines Neuankömmlings. Gehe in deiner heutigen Gestalt nun zu dem Kind und betrachte es mit Augen des Staunens und der Verwunderung. Siehe die himmlischen Energien in diesem Kind, knie bei ihm nieder und frage es: 'Was bringst du hierher mit? Welchen Reichtum möchte deine Seele auf der Erde teilen? Was gehört wirklich zu dir?'.

Sage dem Kind: 'Ich helfe dir dabei, ich komme aus der Zukunft, um dich zu unterstützen und zu begleiten'. Und schaue, ob das Kind dich fühlt und sieht. Berühre es einmal und schaue ihm in die Augen. Und wenn du die wahre Kraft und den ursprünglichen Beitrag dieses Kindes spürst und siehst, dann lege eine Hand auf seine oder ihre Schulter und sage ihm: 'Ich beschütze dich, ich stehe hinter dir, und ich sorge dafür, dass du dein Ziel erreichst'. Nimm hierbei deine eigene Kraft wahr. Du verfügst aus deinem heutigen Alter heraus über Erfahrung mit dem und Kenntnisse über das irdische Leben. Fühle deine jetzige Weisheit und schicke sie zurück zu dem kleinen Kind, das du dort warst. Während du dieses Kind mit deiner Weisheit und Lebenserfahrung bereicherst, bekommst du auch etwas von ihm oder ihr zurück: die Ursprünglichkeit, die Spontanität, das Echte und Wahrhaftige dieses Kindes. Dies strömt direkt in dein Herz hinein. Das bist du! Fühle in deinem Herzen wieder den Kontakt mit deiner eigenen Seele.

Die Kraft und Weisheit, die du in diesem Leben zusammengetragen hast, werden zu einem Schutzmantel um dein Herz herum. Dort wohnt dein inneres Kind, das mit deiner Seele verbunden ist. Dieses Kind in dir ist rein und ursprünglich und zugleich verletzlich. Es braucht deine irdische Weisheit und Lebenserfahrung, um sich in dieser Welt gut entwickeln und behaupten zu können. Indem du deine Kraft dorthin, zurück in die Vergangenheit lenkst, aktivierst du nun die Talente und Kräfte dieses Kindes. Es lebt als innere Gestalt noch immer in dir und bildet die Brücke zu deiner Seele.

Viele Erwachsene haben den Kontakt zu ihrer Seele verloren. Es ist für euch nicht selbstverständlich, in eurer Kindheit dazu ermutigt und darin begleitet zu werden, eure eigene Seelenenergie in eure irdische Persönlichkeit eintauchen zu lassen. In eurer Geschichte lag lange Zeit ein Tabu auf der Individualität. Es waren Kräfte am Werk, die darauf ausgerichtet waren, die Individualität zu unterdrücken, sie haben sich unter anderem stark in den offiziellen Gottesdiensten manifestiert. Machthaber wollen, dass ihre Untertanen gehorchen. Darum sind sie der Individualität, der Ursprünglichkeit, dem 'Anderssein' und der freien Selbstentfaltung gegenüber abgeneigt. Es wurde durch Doktrinen darüber, wer der Mensch sei und wie er zu leben habe, sehr viel Macht auf Menschen ausgeübt. Es gibt zum Beispiel den Glaubenssatz, dass der Mensch im Wesen sündig sei und dazu neige, Schlechtes zu tun. Nur etwas von außerhalb des Menschen könne ihn von der Sünde und der Schuld retten, die ihm angeboren seien. Und das, was den Menschen retten könne, sei eine Autorität, ein Gott, der ihnen Regeln vorgibt, Regeln, die nur einige wenige Menschen kennen. Diese privilegierte Gruppe berief sich auf die Bibel oder auf Propheten und säte Angst unter den Menschen. Religion und Gewalt wurden untrennbar miteinander verbunden. Im Namen des 'Höheren' wurde viel Macht ausgeübt, sowohl auf körperlicher Ebene - durch das Verfolgen Andersdenkender - als auch auf geistiger Ebene - das Unterminieren von Selbstliebe, Eigenwert und individuellem Selbstausdruck. Diese Geschichte körperlicher und geistiger Gewalt hat in der Psyche der Menschen tiefe Spuren hinterlassen. Zur Zeit bricht Schritt für Schritt ein neues Kapitel auf der Erde an, in dem Freiheit und Individualität mehr und mehr willkommen geheißen werden. Dies öffnet langsam das Tor zur Seele. Der Grund, warum das Leben auf der Erde in vielerlei Hinsicht aus der Spur geraten ist, ist der, dass Menschen sich ihrer eigenen Natur entfremdet fühlen. Ihnen fehlt der Kontakt mit ihrer Seele und ihrer Individualität.

Ihr seid diejenigen, die eine Öffnung hin zur Sphäre der Seele erschaffen. Das tut ihr zuerst für euch selbst, auf innerer Ebene. Das macht euch zum Lichtarbeiter: Ihr erschafft einen Kanal aus Licht und Bewusstsein zwischen eurer Seele und eurer irdischen Person. Dadurch seid ihr sensibel geworden, euer Herz ist geöffnet und ihr habt gelernt, in eure Emotionen einzusinken, die Stimmen der Angst anzuerkennen und eurer Intuition zu lauschen. Eure Hingabe an diese innere Arbeit stammt nicht allein aus diesem Leben, ihr seid schon sehr lange damit befasst. In manchen Leben musstet ihr euch notgedrungen absondern und eure wahre Natur verbergen. Doch jetzt ist die Zeit gekommen, euer Licht auszustrahlen und mitten unter Menschen und in der Gesellschaft ihr selbst zu sein.

Dies ruft bei vielen von euch Angst hervor. Erinnerungen an Zeiten der Unterdrückung und Verfolgung können wach werden, wenn ihr mit eurer inneren Wahrheit nach außen tretet. Ihr erlebt möglicherweise sogar Todesangst, wenn ihr beginnt, aus dem Kontakt mit eurer Seele heraus zu sprechen und zu handeln. Und was ihr dann braucht, *ist die Kraft des Bauches.*

Die Energie in deinem Bauch ist ursprünglich sehr geerdet. Wenn du ganz mit deinem Bewusstsein in deinem Bauch anwesend bist, bist du gut geerdet. Du fühlst dich stabil, du spürst, dass du sein darfst wer du bist, du fühlst dich sicher und respektiert. Von dieser Basis aus lauschst du der Stimme deiner Seele. Es ist möglich, dass du Botschaften von deiner Seele empfängst, sie aber nicht gut in den Alltag zu integrieren weißt. Du magst Dinge fühlen und nicht wissen, was du damit tun sollst. Du magst eine starke Inspiration erleben und nicht wissen, wie du sie umsetzt. Oft ist dann dein Herz geöffnet, du bist jedoch nicht ausreichend in deinem Bauch anwesend. Das passiert bei vielen sensiblen Menschen. Es hat mit der oben genannten Geschichte zu tun, in der ihr darin entmutigt wurdet, selbst zu denken und zu entscheiden. Viele von euch haben ihre Energie aus ihrem Bauch abgezogen.

Um tiefer in den Bauchbereich einzutauchen, brauchst du die männliche Energie des Nein-Sagens und des Einstehens für dich selbst. Sie hilft dir, mit alten Traditionen zu brechen, anders zu sein und dich außerhalb vorgebahnter Pfade zu bewegen. Dies ist die höhere männliche Energie, die in deiner Seele verfügbar ist, ob du nun Mann oder Frau bist.

Diese männliche Energie kann dir helfen, tiefer in deinen Bauch einzutauchen. Dadurch, Nein zu dem zu sagen, was nicht zu dir gehört, schafft sie Raum für dein wahres, tatsächliches Selbst.

Die männliche Energie, die in der Vergangenheit mit Gewalt Autorität ausübte und Angst säte, ist eine nicht-geerdete männliche Energie. Es ist eine ausschweifende Energie, die sich entwurzelt fühlt und darum das Leben kontrollieren und beherrschen will. Doch die Herz-getragene männliche Energie bietet dir kraftvollen Schutz und bringt dich nach Hause zu dir selbst. Und wenn dieser Schutz da ist, kannst du mit deiner Seele tiefer in deinen Bauch eintauchen. Dann fühlst du dich getragen von der Erde selbst. Mit dem Kontakt zu deinem Bauch kannst du den Rhythmus spüren, der zu deinem Lebensweg passt. Wirklich intuitiv zu sein, hat viel mit dem Wahrnehmen des richtigen Rhythmus zu tun.

'Was ist jetzt gut für mich, was brauche ich wirklich?' Das kannst du nicht einfach aus deinem Herzen heraus fühlen. Es sitzt energetisch noch zu weit oben. Es bedarf einer körperlichen, fast instinktiven Abstimmung auf der Ebene deines Bauches. Du erlebst die Antwort dann als ein ruhiges inneres Wissen. Dann kannst du die Botschaften deiner Seele auf geerdete Weise empfangen und klarere Entscheidungen treffen.

Ich bitte dich zu guter Letzt, dir wieder das Kind vorzustellen, das du früher warst. Lasse es in deiner Fantasie nun in deinem Bauch anwesend sein und fühle deine Seelenenergie in diesem Kind. Erschaffe in Gedanken dann einen stabilen Lichtschild um das Kind herum. Dies schafft Raum für sie oder ihn, so dass es sich selbst inmitten der Reize und Einflüsse von außen nicht vergisst. Dieser Schild ist deine männliche Energie, die dich abschirmt und beschützt. Fühle den Schutz dieser geerdeten männlichen Energie in deinem Steiß, in deinen Beinen und deinen Füßen. Und dann auch deinen ganzen Rücken entlang und in deinen Händen. Fühle, wie das Kind sich durch diese kraftvolle Umhüllung in Sicherheit weiß und aufzustrahlen und in deinem Bauch zu spielen beginnt.

Ihr seid die Fackelträger der neuen Zeit. Schützt, ehrt und achtet euch selbst, so dass ihr das Licht eurer Seele bis zur Erde hindurchfließen lassen und die Saat eines neuen Bewusstseins säen könnt. So bringt ihr euer Lebensziel zur Erfüllung.

Kapitel 15
Alte Seelen

Ich grüße euch alle von gleichgesinntem Herzen. Ich bin Maria Magdalena. Ich bin eine von euch, wir kommen aus ein und derselben Familie. Ich bin als Schwester bei euch, als Gleiche unter Gleichen. Ich möchte euch Mut zusprechen, ich sehe, dass vielen von euch mitunter schwer zumute ist. Ihr seid voller Licht, Lebenslust, Lebensziele, Kreativität und Weisheit, aber ihr seid von der unbeugsamen, widerborstigen Realität um euch herum entmutigt. Die Gewalt, die Negativität, die Grausamkeit, die auf der Erde herrschen, hinterlassen einen tiefen Eindruck bei euch. Euch erschüttert, was Menschen einander in der täglichen Realität - im Kleinen wie im Großen - antun. Es besteht in euch ein tiefes Verlangen nach einer anderen Wirklichkeit, einer, die auf Einheit, auf den Werten des Herzens, der Gemeinsamkeit, der Bruderschaft und der Schwesternschaft gründet. Ihr sehnt euch so sehr nach der Neuen Erde, deren Verheißung irgendwo durch eure Erinnerung gleitet. Aus eurem Seelengedächtnis heraus wisst ihr, worum es geht, kennt dieses Versprechen und wollt helfen, ihm Gestalt zu geben, am liebsten sofort, hier und jetzt. Es kostet euch Anstrengung, die Trägheit, die Widerstände der irdischen Wirklichkeit hinzunehmen.

Ich möchte euch etwas mehr darüber erzählen, wer ihr als Seele seid, als Seelenfamilie von Lichtarbeitern. Ich möchte dies im Hinblick auf das Seelenalter tun. Wenn auch der Kern jeder Seele göttlich und damit ewig und unsterblich ist, gibt es daneben doch auch einen Prozess der Entwicklung, in dem ihr euch als Seele befindet. Einst habt ihr begonnen, auf der Erde zu inkarnieren, einst habt ihr überhaupt begonnen, in Lebensformen, in Körper hinein zu inkarnieren, nicht nur auf diesem Planeten, auch anderswo im Universum. Ihr durchlauft ein enormes Abenteuer, einen enormen Entwicklungsprozess. Eure Seele hat an vielen Wirklichkeiten teilgenommen, und nun ist sie hier auf der Erde und nimmt teil am Leben auf der Erde. Dieser Entwicklungsprozess beinhaltet bestimmte Phasen. Sie sind vergleichbar mit den Phasen in einem Menschenleben: Kindheit, Erwachsensein, Alter. Wenn ihr als Seele jung seid, dürstet es euch nach Erfahrungen. Ihr seid von Natur aus mehr nach außen gerichtet als nach innen. Ehe ihr beginnt, eure Erfahrungen zu reflektieren, sie zu integrieren und dadurch weiser werdet, müsst ihr erst *Erfahrungen machen*, und daher gehört es zur jungen Seele dazu, sich in viele Abenteuer zu stürzen und in vielen Bereichen voller Begeisterung und Lebenslust Erfahrungen zu machen. Und auch voller Unschuld, ebenso wie ihr es bei einem kleinen Kind seht. Zur Jugend gehören viele charmante Eigenschaften: Unbefangenheit, Enthusiasmus, Energie. Aber indem das Leben seinen Lauf nimmt und ihr älter werdet, stoßt ihr auf bestimmte Herausforderungen. Wenn ihr ins Erwachsenenalter eintretet, fokussiert ihr euch als Seele, nicht nur als Mensch, auf bestimmte Bereiche, ihr spezialisiert euch. Bestimmte Talente und Gaben kommen zur Entwicklung. Auch als Seele ist dies der Fall. Wenn ihr auch sehr viele verschiedene Leben habt, Erfahrungen macht und Dinge ausprobiert, leben doch in jeder Seele einzigartige Eigenschaften, Talente und Gaben. Im Erwachsenenalter entdeckt ihr diese und beginnt euch ihnen zu widmen. Dies geht damit einher zu lernen, mit Herausforderungen, mit Schmerz und Widerständen umzugehen.

Und dann kommt es zu einem gegebenen Moment zu einem Umbruch. Auf Seelenebene ist der Übergang vom Erwachsensein ins Alter oftmals markiert von einer Krisenerfahrung. Im menschlichen Leben kann diese in der Zeit auftreten, die Männer eine Midlife-Crisis nennen. Er kann auch früher (oder später) in eurem Leben auftreten, wenn ihr mit einem schweren, verstörenden Unglücksfall in eurem Leben, mit Krankheit, Schmerz, Tod oder Trennung konfrontiert seid. In dem Moment, wo eine Krise durchlebt wird, besteht für die Seele, für das Bewusstsein, eine Notwendigkeit, sich nach innen zu kehren, um dies zu durchleben, zu verarbeiten. Vor allem wenn ihr in Not seid, habt ihr Bedarf an Weisheit. Die Erfahrung von alten Seelen kann hier oft helfen und euch dienen. Das Alter steht in Hinblick auf die Seele als Symbol für die Phase der Weisheit. Auch bei älteren Menschen seht ihr naturgemäß eine bestimmte Weisheit in Erscheinung treten. Sie haben wiederholt Unglücke erlebt und wissen, was es bedeutet, etwas loslassen zu müssen, Abschied zu nehmen. Die Weisheit des Alters ist Jedem bekannt. Nicht umsonst werden ältere Menschen - nicht unbedingt in dieser Gesellschaft, doch in älteren Gesellschaften - als Diejenigen angesehen, zu denen man um Rat geht, um weisen Rat. Das Alter eignet sich zur Reflexion, zum Rückzug aus dem Gewühl des Lebens, zur Kontemplation und dem Aufsuchen der Stille. Es hat sich in Seelen, die viele Aspekte des Lebens erfahren haben und die nun die Dinge von allerlei Seiten betrachten können, eine Empfindsamkeit herausgebildet;

das Ungestüm und der Enthusiasmus der Jugend haben Platz gemacht für mehr Bedachtsamkeit und oft auch Sanftmütigkeit: nicht mehr so schnell zu urteilen, sondern in die Tiefe zu gehen und unter die Oberfläche zu blicken und sich einzufühlen, begreifen zu wollen.

Ich skizziere diesen Werdegang in sehr großen Schritten. Worauf ich hinweisen will, ist, dass ihr als Lichtarbeiter auf Seelenebene in der Phase des Alters angelangt seid. Ihr schließt euch nicht mehr so leicht der Welt an. Ihr erlebt einen natürlichen Abstand und auch eine Neigung, darüber nachzudenken zu wollen, wohin Dinge führen, was ihre Bedeutung und ihr Sinn ist. Sich so ohne Weiteres irgendwo hineinzustürzen und mitzumachen, ist für die ältere Seele nicht reizvoll.

Sämtliche Lichtarbeiterseelen haben Erfahrung mit tiefen Krisen, lebenserschütternden Krisen. Ich spreche von der Seelenebene, also kann die Krise auch in einem anderen Leben oder in eurer frühen Kindheit stattgefunden haben. Von Kindheit, Erwachsensein und Alter zu sprechen, ist eine Bildersprache, eine Metapher. Viele von euch werden alt geboren. Ihr tragt aus all den Leben vor diesem, in denen ihr neben Glück, Wohlstand und Frohsinn auch die Tiefe von Schmerz, Hass, Aussonderung und Einsamkeit gesehen habt, oft einen bestimmten Schmerz mit euch, eine bestimmte Melancholie und Schwermütigkeit. In vielen alten Seelen ist ein Kummer anwesend, nicht über etwas Besonderes, sondern eine Bürde, eine Stimmung im Hintergrund. Und gerade weil diese Bürde da ist, weil es nicht mehr selbstverständlich ist, euch in das Leben auf der Erde zu stürzen, ist dort auch Raum für eine Umkehr, und das ist es, wohin das Alter naturgemäß führt. Eine Einkehr nach innen, ein sich Öffnen zum Herzen hin. Wo die jugendliche Seele eher dazu neigt, sich von Anderen unterscheiden zu wollen und darum aus ihrer Natur heraus eher die Energien des Ego auskundschaftet, wird es in der zweiten Hälfte des Lebens allmählich natürlicher, nach der Einheit zu schauen, danach, was euch mit Anderen verbindet, was euch mit dem Leben verbindet, nach der darunterliegenden Bedeutung zu schauen, nach der Einheit, die alles trägt. Es ist ein Verlangen in Eurem Herzen, nach Hause zurückzukehren, es ist ein deutliches Heimweh. Die meisten von euch sind mit diesem Heimweh geboren, und das ist Teil eures Seelenalters. Die Schwingung auf der Erde, wie sie jetzt ist, entspricht nicht der Schwingung, die in eurem Herzen lebt und zu der es euch hinzieht, in die ihr zurück wollt. Dies ist eine schmerzhafte Tatsache, aber es liegt auch ein Versprechen in ihr. Denn ihr seid Diejenigen, die die Brücke zur Neuen Erde bilden, die in dieser Wirklichkeit die Vorläufer einer Herz-getragenen Schwingung sind. Und diese Brücke bildet ihr in äußerster Sanftmut: dadurch, ruhig euer Licht scheinen zu lassen, nicht mehr mit dieser Wirklichkeit zu kämpfen, was ihr früher oft getan habt, sondern wirklich den Pfad des Weisen zu wählen.

Was ist dies nun für ein Pfad, wo führt er hin? Der erste Schritt, den ihr auf ihm macht, ist zu erkennen und zu begreifen, wer ihr seid. Würdigt euch selbst. Seht, dass ihr in Hinsicht auf euer Seelenalter Ältere seid. Erkennt eure eigene Weisheit an. Wir haben heute bereits über Hochsensibilität gesprochen und über die Fallstricke, die sie in sich birgt: das Mitschleppen von Problemen oder Emotionen anderer Leute. Aber erkennt auch ganz deutlich die Gabe, das Talent darin. Leben für Leben habt ihr bis in die Tiefen hinein menschliche Emotionen erfahren und wahrgenommen. Seht den Reichtum in eurer Seele, zu dem dies geführt hat. Dadurch könnt ihr so leicht Emotionen in Anderen lesen und begreifen: Weil ihr diesen Reichtum zusammengetragen habt. Eure Hochsensibilität ist ein Zeichen der Entwicklung, der Seelenentwicklung. Erkennt das an! Schätzt euch selbst wert. Noch allzu oft seht ihr euch selbst als Versager, um es einmal etwas derb zu sagen. Ihr wertschätzt euch selbst nicht genügend. Die Tiefe, die in eurer Seele lebt und die bewirkt, dass ihr auch Schmerz und Empfindsamkeit intensiv erfahren könnt, ist ein Zeichen des Erwachsenseins, der Reife in eurer Seele. Und wenn ihr diese Reife wirklich würdigt, werdet ihr besser für euch selbst sorgen, ihr beginnt zu erkennen, dass bestimmte Dinge, die andere Menschen vielleicht sehr unterhaltend und spannend finden, für euch nichts sind, dass ihr ein Bedürfnis nach Stille habt, danach, euch zurückzuziehen, danach, euer Zentrum zu finden, und dass das kein Zeichen der Schwäche ist, sondern von einem Bedürfnis, das zu eurer Entwicklung passt.

Nun weiß ich, dass, sobald ich darüber spreche euch selbst wertzuschätzen, das Wort ‚Ego' um die Ecke schaut. „Denn", sagt ihr „jeder ist doch dasselbe und gleich? Wir sind doch nicht besser als Andere?" Nein, natürlich nicht, ein Kind ist auch nicht besser oder schlechter als ein Erwachsener oder ein Älterer und anders herum. Jede Lebensphase hat ihre eigene Kraft, ihren Wert und Charme. Und alle Seelen gehen durch alle Phasen hindurch. Aber auf dem Gebiet der Bewusstseins-Entwicklung seid ihr schlichtweg Senioren. Nehmt das für euch an. Dadurch, euch eurer inneren Kraft, eurer Weisheit, eurer Lehrerschaft bewusst zu sein, zieht ihr viel weniger die disharmonischen Schwingungen um euch herum an. Ihr realisiert, dass das zu dieser Wirklichkeit dazugehört, die alle Lebensabschnitte und Altersstufen umfasst. Ihr werdet stärker in und mit euch selbst, es interessiert euch weniger, was sich in dieser Welt ereignet oder nicht ereignet oder ob Menschen euch gut oder gar nicht begreifen. Schätzt euch selbst. Wagt es, groß zu sein, wagt es, anders zu sein, nicht mitzulaufen, abzuweichen. Das gehört zu eurem Weg dazu.

Ich bitte euch, in euch das Bild von einem alten weisen Mann oder einer alten weisen Frau aufzurufen. Lasst diese Person lediglich vor eurem inneren Auge erscheinen. Es ist die Gestalt der Weisheit in euch selbst. Tief in den Augen der Person ist sichtbar: Er oder sie hat viel gesehen und erfahren. Und es lebt auch Vitalität in diesen Augen, Humor und Gelassenheit. Das Alter kann voller Freude und Vergnügen sein, einfach weil ihr gelassener auf die Welt um euch herum reagiert - und das ist genau, was die Welt braucht. Die Ablösung, das Betrachten der Dinge aus einer weiseren Perspektive, das weniger schnelle Urteilen. Diese Freude und Unabhängigkeit könnt ihr auf der Erde erleben. Nehmt die Energie aus dem Bild, das ihr seht, in euch auf.

Einige von euch befinden sich noch in einem Konflikt mit der Welt. Es empört oder ärgert euch, dass so viel Schmerz und Leid in dieser Welt ist, so viel Hässlichkeit und Unrecht. Wenn ihr euch als alte Seelen dort hinein vertieft, fühlt ihr nicht nur Kampflust und Zorn, sondern auch einen tiefen, schweren Kummer, weil es euch als gefühlige Menschen so enorm erschüttert, weil ihr alle Nuancen des Schmerzes und Kummers in Anderen so intensiv, sogar körperlich spürt. Solange ihr Erwartungen darüber hegt, wie die Welt sich verändern soll oder muss, macht ihr euch abhängig von etwas außerhalb eurer selbst. Tut das nicht! Macht euch die Weisheit des Alters zu eigen. Schaut mit milden Augen auf die Welt um euch herum. Leidet nicht mit allem mit. Eure Anwesenheit nützt der Welt nicht indem ihr kämpft und gegen Unrecht streitet, sondern indem ihr in eurem Wesen eine Weisheit und eine Schwingung verkörpert, die den Weg in die Zukunft weist, zu einer Neuen Erde hin und in eine andere Wirklichkeit. Je losgelöster ihr von dieser Welt seid, desto sauberer verbreitet ihr diese Schwingung. Das verursacht Veränderungen in dieser

Welt, in Menschen, aber ihr könnt nicht vorhersagen, wie. Ihr könnt es nicht greifen, nicht kontrollieren, es ist nicht wie ein Projekt, auf das ihr euch stürzt. Ihr lasst es los, ihr lasst diese Welt los und doch seid ihr ganz und gar hier.

Es ist heute mein Wunsch, euch deutlich nahezubringen, wie wundervoll ihr seid, wie viel Kraft und Weisheit und Tiefe ihr über so viele Leben hindurch in eurem Wesen versammelt habt. Seid stolz darauf, wer ihr seid, seid im Frieden mit euch selbst. Und wenn auch die Ängste, die Emotionen da sein mögen, erkennt dennoch gleichzeitig eure eigene Statur und Größe, eure Kraft und Wertigkeit. Ihr seid in dieser Phase eurer Seelenentwicklung dabei, *ein Lehrer* zu werden. Nicht so einer, der predigt und drückt und zieht, sondern einer, der zeigt, worum es bei der Energie des Herzens geht. Einfach dadurch, ihr selbst zu sein. Habt Respekt davor, wer ihr seid.

Kapitel 16
Deinen eigenen Kanal öffnen

Ich bin Maria Magdalena, eine Freundin und euch Nahestehende. Maria Magdalena wurde ich auf der Erde genannt. Dieser Name spiegelt einen Teil von mir wider, einen Aspekt meiner Seele. Ich lebe nun aus meiner ganzen Seele heraus und habe auch Kontakt zu anderen Anteilen in mir. Und als Seele wiederum bin ich Teil von einem noch größeren Feld, einem Netzwerk von gleichgesinnten Seelen, das ihr meine Seelenfamilie nennen könntet. Ich bin nun hier, weil auch ihr mit diesem Feld verbunden seid. Wir bilden gemeinsam eine Seelenfamilie und das Bewusstsein für diese Verbindung kann euch auf eurem Weg unterstützen. Nichts ist schöner als euch von einem Anderen erkannt zu fühlen und euch von Seele zu Seele verbunden zu wissen. Das ist wie ein Nachhause-Kommen nach einer langen Reise voller Entbehrungen.

Empfangt durch mich die Energie von Zuhause. Fühlt die Energie eurer Seelenfamilie, hier auf der Erde und auf der anderen Seite. Wir sind bei euch. Vieles ist auf der Erde dabei, sich zu verändern; immer mehr Menschen sehnen sich nach etwas, das ihnen nicht durch materiellen Überfluss oder einen sozialen Status gegeben werden kann. Immer mehr Menschen erleben, dass dies ihnen nicht die Erfüllung bringt, nach der sie suchen. Was einen Menschen wirklich erfüllt, ist, kurz gesagt, *Liebe*: Liebe für sich selbst und liebevoller Kontakt mit anderen Menschen. Zur Liebe gehören Kontakt und Verbindung. Ein Mangel an *Kontakt und Verbindung* führt zu einer inneren Leere, die als schmerzvoll erfahren wird. Bemühungen, die Leere mit Besitz, Erfolg oder einem Status zu füllen, werden den Schmerz nicht fortnehmen, weil diese Dinge Kontakt und Verbindung einfach nicht ersetzen können.

Ich sprach bereits über die Freude des Nachhause-Kommens zu Gleichgesinnten. Ihr sehnt euch nach der *Energie von Zuhause*. Hierzu könnt ihr Zugang bekommen, indem ihr eine gehaltvollere Verbindung mit eurer Seele herstellt. Es gibt jedem irdischen Menschen ein tiefes Gefühl der Erfüllung, in Kontakt mit ihrer oder seiner Seele zu stehen. Das Heimweh, das Einige von euch nach diesen nicht-irdischen Licht-Sphären fühlen, ist oft ein Bedürfnis nach Kontakt mit euch selbst, Kontakt mit eurem Kern, eurer Seele. Sobald ihr in euch selbst nach Hause kommt, wird es selbstverständlich und natürlich, euch im größeren Ganzen aufgenommen zu fühlen.

Fühle nun einmal für dich selbst, wo du in Bezug auf deine Seele und das Feld der Verbindungen stehst, dessen Teil du bist. Stelle dir ein strahlendes Licht vor, das wie eine Sonne auf dich scheint. Die Strahlen dieser Sonne erwärmen dein Herz und deinen ganzen Körper. Es ist die Energie von Zuhause, die du fühlst und die dich ruft. Sie macht dich glücklich und unbekümmert. Lasse dich auf dieses Strahlen ein... lasse dich von diesem Licht wärmen. Du bist hier auf der Erde, um dich an dieses Licht zu erinnern, so dass es wach wird in deinem Geist und in deinem Körper, so dass es keimt in deinem irdischen Leben und auf diese Weise die Erde und alles, was auf ihr lebt, berührt.

Stelle dir vor, dass du unter einer Licht-Dusche stehst. Das Licht berührt erst deinen Scheitel oben auf deinem Kopf. Von dort aus fließt es über und durch deinen Kopf zu deinen Schultern und deinem Hals hin. Siehe das einfach geschehen. Fühle es von deinem Hals aus hin zu deinem Herzen strömen, durch deine Brust hindurch zu deinem Magen. Dann durch deinen Bauch hindurch, ganz bis zu deinem Steiß. Lasse es weiterströmen zu deinen Beinen, erst durch deine Oberschenkel und dann lasse es in deinen Knien kreisen. Von dort aus strömt das Licht langsam und beständig zu deinen Füßen. Durch deine Füße hindurch erreicht dieser Strom die Erde, und spüre, wie du Kontakt mit der Seele der Erde knüpfst. Sie heißt dich willkommen.

Auf diese Weise bildest du eine Brücke, einen Kanal zwischen Himmel und Erde. Schaue dir deinen Kanal einmal ganz genau an. Gibt es dort Flecken in deinem Körper oder in deiner Aura, wo die Strömung blockiert? Fühlst du, dass dort etwas stockt oder siehst du eine weniger helle Farbe an diesem Fleck? Es können Teile sein, die deinem Seelenlicht Widerstand bieten, weil sie es als nicht sicher erleben. Schaue es mit einem milden Blick an. Stelle dir vor, dass deine Augen sanft und liebevoll werden, wenn du diese Anteile anschaust. Schon allein das besänftigt den Widerstand.

Nun frage ich dich, ob dasjenige, das sich gegen dein Licht sträubt, sich in Form eines Bildes zeigen möchte. *'Lasse mich sehen, wer oder was du bist.'* Frage es ganz offen und neutral. Erzwinge es nicht und heiße alles willkommen, das erscheint. Ein Bild, ein Gefühl, eine Erinnerung, eine Farbe, es ist alles gut wie es ist. Fühle einmal, welche Emotion in dem, was da erscheint, heraufkommt. Warum widersetzt dieser Teil von dir sich dem Seelenlicht? Er hat einen Grund dafür. Gehe davon aus, dass dieser Teil offen ist für deine positive Aufmerksamkeit und dein lauschendes Ohr, denn ebenso wie alles was lebt, sucht es nach Kontakt und Verbindung. Es will wieder Freude erfahren und zu dir nach Hause kommen.

Rufe diesen ängstlichen, wütenden oder traurigen Teil von dir an; zeige ihm, dass deine Hände und dein Herz offen sind. Schaue, ob es näher kommt. Vielleicht erscheint es nun als ein Kind oder als ein Tier oder als ein Monster. Es ist alles gut so. Die Erscheinungsform drückt eine Emotion und damit eine Botschaft aus. Es ist auch hilfreich, zu fühlen, wo in deinem Körper du deinem eigenen Licht Widerstand entgegensetzt. Widerstand kann sich als ein körperliches Leiden manifestieren. Wie unangenehm oder widerwärtig dieses Symptom auch ist, wehre dich nicht dagegen. Seufze tief auf, und mit diesem Seufzer lässt du es bestehen, lässt du es da sein. Du versuchst diesen widerspenstigen Teil nicht zu verändern. Das ist Liebe. Du empfängst diesen Teil von dir und urteilst nicht. Du umgibst ihn einfach mit deinem Bewusstsein. Es scheint als wenn du dann nichts tust, aber du tust sehr viel.

Wenn du so den dunkelsten Teil in dir sich offenbaren lässt, entsteht in deiner Seele eine Bewegung, eine Veränderung und Dynamik. Diese Bewegung kannst du nicht kontrollieren oder beherrschen. Eine größere Kraft wird wach, die deinen persönlichen Willen und deinen argumentierenden Verstand überragt. Vertraue darauf. Lasse es geschehen. Vertraue auf die natürliche Tendenz von Allem was ist, nach 'Hause' zurückzukehren, hin zur Liebe und Freude. Auch in den winzigsten Teilen des Universums, in Allem was lebt, steckt dieser Drang. Du musst diesen Drang in dem dunklen Teil von dir nicht erzeugen. Der Grund, warum es noch nicht zuhause ist, ist, dass du dich, ohne es zu wissen, gegen es wehrst. Du vertraust ihm nicht. Du hast dich vom lebendigen Kontakt mit der Strömung der Güte und Liebe in der gesamten Schöpfung entfernt und kannst dir nicht vorstellen, dass diese auch für dich ist.

Darum bedeutet Ja-sagen zu dem dunklen Stück in dir selbst sehr viel. Du behandelst es dann mit Achtung, mit Respekt. Du versuchst es nicht mehr zu überwältigen oder zu vernichten. Diese Haltung unterscheidet sich dramatisch von dem, was du gewohnt bist. Gewöhnlich bist du in einen Konflikt mit dir selbst verwickelt und unterteilst dich selbst in einen Teil, den du gutheißt, und einen Teil, den du ablehnst. Es ist diese Trennung selbst, die das Problem bildet.

Arbeite mit den dunklen Teilen in dir selbst zusammen. Heiße sie willkommen. Deine Seele hat Gaben und Kräfte in sich, die dich nach Hause zu deinem ursprünglichen Licht bringen. Vertraue auf das Größere in dir selbst und realisiere, dass du außerdem integriert bist in ein Netzwerk von gleichgesinnten Seelen, die deine Familie sind. Auch ihre Kraft fließt dir zu, so wie deine Kraft auch zu ihnen hinfließt. Glaube an die Einbettung, in der du getragen wirst.

Kapitel 17
Der Kern aller Heilung

Nehmt mich mit euren Herzen wahr. Ich wurde in einem meiner Leben auf der Erde Maria Magdalena genannt. Ich habe auf der Erde gelebt, mit Kummer, Genuss, mit Angst und auch mit Kühnheit. Ich habe die Reise durch die menschliche Erfahrung hindurch gemacht, ebenso wie ihr. Das Charakteristische des Heiligen ist nicht, dass er oder sie über alle menschlichen Emotionen erhaben ist. Die Besonderheit des Heiligen ist einfach, dass er oder sie Alles anerkennt, alle Kerben und Spuren im menschlichen Angesicht begreift und sie innerlich nachempfinden, nachvollziehen kann. Ein solch tiefes Verständnis für den menschlichen Weg auf der Erde zu haben, dass kein Platz mehr bleibt für Urteile, dass einfach nur noch Raum ist, Stille, ein tiefes Verstehen des Anderen. Was geschieht, wenn ein Mensch so tief von einem anderen Menschen verstanden wird, ist, dass es ihn oder sie von alten Lasten erlöst. Denn derjenige, der ihn oder sie so anschaut, sich ihm oder ihr so zuwendet, sieht den Kern dieses Menschen. Den Kern unendlicher Schönheit, Tiefe und Weisheit.

Ihr seid Menschen, die in die Tiefe blicken wollen, die immer tiefer graben wollen, bis sie zum Kern gelangen. Das ist eure große Kraft. Ihr alle seid auf dem Weg in den Raum, den Ihr zuerst euch selbst gebt und in dem dann auch Platz für alle Anderen entsteht, weil ihr nicht mehr urteilt, nicht mehr unterscheiden müsst in gut und schlecht, hell und dunkel. Dieser Raum, über den ich hier spreche, ist die Christusenergie, das Christusfeld. Alle Träger dieser Energie bezeugen das, doch wie macht ihr das? Worte werden dem niemals gerecht. Wie nennt ihr dieses tiefe Verstehen, diesen stillen Raum, der dennoch nicht leer ist, sondern voller Gefühl. Worte werden dem einfach nicht gerecht. Die enorme Bedeutung dieses großen stillen Raumes habe ich in der Anwesenheit Jeshuas gefühlt; er berührte mich tief. Ich wurde durch diese Energie, durch seine Gegenwart, geöffnet. Ich entdeckte diesen Raum in mir selbst und begann ganz allmählich, ihn zu bewohnen, mich darin zuhause zu fühlen. Dadurch konnte ich mehr und mehr Abstand zu den heftigen menschlichen Emotionen schaffen, die in mir wühlten; Angst, Entsetzen, Schmerz und auch Wut und Hass. Es ist leicht, sich selbst in diesen emotionalen Energien zu verlieren. Es ist deine Aufgabe als Mensch, in dir Raum zu erschaffen, und nur du selbst kannst das tun. Ein Anderer kann dich durch ihre oder seine Anwesenheit einladen, dir einen Spiegel vorhalten und dir zeigen, wie es gehen kann, wie du von diesem Raum aus mit dir selbst leben kannst. Das ist die Aufgabe oder die innere Mission eines Lichtarbeiters: den Raum in der Gegenwart Anderer aufrecht zu erhalten und zwar zuerst und vor allem in Anwesenheit deiner selbst.

Lasst uns das einmal üben. Fühle, dass dein Bewusstsein leicht und sanft wird, ein wenig wogend und plätschernd, nicht fordernd, sondern offen. Und dass diese sanfte Strömung deines Bewusstseins durch dich hindurch kreist. Durch deinen Kopf, wo er die Schärfe deiner Gedanken fortnimmt und sie sanft und freundlich, gemütlich werden. Oft entsteht diese Schärfe in deinen Gedanken durch den Schmerz, den du fühlst und auf den du glaubst, reagieren zu müssen, indem du etwas fortbeißt und in die Verteidigung gehst. Lasse das einmal. Gönne dir dieses besonnene, sanfte Strömen deines wahren Bewusstseins. Lasse es hinunterfließen durch deinen Hals, durch dein Herz, durch deine Schultern und durch dein Zwerchfell und deinen Magen. Du könntest dir einen plätschernden Bach denken, der ganz natürlich seinen Weg findet. Schenke dem Bereich deines Bauches und deines Beckens besondere Aufmerksamkeit, lasse dort das Wasser fließen und dich auf sanfte Weise reinigen. Alles was scharf ist, wird durch die Strömung eliminiert. Lasse die Energie einmal in deine Beine strömen, deine Oberschenkel, deine Knie und deine Unterschenkel. Siehe, wie das Wasser durch deine Füße strömt, zwischen all deinen Zehen hindurch in den Boden hinein und nimm wahr, wie es deinen Wurzeln mit der Erde Nahrung und Kraft gibt. Fühle, wie die Erde dir Halt gibt, den Boden unter deinen Füßen. Komm ganz in dir selbst nach Hause. Siehe einmal, wie deine eigene Aura um dich herum dich tragen möchte. Dein Energiefeld ist eine natürliche Erweiterung und Ausdehnung deines physischen Seins. Wo hört es für dich auf, was empfindest du als gute Begrenzung? Lasse dein Feld sich in Ruhe ausdehnen, du störst damit niemanden. Dein Raum gibt einem Anderen ebenfalls Raum. Fühle dich frei und ruhe aus in dir selbst. Sinke tiefer in deinen Bauch hinein und lasse deine Atmung dorthin folgen. Und fühle einmal, wie du in diesem Zustand innerlich ruhig, gelassen, sanft und friedlich und zugleich klar begrenzt bist. Spüre die Sicherheit, die dir das gibt. Du behältst deine Aura bei, du nimmst den Raum ein, der dir entspricht, und zugleich fühlst du dich innerlich sanft und offen.

Von diesem Bewusstseinszustand aus möchte ich dich einladen, dir anzuschauen, wie du deine männliche und deine weibliche Energie im täglichen Leben in Bezug auf die Welt einsetzt. Ihr neigt dazu, diese Energien getrennt voneinander anzuwenden, auf eine Weise, in der sie ungenügend aufeinander abgestimmt sind. Die sanfte Energie, die ich gerade benannte, ist eure weibliche Seite. Sie ist einfühlend, kann sehr tief nachempfinden und begreifen. Wenn ihr sie jedoch in der Verbindung zu einem anderen Menschen einsetzt, geht ihr aus euch selbst heraus. Ihr springt dann teilweise aus eurer eigenen Aura oder eurem eigenen Energiefeld heraus und taucht in das des Anderen ein. Sieh einmal, ob du dies bei dir selbst wiedererkennst, und spüre auch nach, was energetisch dann mit dir passiert. Deine Energie schießt empor, du verlierst die Ruhe, die Verankerung in deiner eigenen Basis, in deinem Bauch. Nun gehe ich zur männlichen Energie über. Es kommt also ein Moment, wo es dir zu viel wird, denn das Fortgehen von dir selbst, dich mit einem Anderen zu verbinden und dabei deine eigene Basis zu verlassen, laugt dich aus. Es nährt dich nicht, hier läuft etwas schief. Im richtigen Moment spürst du, dass etwas wieder ‚geschlossen werden muss', dass du wieder zu dir nach Hause kommen musst. Oft ist dir das dann nur möglich, indem du deine männliche Energie auf eine solide, beinahe harte Weise einbringst und platzierst. Die männliche Energie bekommt die Form einer Rüstung oder eines Zauns, um dich selbst zu schützen, um die Strömung der verlorengehenden Energie zu stoppen. Durch Emotionen wie Unfrieden, Ärger, Enttäuschung oder Gram beginnt ihr dann, den Zaun zu ziehen. Und siehe einmal, was das in dir bewirkt, wie fühlt sich das innerlich an? Schaue es dir auf ruhige Weise und mit einer gewissen Neugierde an: „In Ordnung, was macht das mit mir? Fühlt sich das bedrückend an, fühlt sich das frei an?". Deine männliche Energie auf aggressive Weise anzuwenden, steht zu deiner natürlichen, ruhenden inneren Quelle im Widerspruch.

Dieses Schema spielt sich sehr oft in euch ab. Besonders bei Lichtarbeitern, die hochempfindsam geboren wurden, sich von Natur aus sehr leicht in Andere einfühlen und aufgrund ihrer Rolle als Bewusstseins-Pioniere dazu neigen, in der Hoffnung auf eine Resonanz, auf Zustimmung von Anderen, zu viel von sich zu geben. Wenn das ausbleibt - was in all euren Leben geschah und noch immer geschieht - dann führt das innerlich zu Schmerz, Enttäuschung, Frustration, Ärger und Einsamkeit. In der Folge setzt ihr dann oftmals die männliche Energie ein, um euch zu verschließen, und diese Form des Verschließens ist beklemmend und macht euch noch einsamer. Was dann stattfindet, ist nicht das freie Erweitern eures eigenen Raumes, ein natürliches Begrenzen, sondern eher ein Versperren eurer selbst oder sogar ein Aufgeben.

Ich möchte euch einladen, eure männliche und weibliche Energie auf eine andere Weise einzusetzen. Ihr habt es vorhin bereits gefühlt: es ist möglich, ganz und gar zuhause in euch selbst verankert zu sein. Nehmt das wieder wahr. Sinkt wieder hinab. Es ist möglich, da zu sein und zu bleiben, auch im Kontakt mit Anderen. Das bedeutet, dass ihr sehr viel loslasst, dass ihr es loslasst, euren Nächsten zu sehr helfen und sie verändern zu wollen. Dass ihr euch also auch eurem Bedürfnis nach Kontrolle oder nach Anerkennung stellt und euch selbst nicht mehr im Stich lasst, um euch außerhalb eurer selbst eure Daseinsberechtigung zu verdienen. Denn das ist es, was ihr oft bezweckt, wenn ihr euch über die Maße mit dem Anderen verbinden wollt. Ihr wollt eure Daseinsberechtigung - dass ihr hier sein dürft, so wie ihr seid - in den Augen eines Anderen bestätigt sehen. Das ist das Verlangen eines Kindes. Ein Kind darf dieses Verlangen haben, es gehört zum Kindsein dazu. Aber spirituelle Reife und das Erwachsen-Werden beinhaltet, dass ihr euch eures eigenes inneren Kindes annehmt, dass ihr selbst ihn oder sie bestätigt, immer aufs Neue und wirklich auf die Bedürfnisse und Impulse dieses Kindes hört.

Schließe nun einmal bewusst dein Energiefeld. Sei ganz und gar in dir selbst anwesend. Fühle dein inneres Kind in deinem Bauch sitzen. Atme sanft dort hin und spüre, wie es in deiner Aura, in deinem Raum leicht und licht wird. Dies ist ein heiliger Raum. Du hast die Fähigkeit, bis in den Kern deiner selbst zu schauen, deine eigene Schönheit, Weisheit und Liebe wertzuschätzen. Wenn etwas in diesem Leben deine Aufgabe ist, dann ist es dies: deine eigene, einzigartige Kraft, den Kristall, der du bist, ganz und gar zu sehen und zu empfangen. Und wenn dieses Bewusstsein in dir entflammt ist, breitet es sich ganz von selbst auch auf Andere aus. Das ist nichts, wofür ihr arbeiten oder euch einsetzen oder kämpfen müsst. Es ist schlicht die Kunst, tief in eurem eigenen Wesen verankert zu bleiben. Dann finden die männliche und weibliche Energie in dir ganz von selbst ins richtige Gleichgewicht. Die männliche Energie bringt dich zu dir selbst zurück, hilft dir, dich abzugrenzen oder zu unterscheiden, wann immer das erforderlich ist. Die weibliche Energie ist deine Sanftheit, dein Vermögen, zu verbinden, zu begreifen, zu ergründen. Beide wirken zusammen als ein Ganzes.

Der Kern aller Heilung und Selbstheilung ist die Rückkehr zu dir selbst. Dein eigenes Ich umarmen, deine Grenzen bewusst zu handhaben und zugleich innerlich sanft und offen zu sein. Nicht zu viel geben, nicht dich selbst verlassen, dich umarmen lassen vom tiefen, urteilsfreien Raum in deinem Bauch. In dir selbst ruhend, umgeben vom Christusfeld, kannst du, einfach durch das, was du ausstrahlst, für Andere von großer Bedeutung sein. Entspanne dich. Traue dich, ganz und gar zu sein wer du bist.

Kapitel 18
Das Tor

Ich bin Maria Magdalena. Ihr kennt mich, mein Wesen; mein Gesicht ist Teil eurer Geschichte geworden und wurde darin entstellt, verzerrt. Doch ihr kennt meinen Ursprung, denn wir leben nah beieinander, im Bereich des Herzens, in der Wohnung der Seele. Ihr seid von derselben Sehnsucht ergriffen wie auch ich sie zu meiner Lebenszeit auf der Erde hatte. Ein Verlangen nach Wahrheit, nach Wirklichkeit, nach der Essenz. Es geht für euch darum, aus der Seele, der Leidenschaft, dem Kern heraus zu leben.

Und so zu leben tut mitunter weh, es bringt euch zu den dunkelsten Teilen in euch selbst, denn um aus eurem Kern heraus zu leben, muss alles angesehen werden. Auf alles muss Licht scheinen dürfen, so dass ihr *zu einem Stück werdet*, zu einem Ganzen in euch selbst.

Viele Menschen sind in einen inneren Konflikt mit sich selbst verwickelt; das ist schmerzhaft anzusehen. Oft leben Menschen aus Ideal-Vorstellungen heraus, aus Bildern davon, wie ihr als erfolgreicher Mensch sein solltet, der geliebt und von der Welt anerkannt wird. Ehe ihr euch verseht, geratet ihr in den Mahlstrom dieses Druckes, euch anzupassen und in den Augen der Welt erfolgreich und gut zu sein.

Dies entfernt euch vom Kern dessen, wer ihr seid, ihr verliert euch dadurch. Und da ist immer eine Stimme, die euch sagt: 'Geh nach innen, entdecke wer du bist.' Im freien Raum des Nicht-Urteilens könnt ihr entdecken, wer ihr seid, die hellen und die dunklen Anteile, eure Gefühle, Emotionen und Reaktionen. Das ist Liebe: Euch selbst in diesem freien Raum sein zu lassen und euch anzusehen, was ist.

Doch dann kommt wieder diese Stimme von außen, allzu oft die Stimme der Angst, die sagt: „Sei gut, passe dich an, sei gehorsam, wirke auf die Menschen nicht unnormal oder seltsam", und dann verliert ihr wieder den Dialog mit euch selbst in jenem freien Raum. Ihr zwingt euch selbst Zwangsjacken auf, ihr urteilt gemäß der Maßstäbe der Außenwelt, der Gesellschaft, und ihr peinigt euch selbst. So werdet ihr hin und her gezogen zwischen dem Ruf der Welt, der so oft die Stimme der Angst ist und dem Ruf der Seele, der euch nach innen führen will, zum Kern dessen, wer ihr seid.

Wie ist nun umzugehen mit diesem Konflikt zwischen Innen und Außen, zwischen dem Kern und der Peripherie? Horche auf die Stimme deines Herzens. Entscheide, entscheide dich für dich selbst, entscheide dich für den Weg, den du in diesem Leben gehen willst. Entscheide mit all deiner Kraft, bedingungslos. Wage den Sprung in die Tiefe, denn in diesem freien Raum, in dem wahre Liebe herrscht, gibt es auch eine Bodenlosigkeit; es kann sich anfühlen wie ein Sprung in den Abgrund. Du wirst nicht mehr von Zustimmung, Komplimenten, Anerkennung durch Andere aufgefangen, du stehst allein davor.

Nimm den immensen Raum einmal wahr, den es im Innersten deines Herzens gibt. Dort gibt es kein Urteilen, keine Bilder davon, wie es sein sollte, keine Idealbilder. Allein das Sein ist dort anwesend, das pure Sein. Kannst du so viel Freiheit vertragen? Oder möchtest du an der Leine der Normen und Werte laufen, die euch von außen gegeben werden? Kannst du den Sprung ins Tiefe machen? Kannst du leben?

Das Leben ist mitunter beängstigend, aber Nicht-Leben ist viel schlimmer. Du wirst dann zum Sklaven äußerer Impulse, du verlierst dich selbst und fühlst dich nicht mehr glücklich. Wahre Zufriedenheit im Leben zu finden, ist allein aus dem Horchen auf die Strömung deines Herzens möglich. Dein Herzschlag ist im Universum einzigartig, du allein kennst den Weg.

Manchmal, wenn ihr den Weg verloren habt, braucht ihr eine dunkle Nacht, eine Nacht der Seele, um euch zu euch selbst zurückzubringen, um euch wieder daran zu erinnern, wer ihr im Kern tatsächlich seid. Alle äußeren Sicherheiten fallen dann weg, und sofern ihr bislang nach äußeren Normen und Idealen gelebt habt, habt ihr nun das Gefühl, alles zu verlieren, in eine tiefe und dunkle Schwärze zu fallen. Dies fühlt sich sehr unangenehm und konfrontierend an.

Es wird 'die Nacht der Seele' genannt, doch es ist ein Durchgang, ein Korridor. Du wirst zu einem Tor geführt, das dir einen Ausblick auf etwas Anderes bietet, etwas, das du mit dem angepassten Verstand, der konditioniert ist durch Ängste und alte Vorstellungen, nicht erfassen kannst.

Stelle dir einmal vor, dass du dich in solch einem dunklen Tunnel befindest. Du kannst selbst die Wände des Tunnels nicht sehen. Du fühlst dich umgeben vom Nichts... Im Wesentlichen ist das Nichts nicht schlecht oder böse, es ist absolute Offenheit, erwartungslos, hat kein Urteil. Dennoch jagt das Nichts euch eine Angst ein, als wenn es euch vernichten möchte. Es vernichtet allerdings nur alte Identitäten, von denen ihr denkt, dass ihr sie wäret. Wer ihr wirklich seid, das kann nicht vernichtet werden, das kann nicht verschwinden. Es ist ewig und ebenso unendlich wie der Raum in eurem Herzen, über den ich sprach. Dieser Raum ist immer da.

Stelle dir vor, dass du das Nichts akzeptierst, den Mangel an Sicherheiten. Nimm darin auch deine Kraft, deine Unabhängigkeit, dein Ungebundensein an diese Welt wahr. In den tiefsten Tiefen deines Wesens bist du frei!

Stelle dir nun vor, dass du bei einem Tor ankommst: Von diesem Tunnel aus, in dem du von Nichts und von Dunkelheit umgeben bist, siehst du im gegebenen Moment ein Tor vor dir auftauchen. Und schaue einmal, was dieses Bild mit dir macht: Erschreckt es dich oder möchtest du dorthin? Sind die Torflügel geschlossen und schwer oder steht ein Flügel einen Spalt weit offen und scheint da ein wenig Licht durch ihn heraus? Nimm es einfach nur wahr, du musst nichts tun...

Stelle dir vor, dass du nun vor diesem Tor stehst und deine Hand daran legst. Und lasse die Energie durch dich hindurch strömen, dieses Tor ist die Schwelle, hinter der das Neue liegt, das, was deine Seele dir zeigen möchte, wenn du bereit dafür bist. Indem du mit deiner Hand den Kontakt mit diesem Tor aufnimmst, lernst du dieses Neue kennen. Das, was in einem dir angemessenen Rhythmus in dein Leben strömen möchte.

Schaue einmal, ob du sie empfangen kannst, diese Energie des Neuen, die Energie von Zuhause, deiner Seele... Lasse sie durch deine Hand nach Innen strömen, durch deinen Körper hindurch... so wie es sich richtig anfühlt, nicht zu wenig, nicht zu viel. Sie strömt um deinen Kopf, um deine Schultern, um dein Herz herum, und sie geht noch tiefer, durch deinen Magen, deinen Bauch, dein Becken, dein Steiß hindurch... und durch deine Beine hindurch bis in deine Füße...

Sei dir dessen bewusst, dass, wenn du dich in der Nacht der Seele befindest, etwas Neues auf dich wartet. Es kann allerdings nicht mit den Augen gesehen werden, die du jetzt hast. Auf der anderen Seite des Tores wirst du die Wirklichkeit mit neuen Augen anschauen, und diese neuen Augen bildest du, indem du das Alte loslässt, nicht mehr an Sicherheiten, an Überlebensmustern anhaftest, an denen du zunächst festgehalten hattest.

Wie weißt du, dass du bereit bist, das Alte loszulassen? Oft sind es Gefühle von Unfrieden und Ärger oder Schwermut und Verzweiflung, die dir deutlich machen, dass du es so nicht länger willst. Du denkst dann vielleicht: ‘Ich will nicht mehr hier auf der Erde sein, ich will nicht mehr leben‘, aber eigentlich sagst du: ‘Ich will diese alte Lebensweise nicht mehr, ich will nicht mehr auf diese Weise leben‘.

Dein Verstand allerdings, von der Vergangenheit gebildet und geformt, kann noch nicht begreifen, dass es andere Lebensweisen gibt. Darum kann die Nacht der Seele dich so tief verzweifeln lassen: Weil das Alte wegfällt und sich das Neue noch nicht ankündigt. In diesem Grenzbereich, in diesem dunklen Tunnel, da finden die bedeutsamen Entscheidungen statt. Dann dreht sich alles darum, ob du dir selbst treu bleiben kannst, ob du der Stimme von Innen weiter folgen kannst und dich nicht durch die Stimme von Außen, die Stimme der Angst, des Vertrauten, der Vergangenheit, zurückziehen lässt.

Daher bitte ich dich: Wenn nach deinem Gefühl in deinem Leben nun eine Nacht der Seele herrscht, bleibe dabei, gehe weiterhin nach innen, fühle, was dort ist. Mag da auch Angst sein, Unsicherheit, Traurigkeit, Verzweiflung wegen des Lebens hier, urteile nicht, bleibe dabei, weiche nicht zurück. Dein Licht ist stärker als all diese Gefühle, sie stellen nicht den Endpunkt dar, sondern eine Zwischenstation. Siehe die Tür in der Ferne, sie ist bereits da!

Nimm durch das Tor hindurch Kontakt mit der Energie des Neuen auf. Eines Tages gehen die Türen dieses Tores weit auf. Siehe es einmal vor dir. Vielleicht ist es nun zu viel, alles zu fühlen, aber schaue dir einmal aus einem Abstand heraus an, wie das sein wird, wenn dieses Tor sich weit öffnet und du hineinläufst. Was ist dort? Was wartet dort auf dich?

Welche Gefühle ruft es hervor?

Du musst jetzt noch nicht hineingehen, es kommt schon - alles zu seiner Zeit - aber nimm derweil bereits die Verheißung, die Schönheit des Lichtes dort, die Entrückung, die Freude, die Behaglichkeit wahr. Freue dich darauf, denn der Weg, den du gehst und der sich jetzt wie eine dunkle Nacht anfühlen mag, die dir Angst einjagt, führt dorthin!

Halte dir diese Perspektive vor Augen, und dein Weg wird dadurch leichter, lichter. Ich halte deine Hand fest, fühle meine Anwesenheit...

Jedes Mal, wenn ein Tor sich für euch öffnet, stimmt es uns glücklich und fühlen wir uns tiefer mit euch vereint. Wir sind alle miteinander verbunden, und jeder Schritt, den Jeder für sich macht, trägt etwas zum Ganzen bei.

Kapitel 19
Beziehungen auf der Basis der Seelenerkennung

Ich bin Maria Magdalena. Ich bin die Frau, die einst an Jeshuas Seite auf der Erde lebte. Ich liebte ihn, wir waren beide berührt von derselben Inspiration, einer Lichtflamme, die uns verband. Ich bin diese Maria Magdalena gewesen, aber ich bin auch mehr als sie. Sie war ein Ausdruck von mir. Die Seele geht über das Irdische, über den Körper, der männlich oder weiblich ist, hinaus. In dieser Dimension gibt es keine Zeit oder Form, hier seid ihr Teil einer Einheit, die unbeschreiblich ist und die nicht in Worte gefasst werden kann.

Ich möchte aus diesem Feld der Einheit heraus mit euch sprechen. Erinnert euch an diese Einheit. Einst wart ihr, eure Identität, noch nicht so abgegrenzt wie jetzt, ihr habt euch der Welt gegenüber, dem Ganzen gegenüber, nicht so stark als ein Ich erlebt. Ihr seid stärker mit eurer Umgebung verflossen, ihr wart weit mehr Eins mit Anderen. Es ist ein wenig so wie ein Arm Teil eures Körpers, eures ganzen Organismus ist. Der Arm ist eine Einheit für sich, aber zugleich Teil auch von einem größeren Ganzen, und er erhält seine Rolle und seine Bedeutung aus diesem Teil-des-Ganzen-Sein. Auf vergleichbare Weise seid ihr sowohl Individuum als auch wesentlicher Teil von einem größeren Verbund, und das Fühlen dieser Verbindung mit dem Ganzen erschafft ein natürliches Gefühl der Geborgenheit, während ihr eure Individualität behaltet.

Eure Verbindung mit dem Ganzen zu fühlen, ist eine weibliche Energie. Eure Individualität und Besonderheit zu erleben, euer Ich-Sein zu fühlen, ist eine männliche Energie. Beide Aspekte sind notwendig, um das Spiel der Schöpfung zu spielen. Wenn ihr ganz und gar in eurem Ich-Sein, eurer Individualität ruht, kann die Begegnung mit einem Anderen eine Quelle des Staunens, der Anziehungskraft, des Interesses sein. Dies geschieht im Spiel zwischen Männern und Frauen. Weiblichkeit und Männlichkeit bilden Gegensätze, hier begegnen sich Gegenpole. Gegenpole, die einander anziehen, einander ergänzen und auch abstoßen können. Nehmt einmal die Spannung, das Staunen und die Anziehungskraft darin wahr, das, was einen Mann für eine Frau faszinierend macht und das, was eine Frau für einen Mann faszinierend macht. Die Anziehungskraft zwischen beiden Geschlechtern kann enorme Kräfte freisetzen: Sehnsüchte, Verlangen und Gefühle, die tief berühren können. In dieser Anziehung zueinander steckt ein Verlangen nach der Verschmelzung und dem Einswerden mit dem Partner. Und doch kann das Spiel der Anziehung und Zusammenkunft schlicht nur stattfinden, wenn ihr euch deutlich voneinander unterscheidet, wenn ihr sehr verschieden seid, es also diese Gegenpole gibt. Beide Elemente sind notwendig, um eine erfüllende Beziehung zu erschaffen: Ein Gefühl der Einheit, das im Zusammensein erfahren werden kann, aber auch das Gefühl des Anders-Sein, des Frau-versus-Mann-Sein und einander in diesem Gegensatz zu begegnen und zu entdecken.

Wenn ihr innerhalb einer Beziehung lediglich das Spiel von männlich und weiblich, das Spiel der Gegenpole spielt, dann kann dies die Beziehung auf Dauer aushöhlen oder zerfressen. Es ist zwar, vor allem zu Beginn, eine starke Anziehung und Leidenschaft möglich, aber letztendlich kann das Gefühl der Einheit und Verschmelzung nur erfahren werden, wenn ihr einander zutiefst als Eins wahrnehmt und damit als etwas, das aus der Mann-Frau-Polarität herausfällt, als Seele. Wenn ihr in einer Beziehung eine Seelenbegegnung erlebt, dann bewegt sich etwas im Mann-und-Frau-Spiel mit, das die Beziehung unendlich vertieft und stärkt. Auf der einen Seite ist da die Anziehung von Mann-Frau auf körperlicher Ebene, und auch auf geistiger Ebene gibt es Gegenpole in der männlichen und der weiblichen Energie. Aber erst wenn diese Anziehung zwischen Gegensätzen durch eine Begegnung auf Seelenebene vervollständigt wird, bekommt der Tanz zwischen Mann und Frau wahre Schönheit und Freude.

Was ist diese Abstimmung auf der Seelenebene, diese Einheit, die dort erfahren werden kann? Sie ist ein Wunder. Nicht wirklich in Worte zu fassen oder zu beschreiben. Einige von euch kennen diese Erfahrung: eine mysteriöse tiefe Vertrautheit mit einem Anderen zu fühlen, die alles zu übertreffen und zu überwinden scheint. Ihr müsst nicht erst viel erklären oder darlegen, wer **ihr seid. Es ist eine selbstverständliche Verbindung, ein wenig wie ihr sie in einer Familie fühlen könnt.** Hier ist es jedoch eine Verwandtschaft, die nicht auf einer biologischen Verbindung beruht, sondern auf einem unerklärlichen inneren Band.

Auch auf der Seelenebene gibt es Familien. Es liegt weit zurück, da gab es ein Feld der Einheit, aus dem ihr geboren worden seid, aus dem ihr als Seele euch herausgetrennt habt und euch auf den Weg gemacht habt, der Reise der Inkarnation entgegen. Nicht nur auf der Erde, auch an anderen Orten im Universum. Das Universum ist reich und immens umfassend. Es gibt viel zu erleben. Fühlt seine Größe. Und ihr könnt euch sicherlich vorstellen, dass jeder von euch auf all diesen Reisen sehr verschiedene Erfahrungen gemacht hat. Dennoch kann schon früh in der Reise der Seele eine Verwandtschaft mit anderen Seelen bestehen, mit denen ihr sozusagen eine Zeit zusammen reist, mit denen ihr bestimmte Interessen teilt. Aus diesen gemeinschaftlichen Reisen in der Vergangenheit entsteht eine Art von Familienverbänden. Und dadurch geschieht es, dass ihr nun manchmal in eurem Leben jemanden erkennt, dass Ihr sozusagen in Kontakt mit der Seele einer irdischen Person kommt. Das kann euch in eurem Herzen eine enorme Freude und Ruhe schenken. Es kann euch erheben und mit Tiefen in euch selbst in Kontakt bringen, die ihr zuvor nicht kanntet.

Nun, da wir auf dem Weg zur Neuen Erde sind, nehmen Seelenbeziehungen, Beziehungen also, die auf Seelenverwandtschaft basieren, einen immer größeren Platz ein. Weit weniger wird aus eurem irdischen Hintergrund, aus eurer Biografie oder eurer Erziehung heraus bestimmt. Immer mehr Menschen öffnen ihr Herz und suchen Tiefe in ihren Beziehungen; sie wollen nicht nur das äußerliche Mann-Frau-Spiel spielen und die Verliebtheit, die Passion, die Leidenschaft fühlen, sondern darin auch ein Gefühl der Einheit erleben, das über die Gegenpole hinaus geht.

Ich bitte dich, wenn du einen Partner in deinem Leben hast, dem für dich selbst einmal nachzugehen, dir vorzustellen, dass dieser Partner vor dir steht. Und wenn du keinen Partner hast, lasse einfach irgendjemanden erscheinen. Es kann jemand sein, den du kennst, oder es kann ein erdachter Jemand sein, lasse deiner Fantasie freien Lauf. Es kann auch der innere Mann oder die innere Frau sein, der oder die deiner eigenen Seele entstammt. Stelle dir nun einmal vor, dass ihr einander gegenüber steht. Und langsam seht ihr, dass ihr eure menschliche Gestalt ein wenig loslasst, von euch abfallen lasst. Ihr seht einander von Seele zu Seele an oder ihr fühlt einander von Seele zu Seele. Schaut einmal, ob dieser Seelenkontakt da ist. Vielleicht seht ihr euch selbst als eine Lichtgestalt und den Anderen auch oder ihr seht verschiedene Farben oder es ist mehr ein Gefühl. Wie ist eure Beziehung über die Beschränkungen durch diese irdische Gestalt, die Polaritäten, die Gegenpole Mann und Frau, hinaus? Du könntest dich selbst und den Anderen auch als Engel ohne ein bestimmtes Geschlecht sehen. Schaue einmal, was dann zwischen euch strömt. Und fühle auch einmal, was die Basis eurer Beziehung ist. Was schenkt euch Freude, was schenkt der Andere dir und was gibst du ihm oder ihr?

Stelle dir nun einmal das Unendlichkeitssymbol vor; das Symbol sieht aus wie eine liegende Acht, wobei beide Hälften gleich sind. Stelle dir einmal eine Linie in der Form einer liegenden Acht vor und lasse dieses Symbol durch dich und deinen Partner laufen. Du auf der einen Seite, dein Partner auf der anderen Seite. Auf einer bestimmten Ebene seid ihr separate Wesen. Die zwei Teile der Acht sind auf einer bestimmten Ebene geschlossen. Zwei Ovale, die aneinander liegen, könnte man auch sagen. Aber auf einer tieferen Ebene ist es eine Linie, eine Energieströmung. Siehe einmal, ob du die Energie zwischen euch in der Form einer solchen liegenden Acht, dem Zeichen der Unendlichkeit, strömen fühlen kannst. Indem du dich auf diese Strömung einstimmst, kehrst du ein wenig in das Feld der Einheit zurück, aus dem du geboren bist. Du lässt in deiner Beziehung die Erinnerung daran wach werden.

Dadurch, dass du dieses Einheitsfeld in dir selbst erlebst, werden deine Beziehungen reicher und zugleich freier, denn du fühlst, dass du Teil der Einheit bist, was auch immer geschieht. Du bist nicht dazu von einem Anderen abhängig, sondern es ist besonders freudvoll und erfüllend, das Band mit dem Anderen zu fühlen, darin wieder die Einheit zu erleben, zugleich jedoch auch den Anderen als anders anzusehen. Denn dieser Andere bleibt weiterhin eine Quelle des Staunens, des Mysteriums, der Anziehungskraft. Niemals ist der Andere dir voll und ganz offenbar und bekannt, es bleibt in jedem Menschen immer etwas Neues zu entdecken. Und gerade die Kontaktaufnahme mit der tiefsten Einheit zwischen euch, öffnet Euer Auge hierfür, macht das Spiel zwischen Mann und Frau leichter und einfacher, macht es eher zu einer Entdeckungsreise als zu einem Schlachtfeld. Denn wie viel wurde gestritten und gekämpft und gelitten in den Beziehungen zwischen Männern und Frauen. So viel Unverständnis, so viel Polarisierung. Beide Geschlechter haben in der Geschichte sowohl Macht als auch Unterdrückung erfahren. Auch die weibliche Energie hatte einst Machtpositionen eingenommen. Es ist nicht so, dass der Mann schon immer in der Rolle des Täters aufgetreten und die Frau immer das

Opfer gewesen ist. Es hat Kulturen gegeben, in denen die Rollen umgekehrt waren. Dies ist etwas, was ihr tief in euch fühlen könnt. Ihr seid in vorherigen Leben sowohl Mann als auch Frau gewesen. Ihr wisst tief innerlich, wie sehr sowohl Frauen als auch Männer Machtmissbrauch betreiben können. Und in diesen Zeiten besteht ebenso in Männern wie in Frauen eine Sehnsucht, den alten Schmerz zu überwinden, wieder zueinander zu kommen, von den alten Wunden zu genesen.

Frauen sind innerlich auf dem Wege, ihre Kraft wiederzufinden, ihre männliche Energie wieder in Harmonie mit der weiblichen Seite zusammenfließen zu lassen, so dass sie mit ihren intuitiven Gaben, ihrer Lebensweisheit und ihrem Vermögen zu verbinden, selbstbewusst und kraftvoll in die Welt zu treten wagen. Und Männer sind auf dem Wege, sich wieder mit ihrem Herzen zu verbinden, ihre Gefühle zu öffnen, es wieder zu wagen, Emotionen und ihre Zuneigung und Wärme gegenüber Frauen, Kindern und Mitmenschen zu zeigen. Es bewegt sich dort viel, und all das alte Leid und das Unverständnis kann transformiert werden. Der schnellste Weg dahin ist der über das Feld der Einheit, durch das Wiedererkennen, dass, ob ihr im irdischen Leben nun Mann oder Frau seid, es eine tiefere Verbindung gibt, eine Seelenverbindung, die bewirkt, dass ihr einander wiedererkennt und Verständnis für den Weg des Anderen habt, auf eine Weise, die unbegreiflich ist, aber die durch die Tatsache erklärt werden kann, dass Ihr eine Seele seid. Ihr seid nicht nur dieser spezielle Mann oder diese spezielle Frau, sondern ein weit größeres Wesen, das allerlei Aspekte der Schöpfung erkannt und durchlebt hat.

In dieser Zeit entstehen immer mehr Beziehungen, die auf Seelenerkennung basieren. Und diese Beziehungen bieten eine Chance zu tiefer innerlicher Heilung. Das Wunderbare solcher Begegnungen zwischen Menschen, zwischen Seelen, ist, dass sie auch eine Auswirkung auf die kollektive Energie der männlichen und weiblichen Energien haben. Sobald eine Frau oder ein Mann Heilung in einer Beziehung erfährt, sich darin bis hin zur Seelenebene erfüllt fühlt, geschieht auch etwas mit der kollektiven Energie. Etwas wird geheilt, alter Schmerz wird losgelassen, es entsteht mehr Vertrauen zwischen Männern und Frauen. Je mehr einzelne Menschen dies in ihrer eigenen Beziehung realisieren können, desto mehr kommt dies auch der Menschheit als Ganzes zugute. Darum besteht für euch alle die Einladung, in eurer Beziehung Raum für die

Dimension der Seele zu schaffen. Das ändert nichts daran, dass ihr danach noch ein irdischer Mann oder eine irdische Frau seid und das Spiel miteinander spielt. Aber gerade durch die Verbindung auf Seelenebene bekommt dieses Spiel mehr Leichtigkeit, mehr Freude, mehr Glanz, und das wünsche ich euch allen von Herzen. Wir leben mit euch mit, wir sind bei euch, wir sind tief mit euch verbunden.

Kapitel 20
Drei Schritte zu einer liebevollen Beziehung

Ich bin Maria Magdalena. Einst war ich auf der Erde als Frau, die lebte und liebte und manchmal auch verzweifelte und mit sehr menschlichen Emotionen kämpfte, die ihr alle innerlich so gut kennt.

Ich bin heute hier, um für das Menschsein zu plädieren. Viele von euch sind des Menschseins müde. Es gibt in euren Herzen viele Kämpfe, Schmerzen und Ängste aus der Vergangenheit. Mitunter Müdigkeit. Und ein Widerwille dagegen, sich wirklich dafür zu öffnen, was euch das Menschsein auf der Erde geben kann. All das ist ganz verständlich, denn wenn ihr auf die Erde kommt, begegnet ihr Widerständen, die aus den Erinnerungen an vorige Leben hervorgehen und auch aus einem Heimweh nach Zuhause, dem Zuhause, das ihr in den Sphären von Harmonie und Licht kennt. Ihr alle tragt diese Erinnerung in euch. Und wenn ihr euch als herabsteigende Seele der Erde gegenüberseht, kann es euch manchmal schwer zumute sein.

Nimm nun einmal Kontakt mit dem Anteil von dir auf, der sich schwer damit tut, hier auf der Erde zu sein. Habe keine Angst davor. Dein Bewusstsein ist von der Erde. Dein Bewusstsein ist endlos, kosmisch, fühlt sich im ganzen Universum zu Hause. Es ist hier zu Besuch und wohnt zeitweilig in einem irdischen Körper. Wende dich nun dem Teil in dir zu, dem es Angst macht, hier zu sein und am Leben wirklich teilzunehmen und offen zu sein für all das, was hier auf der Erde erlebt werden kann. Lasse den Schmerz einfach einmal da sein, den Zweifel, die Einsamkeit, den Überdruss oder die Verzweiflung. Ich bitte dich, diese Verletzung anzunehmen, denn eine Wunde kann nur heilen, wenn ihr liebevolle Aufmerksamkeit zuströmt. Es gibt einen Fallstrick auf dem spirituellen Weg, den viele von euch gehen oder gehen möchten. Ihr streckt euch nach oben zum Licht hin aus, doch ehe ihr euch verseht, reißt ihr euch vom Irdischen los, während hier und jetzt eure innigste Einladung darin besteht, die Dunkelheit in euch selbst anzuschauen und Licht in sie zu senden. Das ist etwas, das einen Widerstand in euch hervorrufen kann, aber gleichzeitig ist es das, was euch die größte Erfüllung geben kann. Wenn ihr euch in eure eigene Dunkelheit, eure eigene Einsamkeit, euer eigenes Gefühl des Getrennt-Seins begebt, entdeckt ihr, wer ihr wirklich seid: ein Lichtträger, jemand, der im Dunklen das Licht entzündet. Stellt euch nun vor, dass in der Mitte eines Kreises der alte Schmerz versammelt ist, der in euren Seelen lebt. Der Schmerz kann verschiedene Erscheinungsformen haben, er kann sich als Unruhe, Hastigkeit, Schwermut, Unsicherheit oder ein Gefühl der Kontaktarmut manifestieren. Ich bitte dich nun, jeden von euch, dich hier imaginär in diesem Kreis aufzustellen, mit einer Lichtfackel in deiner Hand. Einer Fackel, die du zur Mitte hin ausstreckst, so dass dieser Schmerz angesehen werden kann und nicht im Dunklen bleiben muss. Lasse dein Licht strahlen. Du bist nicht der Schmerz. Du bist derjenige, der diesen Schmerz lindern kann, transformieren kann. Und das ist deine wahre Aufgabe und Mission hier auf der Erde. Wenn du so in deiner eigenen Dunkelheit das Licht entzündest, strahlt dieses Licht hinaus zu Anderen und ermutigt sie, dasselbe zu tun. Dann bist du ein Lichtarbeiter, es beginnt bei dir selbst. Darin liegt zutiefst die Einladung, dich deinen verletzlichsten Anteilen zuzuwenden.

Wenn du die tiefsten Wunden in den Menschen anschaust, hängen sie bei fast Jedem mit dem Mann-Sein und dem Frau-Sein zusammen, damit, darin entweder anerkannt und geliebt zu werden oder die Liebe und das Verständnis schlicht vorenthalten zu bekommen. Die ursprüngliche Bestimmung der Sexualität, der Intimität, ist Freude, und diese Begegnung ist zutiefst kostbar, ihr könnt sie sogar heilig nennen. Da wo das Männliche und das Weibliche in Offenheit und Respekt zusammenkommen, findet eine Verschmelzung von Energien statt, die buchstäblich schöpferisch ist. Es kann ein Kind daraus geboren werden, ein erstaunliches und wunderschönes und neues Menschenkind. Aber diese Zusammenkunft ist auch in einem tieferen Sinne schöpferisch. Auf Seelenebene könnt ihr auf diese Weise von der Seele eines Anderen befruchtet, berührt werden, in einer Weise, die euch intensiv bereichert und die euch mit dem Einen verbindet, ohne dass ihr eure eigene Einheit, euer Sein als Individuum verliert. Das ist die wahre Bedeutung der Begegnung zwischen Mann und Frau. Nimm die Schönheit hierin wahr und fühle, wie tief du danach verlangst, nach dem Sexuellen in diesem heiligen Sinne. Ihr alle seid als Seelen auf der Suche nach dem Einen, danach, in Euch selbst heimzukehren, heimzukehren ins Göttliche. Ihr habt dafür Namen erdacht, die natürlich nie ausreichen: Gott, das Eine, Alles das Ist, das Universum, der Kosmos. Worum es dabei geht, ist, dass ihr tief in euch selbst ein Verlangen spürt, wieder einzusinken in die bedingungslose Liebe, in die Sicherheit, darein, absolut sein und euch frei ausdrücken zu dürfen. Dieses tiefe Heimweh lebt in Jedem, und das Wunderbare in der Begegnung zwischen Mann und Frau oder zwischen zwei Liebespartnern - das können auch zwei Männer oder zwei Frauen sein - das Wunderschöne in der sexuellen Begegnung ist, dass ihr darin einen Schimmer von der Einheit spüren könnt. Über das Mensch-Sein und damit einfach über die Polarität, die Dualität von Mann und Frau, könnt ihr einen Schimmer von Zuhause, vom Paradies, empfangen und dadurch bereichert werden.

Sexualität ist dazu bestimmt, eine Quelle des Lichtes zu sein, ein zärtlicher Tanz. Doch gerade im Bereich der Sexualität ist der Mensch tief verletzt worden. Es sind zwischen beiden Geschlechtern Abstand und Feindseligkeit entstanden. Selbst innerlich, auf individueller Ebene, fühlen die Menschen sich mit den Energien des jeweils anderen Geschlechtes nicht mehr wohl. Frauen haben Schwierigkeiten damit, ihre männliche Energie, ihr Selbstbewusstsein, ihre Kraft an sich zu nehmen. Männer haben Schwierigkeiten damit, sich ihren Gefühlen, ihren Emotionen, dem Genuss und dem Verschmelzen hinzugeben. Wie ist es dazu gekommen? Es würde eine lange Erzählung werden, alle Aspekte der Evolution der männlichen und der weiblichen Energie zu beleuchten. Das Wesentliche ist, dass Gott, die Quelle, Alles das Ist, Euch Freiheit mit auf den Weg gegeben hat. Die Freiheit zu erforschen, zu experimentieren, dabei auch übers Ziel hinauszuschießen und ins Schlingern zu geraten, wenn die Energien aus der Balance geraten. Dies ist notwendig, um wirklich begreifen zu können, wer ihr seid und welche Verantwortung euch gegeben wurde. Ihr seid keine Kinder an der Hand Gottes, ihr seid Jeder selbst ein Gott, der im Werden begriffen ist, der lernen muss Verantwortung zu tragen und mit allen Elementen im Leben im Gleichgewicht zu sein. Du, Jeder von euch, ist ein Gott in der Knospe. Fühle einmal, wie zutiefst kraftvoll und autonom du bist. Du bist Eins und unteilbar. Wenngleich du untrennbar verbunden bist mit der Quelle von Allem-was-ist, bist du zugleich auch vollkommen anders, eigen, vollkommen du selbst, vollkommen einzigartig. Lasse das einmal ganz und gar auf dich wirken. Du bist Du und niemand Anderes. Und das ist ein Wunder, ein Mysterium. Das ist es, was es bedeutet, eine Seele zu sein, unteilbar und einmalig. Das bedeutet es, ein Gott zu sein, ein Schöpfer, frei, autonom, unabhängig.

Kannst du das in seinem vollen Umfang ertragen? Das ist die Frage. Ein Teil von dir will das nicht tragen. Das ist dein Schatten. Dieser Teil von dir fühlt sich ohnmächtig, ängstlich, von der Quelle getrennt. Er will dorthin zurück, wie ein Kind, das nach seiner Mutter ruft. Und sehr häufig werden Beziehungen, sexuelle Beziehungen, als Versuch benutzt, durch den Anderen wieder nach Hause zu kommen, auch wenn das nicht geht. Das Zuhause liegt in dir. Deine eigene einzigartige Individualität, deine Autonomie vollständig auf dich zu nehmen, ist der erste Schritt in eine erwachsene Beziehung. Zu Hause in dir selbst zu sein, in deinem eigenen Kern zu ruhen, ist die Voraussetzung für eine tiefe und freudvolle Beziehung zueinander. Dies steht im Widerspruch zu dem kindlichen Verlangen, das du in einer Verliebtheit fühlen kannst, das Verlangen danach, ganz und gar ineinander aufzugehen, zu verschmelzen, als wäre der andere ein allwissender Elternteil, an den du dich wie ein Kind anlehnen kannst. Gerade in der Verliebtheit kann das innere Kind die eigenen Lasten loslassen und beim Anderen deponieren wollen. Es entsteht dann eine emotionale Abhängigkeit und ziemlich bald ersticken beide Partner einander. Der erste Schritt in eine heilige, heilsame Beziehung ist, voll und ganz in euch selbst nach Hause zu kommen. Eure Arme um das Kind in euch zu legen, das sich verirrt und verloren fühlt, euer eigenes Erwachsensein auf euch zu nehmen. Der Andere kann eure Wunden nicht heilen. Ihr seid euer eigener Heiler, euer eigenes Licht.

Wenn ihr auf diese Weise in euch selbst eintauchen könnt, euch selbst dabei spüren und anerkennen könnt, seid ihr bereit für den Schritt zu jemand Anderem hin, dann könnt ihr euch einem Anderen voller Offenheit und voller Staunen nähern. Das ist der zweite Schritt im Aufbauen einer freudvollen, reichhaltigen Beziehung. Gebt euch dem Anderen mit Erstaunen hin. Staunen bedeutet, keine Erwartungen zu haben, nichts zu wollen, nichts vom Anderen zu brauchen, sondern sich ihm in offener Aufmerksamkeit und Interesse zu nähern. Die schönste Form der Verliebtheit ist Staunen, euch angezogen fühlen, den Anderen erforschen und kennenlernen zu wollen, ohne ihn nach eurem Weltbild, deinem Konzept formen, ohne ihn nach deinen Erwartungen und Bedürfnissen gestalten zu wollen. Nur dann könnt ihr miteinander spielen und kann der Andere sich hingeben, weil dann weder Druck noch Verpflichtung darin liegen. Ihr seid frei, der Andere ist frei, und aus dieser Freiwilligkeit heraus kommt ihr zusammen. Dann gibt es etwas Höheres, das euch beide verbindet, etwas das im Herzen ruht. Ihr versucht nicht, einander zu heilen, zu verändern oder zu verbessern, nein, ihr feiert miteinander das Leben, und in diesem freudigen Beisammensein werdet ihr geheilt. Nicht durch den Anderen, sondern durch euch selbst und euer Vermögen, in euch selbst zu ruhen und von dort aus offen zu sein und den Reichtum und den Überfluss einer anderen Seele empfangen zu können.

Ich bitte dich, dies nun in Gedanken zu tun. Stelle dir vor, dass du ohne Angst in dich eintauchst und ganz in dir selbst ruhst. Tue es einmal physisch: Steige entlang deinem Rückgrat, durch dein Herz und durch deinen Bauch hindurch in dein Becken hinab und nimm dort auch deine Geschlechtsorgane innerlich wahr. Fühle dies auf eine staunende, offene Art, ohne die Urteile oder die Schamgefühle, die dem Sein seitens der Gesellschaft oder in der Vergangenheit angeheftet wurden. Nimm dieses Gebiet ebenso offen und neutral wahr, wie du zum Beispiel die Zehen an deinen Füßen fühlst. Hier liegt der Anker deines Menschseins, hier, im Bereich deines Becken und deines Bauches, ruhen deine Basis-Instinkte. Hier ruhst du in der Erde. Tauche hinab mit deinem Bewusstsein, sei einfach nur anwesend. Fühle dich bei dir selbst zu Hause, wo auch immer du stehst, mit welchen menschlichen Emotionen du auch gerade ringst. Es geht darum, dass du für dich selbst da bist. Dein Licht, dein Kern, kann alles meistern, kann sich allem stellen. Es gibt ein unsterbliches Licht, ein Licht das besänftigt und begreift. Fülle dann deine gesamte Aura mit diesem Licht, fühle dich wirklich geborgen in deinem eigenen göttlichen Licht. Nimm wahr, wie das Universum, Gott, die Quelle dich liebt. Du wirst vollständig angenommen, du wirst bewundert, du wirst geliebt, weil du bist, wer du bist, genau wie du jetzt bist.

Schaue von diesem Bewusstseinszustand aus einmal Jemandem an, den du liebst. Es kann dein Lebenspartner sein, aber auch ein Freund oder eine Freundin, dein Kind oder dein Vater oder deine Mutter. Wähle einfach jemanden, der dir gerade in den Sinn kommt, mit dem du dich jetzt verbinden möchtest. Während du dich verbindest und den Anderen vor dir siehst, bleibe ganz in dir selbst. Deine Grenzen bleiben bestehen, du ruhst in dir selbst. Du fühlst dich wohl und behaglich dabei. Du atmest ruhig in deinen Bauch hinein und hast absolut nicht das Gefühl, dass du dem Anderen helfen oder ihn verändern musst, dass du überhaupt irgendetwas musst. Du bleibst ganz in dir selbst. Dann betrachte die andere

Person ganz offen und voller Staunen. Schau, was er oder sie ausstrahlt, wie er oder sie vor dir steht. Was fällt dir auf an seiner oder ihrer Energie? Dann gehe etwas näher zum Anderen hin, während dein Energiefeld rund um dich herum vollständig erhalten bleibt. Von deinem Herzen aus wirst du dir gewahr, was du tief für diese Person fühlst. Lasse spontan herauf sprudeln, was du erlebst. Betrachte auch dies mit Erstaunen, sei ohne Urteil. Siehe dann, was euch verbindet, worin ihr miteinander die leichteste und freudvollste Verbindung habt. Schaue nicht danach, wo ihr miteinander kollidiert oder was zwischen euch vielleicht weniger günstig verläuft, sondern schaue nach der höchsten, hellsten, erfreulichsten Linie, die euch verbindet und über die die Energien mühelos zwischen euch strömen. Genieße es. Du musst absolut nichts tun, als dich daran zu erfreuen. Empfange das Licht von dieser Linie. Nimm wahr, wie über diese Linie Energie in dein Herz strömt, und schaue einmal, was das mit dir macht. Es bringt etwas Neues und Funkelndes in dein Leben, etwas was dich bereichert. Du empfängst es in eurem Beisammensein, während ihr einander frei lasst. Gerade in dem Staunen, im Einander-freilassen könnt ihr einander am intensivsten begegnen. Das ist der Sinn und Zweck wahrer Intimität.

Schritt 1 ist es, in dir selbst zu Hause zu sein, in dir selbst zu ruhen und darin zu verweilen, auch wenn du in Kontakt mit jemand Anderem stehst. Schritt 2 ist es, in Erstaunen miteinander umzugehen, nicht verändern oder bestimmen zu wollen, sondern einfach zu schauen, zu fühlen und zu entdecken. Und Schritt 3 ist das Einander genießen, das Genießen dessen, was in eurem Beisammensein mühelos strömt. Genieße und lasse den Anderen los.

Beziehungen sind ein sehr kostbares Gut auf der Erde. Energetisch sind es sie, wo ihr den meisten menschlichen Emotionen begegnet. Ich sagte zu Beginn: „Ich bin heute hier, um für das Menschsein zu plädieren." Damit meine ich, dass in der Tradition oft versucht wurde, das Göttliche in sich selbst zu verwirklichen, indem man sich von der Menschlichkeit distanzierte und sich über sie erhob. In Wirklichkeit flüchtet ihr dann jedoch vor euren eigenen Emotionen und vor der Wirklichkeit von Beziehungen mit all ihren Höhen und Tiefen. Ich befürworte, dass der Weg zum Göttlichen über das Mensch-Sein verläuft, über das Eingehen von Beziehungen, weil ihr gerade darin mit der Essenz des Lebens konfrontiert werdet: mit

Einsamkeit, Heimweh, Verzweiflung, aber auch mit Staunen, Freude und Verbundenheit. Die Intimität, die ihr mit einem anderen Menschen in einer Beziehung aufbaut, ist so beeindruckend für die Seele, dass, wenn ihr einander je von Mensch zu Mensch auf diese Weise begegnet seid, dies in euer Seelen-Gedächtnis fest eingraviert ist. Wenn ihr je mit einer anderen Seele eine tiefe Beziehung in menschlicher Form eingegangen seid, dann bleibt sie für alle Zeit bestehen. Über menschliche Beziehungen wächst das Bewusstsein der Seele und bekommt Spiritualität einen lebensechten, liebevollen Inhalt. Wirkliche Spiritualität hat nichts mit Disziplin, Fertigkeiten oder Selbstbeherrschung zu tun. Es geht um das Entwickeln eines offenen Herzens, eines menschlichen Herzens, das sich der Dunkelheit in sich selbst und in Anderen zuwenden möchte. Indem ihr in Staunen und Sanftheit das Menschliche umarmt, entwickelt ihr Liebe und Mitgefühl in euren Beziehungen. Durch solche Beziehungen wird die Christusenergie auf der Erde geboren.

Kapitel 21
Das Große und das Kleine in Dir selbst

(Diese Botschaft wurde während eines Workshop-Channelings empfangen und ist an Menschen gerichtet, die selbst channeln lernen wollen oder dies bereits tun und in diesem Bereich mehr Selbstvertrauen entwickeln wollen.)

Ich bin Maria Magdalena, ich spreche zu euch. Ich komme aus einer fernen Vergangenheit, doch ich komme auch aus der Zukunft. Ich bin mehr als die Frau, die ich einst auf der Erde war. Ich bin Teil eines größeren Energiefeldes, das sich selbst beständig erneuert, das in jedem Moment wieder neu geboren wird. Ich bin quicklebendig. Ich bin nicht an die Zeit und die Form gebunden, in die ich mich vor so vielen Jahrhunderten begeben habe.

Ich spreche aus einer Energiequelle heraus, die unerschöpflich ist, die euch alle umspült und zum Leben erwecken möchte. Dies ist die Quelle des Lebens selbst. Es ist euer Geburtsrecht, euch darin sicher zu wissen, einbezogen zu sein in diese Strömung von Energie, Kreativität, Behaglichkeit und Leichtigkeit. Das ist es, wer ihr wirklich seid. All das Andere ist eine Illusion, ein zeitweiliger Schleier vor eurem Bewusstsein.

Fühlt das Energiefeld, das ich repräsentiere. Ich bin ein Teil von ihm, ebenso wie ihr. Ein brausendes, ewiges Feld, das sich stets erneuert und Freude daraus schöpft, sich auf immer andere Weise zu manifestieren. Erkenne dich selbst darin; du bist frei, du bist unabhängig von deiner irdischen Gestalt. Unabhängig von Zeit und Raum. Ihr seid ewige Wesen. Das vergesst ihr in eurem täglichen Leben auf der Erde bisweilen, da ihr in ihm dazu neigt, euer Bewusstsein zu verengen, euch sehr zu begrenzen und so an das zu glauben, was ihr um euch herum seht, an das, was euch von Menschen erzählt, was euch in eurer Erziehung vermittelt wird und durch die Bilder, die ihr um euch herum in der Kultur seht, in der ihr lebt. Bis ihr glaubt, dass ihr nicht mehr seid als dieser Körper, diese Zellen, euer Geschlecht (Mann oder Frau), euer Weg oder eure Rolle in der Gesellschaft, eure Rolle als Elternteil oder Jemandes Frau oder Mann. Ehe ihr euch verseht, verengt sich euer Bewusstsein und ihr vergesst, woher ihr kommt und wer ihr wirklich seid.

Doch das ist die Basis für alles, was ihr euch in eurem Leben wünscht und was ihr sein wollt: dass ihr euch daran erinnert, wer ihr seid. Dies ist die Basis, aus der alles hervorgeht. Nur wenn ihr euch an sie erinnert, wird euer Leben mühelos strömen, ohne Mühe und aus eurer natürlichen Kraft heraus.

Ihr seid hier alle anwesend, weil ihr auf die eine oder andere Weise spürt, dass ihr channeln möchtet oder euch sogar danach sehnt. Und dass ihr einer Strömung Gehör schenken wollt, die durch euch kommen möchte, dass ihr dieser Strömung eine Stimme geben, dass ihr für sie Kanal sein wollt. Dieses Gefühl, diese Sehnsucht, ist im Wesentlichen eine Art Heimweh nach Zuhause. Dadurch, dass ihr die Strömung kanalisiert, die zu euch gehört, fühlt ihr euch in euch selbst und auf der Erde wieder zuhause. Dann seid ihr im Kern eures Wesens und stellt die Verbindung mit dem Himmel und der Erde her.

Das ist es, was das Channeln zutiefst beinhaltet: Ihr verleiht eurer Seelenenergie Form, dem, was über euch als irdischen Menschen hinausgeht. Dem, was größer ist als der irdische Mensch, was nicht in einen Körper, in ein verengtes Bewusstsein, eingefasst werden kann. Das möchte zu euch kommen, das möchte euch durchströmen.

Ihr habt eine irdische Persönlichkeit, geformt durch die Vergangenheit, durch das, was ihr gelernt habt, durch den Körper, in dem ihr lebt, durch eure genetische Anlage. Und jetzt fügt sich ihr eine Strömung aus der Ewigkeit, aus eurer Seele, hinzu. Sie möchte mit dieser irdischen Form tanzen. Man könnte sagen: Eine Strömung aus der Vergangenheit, die von dieser Vergangenheit sehr geprägt wurde, möchte Kontakt zu einer Strömung von etwas herstellen, das größer ist und das ihr die Zukunft nennen könnt. Denn die Zukunft ist kein Ding, sie ist eine unendliche Vielfalt von Möglichkeiten, von Potenzial. Zukunft - dieses Wort steht für Groß, Ausgedehnt, Weiträumig, für Potenzial, Optionen. Freiheit! Mit ihr wollt ihr als Mensch - mit all dem Gepäck aus der Vergangenheit - Kontakt aufnehmen. Das ist der Ruf eurer Seele: Sie lädt euch ein zu einem Zusammenspiel zwischen dem Kleinen in euch, das durch den Sprung in das irdische Sein verengt wurde und dem Großen, dem Unfassbaren, dem Mysteriösen, dem, wer ihr wirklich seid, unabhängig von der Zeit. Das Aufnehmen dieses Tanzes ist es, was Channeln im Wesentlichen beinhaltet.

Dabei findet unweigerlich eine Begegnung zwischen dem Großen und dem Kleinen statt. Die Seele appelliert zum gegebenen Moment an die irdische Persönlichkeit und fordert sie bald dazu auf, das Alte loszulassen, wie beschränkende Auffassungen und negative Überzeugungen über sich selbst. Nur dann kann der Kanal sich öffnen, kann die unermessliche und großartige Energie dessen, wer ihr wirklich seid, euch durchströmen. Das ist Kanalisieren oder 'Channeln'.

Dieser Prozess ist kein leichtes Unterfangen. Er bedeutet faktisch, dass ihr euer altes Selbst loslasst und wie ein Schmetterling aus dem Kokon schlüpft. Wenn ihr merkt: 'Ich möchte gern channeln' oder 'Ich möchte den Kontakt mit meinen Führern verstärken', ist dies in Wirklichkeit ein Ruf der Seele, die euch sagt: 'Ich möchte mehr von dem, wer ich wirklich bin, auf der Erde verkörpern'. Und wenn ihr dies sagt, macht ihr einen Schritt ins Unbekannte hinein, denn ihr könnt diesen Kanal nur öffnen, wenn ihr auch bereit seid, das, was ihn verschleiert, anzuschauen - wenn ihr also bereit seid, euch zu verändern und euch einem Prozess hinzugeben, den ihr nicht zur Gänze überschauen könnt. Das ist der Schritt, zu dem ihr aufgefordert werdet.

Ich möchte den Prozess der Begegnung des Großen und des Kleinen veranschaulichen, indem ich ein Bild der Energiezentren verwende, die entlang eurem Rückgrat liegen, auch als Chakras bezeichnet. Ihr könnt euer Rückgrat als einen Kanal betrachten. Oben an dem Kanal befindet sich euer Scheitel. Dort sitzt ein Energiezentrum, das sich zum Kosmischen, zum Universellen hin öffnet und von dem aus ihr die Verbindung mit dem Ganzen und mit eurer Seele wahrnehmt.

Ganz unten an eurem Rückgrat befindet sich euer Steiß. Dort ist die Energie am meisten verdichtet, dort seid ihr ganz und gar Teil der Erde, Teil des Materiellen. Ihr könnt diese Energie in diesem Moment durchaus auch fühlen. Nehmt einmal den Unterschied zwischen der Energie über eurem Kopf, auf eurem Scheitel also, und der Energie ganz unten an eurem Rückgrat an eurem Steiß wahr.

Ihr könnt fühlen, dass es dabei um verschiedene Sphären des Seins geht. Um die Energie eures tiefsten Selbstes in eurem Körper zu kanalisieren, muss diese Energie sozusagen eine Leiter hinabsteigen, muss sie eine Treppe hinabsteigen von eurem höchsten Chakra, eurem Scheitel, bis hinunter zu eurem Steiß. Ich verwende das Bild einer Leiter symbolisch. Zum Teil könnt ihr dies wörtlich nehmen, denn das Rückgrat ist ein sensibles Organ, an dem entlang Energie absteigt und aufsteigt, aber ich verwende das Bild der Leiter auch in einem symbolischen Sinn, in dem es für das Integrieren eures größeren Selbstes, eures kosmischen Selbstes in euer irdisches Sein steht.

Bei vielen von euch (die dem Workshop beiwohnen und die dies später lesen) sind die oberen Chakras bereits geöffnet und wird der Kontakt mit dem Kosmischen, der Dimension, die über das Irdische hinausgeht, recht mühelos erlebt. Er kann sich in Form eines liebevollen Lehrers oder Führers oder eures eigenen höheren Selbstes oder von Engeln oder geistigen Führern manifestieren.

Fühle in dir das Energiezentrum deines Scheitels, deines dritten Auges (es liegt zwischen deinen beiden Augen), deiner Kehle und deines Herzens. Das sind die höheren Chakras. Nimm Kontakt mit diesem Feld auf. Du brauchst nichts weiter zu tun als es einfach wahrzunehmen. Dort kannst du in dir selbst einen Raum betrachten, von dem aus du die Verbindung mit dem herstellst, was durch dich gechannelt oder kanalisiert werden möchte. Und siehe einmal in dir selbst, ganz ruhig und neutral, was mit diesem obersten Gebiet in deinem Körper geschieht, wenn du Kontakt mit einem Führer oder Lehrer oder deinem höheren Selbst aufnimmst. Schaue einmal, wie diese Energie dich erfüllt: dein Herz, deine Kehle, deinen Kopf, deinen Scheitel. Schaue aus einem gewissen Abstand und sieh, wie dieser Kontakt stattfindet.

Nun gehen wir weiter nach unten. Dort befinden sich noch drei Zentren, eines davon beim Magen, das auch das Sonnengeflecht genannt wird. Dann folgt das Nabelchakra, das in deinem Bauch liegt und darunter der Steiß. Nimm Kontakt mit diesem Gebiet der untersten Chakras auf, indem du mit deinem Bewusstsein dort hinein sinkst. Du musst dort einfach nur anwesend sein, du brauchst nichts zu verändern. Sinke in deinen Bauch hinein und schaue einmal, ob du noch tiefer gehen kannst, bis ganz in deinen Steiß.

Wenn du den Kontakt zu diesem Bereich hergestellt hast, dann fühle, was dort geschieht, wenn du channelst. Zweifele nicht daran, dass du dies tust. Ihr alle channelt in Momenten der Inspiration und des Vertrauens. Stelle dir vor, dass du dich in solch einem Moment befindest. Und du hast bereits gesehen, wie sehr es dann in den höheren Chakras strömt. Schaue jetzt einmal, was es mit den unteren Chakras in dir macht. Wie die Energie dort in dem Moment strömt, wo du die Verbindung mit einer größeren und kosmischen Energie knüpfst, die zu dir kommen möchte. Kann die Strömung ganz bis in die unteren Chakras vordringen? Kann sie ganz und gar empfangen werden, bis ins Steißbein hinein?

In deinem Körper findet eine Begegnung zwischen dem verengten, irdischen Selbst der Vergangenheit und der weiten Energie der Zukunft und der höheren Quelle, die du verkörpern willst, statt. Dies stellt einen wichtigen Dreh- und Angelpunkt zwischen dem dritten und dem vierten Chakra dar, zwischen den unteren Chakras und den oberen Chakras.

In den unteren Chakras siedeln oft Ängste aus der Vergangenheit, die zu Entmutigung und Unsicherheit geführt haben. Siehe einmal, ob du sie in dir wahrnehmen kannst. Denke dann an die Energie deiner Seele, der kosmischen Quelle, die durch dich hindurch strömen möchte, und schau, wo in deinem Körper es für diese Energie mühsam ist, hindurch zu strömen. Stelle dir einmal vor, dass diese Energie durch deinen Scheitel hereinkommt. Lasse sie nach unten strömen, über dein drittes Auge, deinen Hals, dein Herz.

Und siehe dir dann genau an, wie dein Sonnengeflecht auf diese Energie reagiert. Gibt es da eine Art Widerstand oder Protest oder Angst? Verfolge, wie die Energie in deinem Bauch empfangen wird. Gibt es dort bestimmte Gefühle oder Vorstellungen wie 'Das geht nicht', 'Das darf nicht sein' oder 'Das klappt nicht'? Siehe dir zum Schluss dein Steißbein an. Fühle, was dich dort möglicherweise beim Empfangen der Energie deiner Seele und deiner Führer blockiert. Ich bitte dich, es liebevoll zu betrachten. Nicht aus einer urteilenden, kritischen Haltung heraus. Denn genau dies ist die Essenz des Channel-Prozesses: Dass das Alte in der Begegnung mit dem Neuen hochkommt und fühlbar wird. Der Schmerz der Vergangenheit wird durch die Energie der Zukunft spürbar und sichtbar. Der furchtsame Teil von dir kann beklommen oder ängstlich auf diese

Energie der Freiheit reagieren. Sobald du Kanal für dein tiefstes, größtes Selbst sein möchtest, wird sich in dir immer etwas in Form eines negativen Gedankens oder einer Emotion auflehnen. Verurteile dies nicht. Lobe dich selbst, dass du diesen Prozess angehst, dies zeugt von Mut und Lebenslust.

Wenn du in dir den Punkt gefunden hast, wo du blockierst - dies kannst du auch körperlich fühlen - gehe mit deiner Aufmerksamkeit dort hin. Gehe sanft zu dem blockierten Teil und umgib ihn mit milder, offener Aufmerksamkeit, die frei von Druck ist. 'Komm zu mir' flüstere sanft, aber sehr unverbindlich. Alles darf sein, ob es nun Angst, Zorn oder Zweifel ist. Wenn du dabei in Liebe anwesend bleiben kannst, dann öffnest du damit innerlich den Kanal für deine eigene Lebensenergie. Der Kanal ist so weit wie es der engste Punkt zulässt.

Übe Geduld und Sanftheit für das, was dich blockiert. Es darf da sein, es ist gut. Tief in euch allen lebt ein Gefühl der Unwürdigkeit, das ihr aus der kollektiven Energie mitgegeben bekommen habt, die lange auf der Erde geherrscht hat. Es war eine Energie der Macht und Unterdrückung, und jeder von euch kämpft mit deren Erbe. Irgendwo in euren unteren Chakras begegnet ihr der Überzeugung: 'Ich bin unwürdig, nicht gut genug so wie ich bin'. Und darin liegt der Schlüssel zur Selbstheilung für euch alle verborgen.

Wo dir diese Überzeugung begegnet, da stößt du auf die wesentlichste bestehende Blockade, die es gibt. Aber in dem Moment, wo du sie findest und erlebst, kannst du dein Licht darauf scheinen lassen. Und das tust du dann mit dem Gegenteil dieser Überzeugung. Du bestätigst dir selbst: 'Ich bin es wert, ich bin gut so wie ich bin. Ich bin schön und kraftvoll'. Traut euch, euch selbst ins Licht zu setzen, euch selbst zu loben und zu ermutigen. Habt keine Angst davor, eure eigene Größe zu erleben und sie ganz und gar zuzulassen. So wird der Kanal in Liebe geöffnet.

Kapitel 22
Liebevolle Sexualität

Ich grüße euch alle. Ich bin hier mitten unter euch als Seele, als Frau und als Schwester. Ich fühle mich Eins mit euch. Ich bin Mensch gewesen und kenne alle menschlichen Gefühle von innen heraus. Was mir am meisten auffällt, nun, da ich das Leben auf der Erde von dieser Seite aus betrachte, ist die Kostbarkeit des Lebens und die Verletzlichkeit eines Menschen. Ich sehe den Schmerz und die Wunden, die ihr davontragen könnt und demgegenüber euren Mut, euer Durchhaltevermögen und eure anhaltende Sehnsucht nach Licht und Liebe. Ihr seid mutige Engel. Wenn ihr in ein irdisches Leben eintaucht, kommt ihr beinahe immer aus einer Sphäre, die höher schwingt als die Energie auf der Erde. Tief von innen heraus sagt ihr Ja dazu und fasst den Entschluss: Ich nehme das auf mich. Ihr geht damit auch einen Tanz mit der Dunkelheit, mit Ängsten, Widerständen und mit der Einsamkeit ein. Ihr nehmt dieses Risiko auf euch, und ich kann nun sehen warum. Trotz aller Leiden und Schwere, die ihr erfahren könnt, ist das Leben niemals so reich und intensiv, wie wenn ihr in der Materie, in der Form verkörpert seid.

Ihr wollt oftmals aus der Form, aus der Getrenntheit fortkommen und mit etwas Größerem, etwas Höherem verschmelzen. Aber ich sehe die Schönheit dessen, wer ihr als irdische Menschen seid, als Mann, Frau, Kind oder Erwachsener. Durch diese spezifische Form erstrahlt das Licht eurer Seele auf einzigartige Weise. Sehr viele spirituelle Traditionen waren auf das Überwinden der menschlichen Form, auf deren Transformation ausgerichtet. Der Körper war nicht gut, nicht richtig, kein Träger der Wahrheit, sondern der Sünde. Emotionen waren fragwürdig und Leidenschaften sowieso. Sexualität war eine Quelle der Versuchung, ja selbst der Vergiftung. Eigentlich wurde das gesamte irdische Dasein entweiht, geschändet und aller Liebe und Vergnügen beraubt.

Dies geschah aus einem Bedürfnis nach Kontrolle heraus. Es gab Mächte auf der Erde, die die Kontrolle über das Leben gewinnen wollten. Kontrolle über Menschen ausüben kann man am einfachsten über den Geist, über Vorstellungen und Bilder, mit denen man Menschen indoktriniert. Geistige Kontrolle geht weiter als körperliche Gewalt. Man kann

Menschen tief in ihrer Seele erreichen und transformieren, wenn man sie durch Bilder darüber zu beeinflussen weiß, wer sie sind, über ihren Wert und ihre Bedeutung für das Ganze und über die Güte oder Schlechtigkeit ihrer natürlichen Impulse. Ihr wurdet tief beeinflusst durch negative Bilder vom Mensch-Sein. Und so habt ihr begonnen, das Leben auf der Erde selbst als unwert und unwürdig zu empfinden, sowohl aus religiösen Gründen als auch aufgrund eines wissenschaftlichen Weltbildes, das die Seele im Leben verleugnet. Dies ist euch einst gelehrt worden, und unbewusst haben diese Traditionen Einfluss darauf, wie ihr über euch selbst, euren eigenen Körper, eure Lust, Begierde, Sehnsüchte, Emotionen und Leidenschaften denkt und was ihr in Bezug auf sie fühlt.

Nun ist eine Zeit gekommen, in der alte Muster aufgewühlt und gelockert werden. Alte, beklemmende Doktrinen, die die Menschen belehren und herabsetzen, stehen unter Druck seitens einer jüngeren Generation, die stärker mit dem Leben und der Seele verbunden ist. Immer mehr Menschen erleben ihre Individualität als etwas Schönes und Wertvolles. Es wacht etwas im Menschen auf, zunächst im kleinen Umfang, aber in dem Maße wie es wächst, breitet es sich aus wie ein Ölteppich. Dieses neue Bewusstsein ist eine Bewegung zurück zur Erde hin und lädt zu einer Wiederentdeckung des Irdischen, des Körpers und der Sexualität ein. Sie alle werden nun als ein wesentlicher Teil wahrer Spiritualität wiedererkannt statt als Repräsentanten 'des Niederen' und 'des Bösen'. Die traditionelle Spiritualität lehrte euch, dass das Streben nach Höherem vor allem darin bestehe, sich von persönlichen Sehnsüchten und Leidenschaften zu lösen. Ich möchte euch sagen, dass gerade diese Sehnsüchte und Leidenschaften euch zum Höheren führen können, so, wie es sich gerade durch euch manifestieren möchte. Lebendige Spiritualität erschafft keine Kluft zwischen Bauch und Herz, sondern verbindet beide miteinander. Die Leidenschaft, die in eurem Bauch schlummert, ist der Ausgangspunkt für euren Weg zur Freiheit und Beseelung, Inspiration und Begeisterung.

Wie geht ihr diesen Weg? Es beginnt damit, euch dem sogenannten Niederen in euch selbst zuzuwenden und ihm einen vollkommen anderen Wert zuzuerkennen. Nehmt liebevoll Kontakt mit eurem Körper auf, begrüßt ihn sanft mit eurer Aufmerksamkeit und lasst euren Atem in euren Bauch sinken. Gesteht euch eure Tierhaftigkeit zu. Ihr lebt als Menschheit so sehr im Kopf, dass ihr den Kontakt zu eurer Tierhaftigkeit verloren habt. Allein das Wort 'Tierhaftigkeit' ruft bereits eine Schreckreaktion hervor. Was? Ich? Tier? Aber was ist Tierhaftigkeit eigentlich? Tiere haben keine mentale Energie wie Menschen. Sie leben aus dem Instinkt heraus, aber dieser Instinkt ist ein viel komplexeres, feineres Instrument, als von Menschen allgemein angenommen wird. Der Instinkt ist in eurem Bauch angesiedelt. Mit eurem Instinkt spürt ihr direkt, wie sich etwas wirklich für euch anfühlt. Es sind dann noch keine Normen oder Urteile zwischengelagert. Eure unbefangene erste Reaktion ist offen, ist lebendig und echt. Aber wie schwer ist es doch für Menschen, auf ihren Instinkt zu vertrauen. Manchmal fühlt ihr diese Ebene in euch selbst nicht mehr, lebt ihr so sehr in eurem Kopf, dass ihr die Berührung damit verloren habt.

Und was geschieht, wenn Menschen eine intime, sexuelle Beziehung miteinander eingehen? In einer Freundschaft, in der keine Sexualität stattfindet, könnt ihr bis zu einem gewissen Maße außerhalb des Bereichs des Instinktiven, des Tierhaften bleiben. Ihr verbindet euch vom Kopf her und wenn der Kontakt sich vertieft, auch vom Herzen. Doch sobald zwischen zwei Menschen das Gebiet der Sexualität eröffnet wird, kommen andere Kräfte ins Spiel. Es gibt auf körperlicher Ebene ein Feuer, das wenig Notiz vom Kopf und manchmal auch vom Herzen nimmt. Die Kraft der sexuellen Lust erschreckt viele Menschen, und diese Angst kann sich auf zwei Weisen äußern. Das Tierhafte, Sexuelle in euch, kann solche Angst in euch hervorrufen, dass ihr euch zurückzieht. Ihr zieht euch aus dem Bauch zurück und vertraut eurem eigenen Körper nicht. Ihr fühlt euch dann nicht wohl mit der Strömung des Sexuellen und bewahrt die Kontrolle. Die zweite Art und Weise, die eure Angst heraufbeschwört, ist, zwar einen sexuellen Kontakt einzugehen, dabei jedoch euer Herz verschlossen zu halten. Ihr gebt euch der Lust hin, haltet aber Intimität auf einer anderen Ebene von euch fern. Das ist unnatürlich. Menschliche Sexualität in natürlicher Form integriert verschiedene Ebenen des Miteinanders. Wenn es keine Angst vor der Kraft eures Instinktes gäbe, würde die Hingabe an eure eigene Sexualität euch in eine tiefe Verbindung mit dem Anderen bringen. Die Strömung aus eurem Bauch würde ganz natürlich euer Herz öffnen und euch sowohl auf körperlicher als auch auf Seelenebene verschmelzen lassen. Sexualität ist eine Lebensströmung, die nicht abrupt bei eurem Bauch endet. Wenn sie nicht gestört wird, strömt sie hindurch bis zu eurem Herzen und sogar zu eurem Kopf, so dass euer ganzer Körper und euer ganzes Energiefeld beteiligt sind. Das ist wahre Sexualität. Sie ist spirituell, nicht weil das Tierhafte verleugnet wird, sondern weil das Tierhafte einbezogen wird und als Tor zu einem tiefen innerlichen Kontakt fungiert. Euer Körper ist ein heiliges Tor und eine Brücke zwischen Bauch und Herz, zwischen Erde und Himmel.

Wie könnt ihr diese Form der liebevollen Sexualität in eurem Leben erfahren? Beginnt damit, Lustgefühle in euch selbst als etwas Neutrales und Angenehmes zuzulassen. Ihr könnt Lust genießen, ohne dass ihr etwas damit tut. Die Lust schnell befriedigen zu wollen, ist eigentlich eine Form der Feindseligkeit dem gegenüber, was die Lust euch offerieren möchte. Lust lädt euch ein, in eure Körperlichkeit hinein zu sinken und sie zu genießen. Lust ist weit mehr und vielseitiger als die spezifische sexuelle Lust. Es gibt in euch als körperliche Wesen eine basale Sinnlichkeit. Sie umfasst alle Interaktionen mit der Welt um euch herum, die euch körperlich berühren und eine Form des Genusses hervorrufen. Essen, Trinken, Duschen, das Dösen in einem warmen Bett, Radfahren im Wind, die See riechen oder in einem Wald wandern - wenn ihr euch für diese Erfahrungen öffnet, könnt ihr sie intensiv genießen und es steckt darin eine Sinnlichkeit, die etwas Sexuelles hat. In Beziehungen mit anderen Menschen gibt es immer auch einen sinnlichen Aspekt: Ihr sprecht miteinander, schaut einander an, nehmt den Anderen in euch auf. Euer Körper wird berührt, sobald ihr mit einem anderen Menschen in Kontakt steht.

Sinnlichkeit ist etwas Schönes und Gutes. Sie ist immer da, und je mehr ihr dies erlebt, desto besser steht ihr mit der Erde und eurem Körper in Verbindung. Wenn ihr nun sexuelle Gefühle erlebt, seht das einmal als eine Erweiterung der umfangreichen Sinnlichkeit an, die zu euch als Mensch gehört. Es darf sie geben. Sie ist eine positive Strömung, die den Kontakt zu einem Anderen sucht und euch dies genießen lassen möchte. Habt keine Angst davor. In dem Moment, wo ihr euch mit dieser Strömung in euch selbst sicher fühlt, habt ihr den ersten Schritt zu der Möglichkeit eines intimen Kontaktes mit einem Anderen gemacht. Ihr fühlt euch dann mit eurem eigenen Körper vertraut und damit, was er euch an Erfahrungen anbieten möchte.

Wenn ihr tatsächlich im Kontakt mit einem Anderen steht, geht es natürlich plötzlich um noch viel mehr. Ihr seid auf einmal ganz nahe bei einem vollkommen anderen Wesen. Um euch dabei sicher und vertraut zu fühlen, ist es notwendig, dass eure Herzen sich füreinander öffnen. Gerade hier könnt ihr altem Schmerz begegnen: Misstrauen und Mauern, die ihr gebaut habt, um euch vor der Hingabe an einen Anderen zu schützen. Jeder von euch hat solche Mauern. Es ist wichtig, sie in euch selbst anzuerkennen. Wenn ihr den Anderen besser kennenlernt und seine oder ihre Verteidigungsmechanismen begreift, könnt ihr eure Herzen allmählich füreinander öffnen. Dann wird es auch einfacher, euch auf der Bauch-Ebene zu öffnen und beide Strömungen aus Herz und Bauch können sich miteinander verbinden. Dies ist ein empfindlicher, köstlicher Prozess, der Zuneigung, Hingabe, Geduld und Aufmerksamkeit erfordert.

Es besteht in eurer Gesellschaft viel Verwirrung über die Sexualität. In der sexuellen Begegnung zwischen Mann und Frau kann sich ein Bereich geweihter Stille öffnen, in der ihr euch in eine himmlische Sphäre der Liebe gehoben fühlt. Diese heilige Erfahrung und Eins-Werdung sieht nicht nach Lust aus, doch Lust, Sinnlichkeit und euch in eurem Körper zu Hause zu fühlen, sind durchaus das Tor zu solch einer Begegnung. Darum ist es so wichtig zu beginnen, euch auf diesem Gebiet freier zu fühlen. Zu eurer Zeit und in eurem Rhythmus. Das ist eine Aufgabe für jeden Menschen, der jetzt lebt, in dieser Zeit der Transformation: Dass ihr für euch selbst entdeckt, wie sich die Strömung der Sinnlichkeit in eurem Körper anfühlt, wie ihr sie genießen und sie auf angenehme und feine Weise zusammen mit einem Anderen erleben könnt. So verändert sich schrittweise das Bewusstsein über Sexualität. Das wird nicht durch neue Theorien und über den Kopf geschehen. Wahre Veränderung kommt von innen, im Kontakt mit eurem Körper und der Erde, der so lange Schweigen auferlegt wurde.

Lasse dein Bewusstsein einmal ganz in deinen Bauch sinken. Dein Bewusstsein ist ein Fokus; verlege diesen Fokus einmal zu deinem Bauch hin. Fühle die Energie in diesem Bereich. Gehe mit deiner Aufmerksamkeit zu deinen Sexualorganen und zum Steißchakra. Tue das ganz neutral. Dies ist ein wundervoller Teil deines Körpers; fühle die Quelle der Lebenskraft einmal, die dort residiert. Schaue oder fühle einmal, ob du diese Strömung von Lebenskraft, von Sinnlichkeit und Körperlichkeit durch deine Beine strömen lassen kannst, ganz bis in deine Füße hinein und von deinen Füßen her Kontakt mit der Erde herstellend. Nimm wahr, wie wohltuend und natürlich es ist, diese erdende, nährende Strömung zu erleben. Frage dich, ob dein Körper zufrieden ist oder du ihm im Alltag etwas geben könntest, das er braucht. Das können einfache Dinge sein, an denen du aus dem Kopf heraus leicht vorbeiläufst. Nimm diese Bedürfnisse ernst; der Körper möchte dich zu dir selbst nach Hause bringen. Der Körper ist nicht das Gegenteil der Seele; er ist die Seele in materieller Form. Dadurch, deinen Körper, deine Sinnlichkeit und die Lebenskraft in deinem Bauch zu respektieren, bringst du die Seele zur Erde und erlaubst du ihr, über das Tor deines Körpers hindurch dein Leben scheinen zu lassen.

Kapitel 23
Herz und Kopf verbinden

Ich bin Maria Magdalena und ich spreche zu euch voller Freude und Wohlgefallen. Ich bin stolz auf euch: darauf, wer ihr seid und wer ihr geworden seid. Ihr seid alte Seelen. Ihr seid schon oft auf der Erde gewesen und habt viele Ängste durchgestanden. Die Erde befand sich lange im Griff eines Bewusstseins, das niedrig schwingt. Mit einem niedrig schwingenden Bewusstsein meine ich ein Bewusstsein, in dem sich alles ums Überleben, um Kampf und Macht dreht und das dadurch sehr viel Angst erzeugt. Angst zu wagen, euch zu äußern, Angst davor, eure wahren Emotionen zu zeigen, Angst, euer Licht offen sichtbar zu machen. In euch allen ist ein Reflex entstanden, euch zu verbergen und klein zu halten, aus Angst vor Gefahr und Bedrohung. Diese Bedrohung war in jenen anderen Zeiten, in denen ihr auf der Erde lebtet, auch real. Und an manchen Ort gibt es diese Bedrohung noch immer.

Als ihr in euer heutiges Leben hineingeboren wurdet, kamt ihr herein mit einem Rucksack voll alter Energien. Die Freude und der Respekt, die ich für euch empfinde, gehen aus dem Mut und dem Durchhaltevermögen hervor, die ich in euch allen sehe. Es leben in euch eine solche Hingabe und Widmung an ein neues Bewusstsein; ihr habt die Entscheidung getroffen, wirklich nach innen zu gehen und eurem eigenen Schmerz und euren negativen Überzeugungen in die Augen zu sehen. Dieser Mut und dieses Durchhaltevermögen werden euch nach Hause bringen, wenn auch der Weg manchmal endlos lang zu sein scheint und immer neue Hindernisse aufzutauchen scheinen. Der Weg wird ein Ende haben und ihr kommt nach Hause, vor allem in euch selbst, in eurem eigenen Herzen und eurem eigenen Bauch.

Der Bauch ist die Basis des Lebens auf der Erde. In eurem Herzen tragt ihr höhere Energien mit euch, Seelenerinnerungen, und dort bildet ihr eine Verbindung mit Dimensionen, die über das Irdische hinausgehen. In bestimmten Momenten fühlt ihr alle den Kontakt mit eurer Seele, ein Flüstern, ein starkes Gefühl, ein Wissen... so spricht die Seele zu euch. Und viele von euch sind sehr sensibel, nehmen Energien und Stimmungen von Anderen auf und reagieren stark auf Reize von außen. Euer Herz ist ein sensibles Organ, vor allem das Herz derjenigen Menschen, die das Bewusstsein auf eine höhere Ebene erheben. Darum ist der Bereich des Bauches so wichtig. Dort nehmt ihr Verbindung mit der Erde auf, mit eurem Körper und auch mit den Instinkten, den Sehnsüchten, den Emotionen und Leidenschaften, die alle im Bereich des Bauches leben. Nur wenn Herz und Bauch verbunden werden, könnt ihr die höhere Schwingung, die ihr mit euch tragt, wirklich verankern, ihr wirklich auf der Erde und im täglichen Leben, wo noch viel Konflikte und Ängste herrschen, konkret Gestalt geben.

Ich bitte dich nun, zusammen mit mir Kontakt mit dem Bereich des Bauches aufzunehmen, sanft dorthin zu atmen, ohne Zwang oder Druck. Lasse deine Aufmerksamkeit in deinen Bauch hinein sinken. Und nimm dir Zeit dafür. Fühle, wie es sich dort drinnen anfühlt. Es ist wie ein dunkler Raum, in den du mit deiner Aufmerksamkeit Licht bläst. Über deinen Atem bewohnst du deinen Bauch tiefer und tiefer. Gehe dann noch tiefer mit deiner Aufmerksamkeit und sinke in das Wurzelchakra hinein, ein Energiezentrum auf Höhe deines Steißbeines. Dort verbindest du dich mit Mutter Erde, mit diesem Planeten, aus dem dein Körper hervorgegangen ist. Fühle, wie die Strömung aus der Erde dich als beseeltes Wesen begrüßt.

Die Erde ist selbst ein lebendiges Bewusstsein, das dich fühlen und wahrnehmen kann. Vertraue dich ihrer Kraft, ihrem Rhythmus, ihrer Weisheit an. Du bewohnst einen Körper, deinen Körper. Heiße dich ganz als das körperliche Wesen willkommen, das du bist. Fühle diese Verletzlichkeit, aber auch die große Kraft, die Kräfte der Erde.

Die Erde ist ein natürliches Wesen, das seht ihr um euch herum in den Jahreszeiten, in den Rhythmen von Tag und Nacht, dem Kommen und Gehen von Leben, der kontinuierlichen Erneuerung aller Prozesse. Und das Leben in eurem Bauch, die menschliche Bewegung eurer Emotionen, eurer Erwartungen und Sehnsüchte, all das hat ebenfalls einen natürlichen Rhythmus. Doch diesen Rhythmus habt ihr vernachlässigt. Zum Teil kommt das daher, dass euch in dieser Gesellschaft noch immer anerzogen wird, aus eurem Kopf heraus zu leben. Es verändert sich, aber es wirkt noch immer ein Erbe nach, das Menschen dazu neigen lässt, in ihrem Kopf zu stecken, viel nachzudenken und zu grübeln und zu planen.

Dann steht ihr den natürlichen Rhythmen eures Bauches sehr fern.

Es ist auch möglich, dass ihr sehr guten Kontakt zu eurem Herzen habt, sehr sensibel seid und dennoch an einem Mangel an Kontakt mit eurem Bauch leidet. Es besteht dann zwar in eurem Bewusstsein eine Öffnung zu eurem Herzen und eurem Gefühl hin, es schwankt jedoch noch; es mangelt euch an der Festigkeit, die euch nur über eure irdischen Wurzeln gegeben werden kann. Das ergeht vielen Lichtarbeitern so. Ihr Herzchakra ist geöffnet, aber in ihrer Basis sind sie nicht gut zentriert.

Wie kommt es, dass es so schwer ist, im Bereich des Bauches zu Hause zu sein und liebevoll mit den dort lebenden Kräften zusammenzuwirken? Während ich nun hierüber spreche, bitte ich dich, mit deiner Aufmerksamkeit in der Höhle deines Bauches zu bleiben, liebevoll und sanft. Dort lebt euer inneres Kind. Dort lebt eure Sehnsucht nach Intimität, nach Kontakt, nach Freundschaft und Liebe. Und eben dort seid ihr auch beschädigt worden, dort ist euer Vertrauen beschädigt und lebt die Angst, euch selbst zu zeigen. Betretet dieses Gebiet mit Zärtlichkeit; dort liegt der größte Schatz, den ihr je finden werdet. Erst dann, wenn ihr in eurem Bauch nach Hause kommt und euch mit den Emotionen und Gefühlen vereinigt, die dort leben, kann euer Seelenlicht eintauchen bis in die tiefste Ebene. Dann könnt ihr frei sein, ohne Angst, könnt ihr leuchten und wirklich leben.

Ich bitte dich nun, dein inneres Kind, das dort lebt, zu betrachten. Es gibt dort ein kleines Mädchen oder einen kleinen Jungen, ein Kind, das sich etwas im Verborgenen hält, das gelernt hat, sich selbst klein zu halten, weil es so viel gibt, das nicht erlaubt ist. Lade dieses Kind nun ein, mit dir zu spielen; behandele es mit Achtung und bitte es, nach außen zu treten, ins Licht. Begrüße das Kind in dir, heiße es willkommen und frage es, was es von dir braucht. Wie kannst du dein eigenes Kind im Alltag unterstützen, bestärken und ihm Mut geben?

Nun möchte ich etwas über das Thema männliche und weibliche Energie und Beziehungen sagen. Dieses Thema knüpft bei Menschen nahe am Bereich des Bauches an. Sexualität und Partnerliebe rufen in Menschen tiefe Emotionen wach. Extreme von Licht und Dunkel. Im einen Extrem gibt es die Freude und die Ekstase des Zusammenseins mit einem

Gleichgesinnten, mit einem Partner, den du liebst und von dem du dich wahrgenommen und anerkannt fühlst. Oft gibt es am Anfang einer Beziehung Momente der Ekstase und Freude, die ihr 'Verliebtheit' nennt. Diese Momente bilden eine Einladung, einander zu entdecken und kennen zu lernen. Jeder wird tief berührt von der Sehnsucht nach Liebe, von Verliebtheit und von Sexualität. Die tiefste Bedeutung einer sexuellen Beziehung ist, dass ihr einander auf allen Ebenen begegnet: Kopf, Herz und Bauch. Eine solche Begegnung öffnet zwei Seelen füreinander und ist ein enormer Impuls zu innerlichem Wachstum und Selbstverwirklichung. Solch eine Liebesbegegnung nenne ich darum auch heilig. Und die Sexualität, die in solch eine liebevolle Begegnung mit hinein genommen wird, ist ebenfalls heilig.

Es sind allerdings rund um Sexualität viele Tabus entstanden. Die sogenannten dunklen Kräfte in einem Menschen, nämlich Passion, Lust und Leidenschaft, sind lange Zeit verurteilt worden, und darum ist es für Menschen nicht mehr selbstverständlich, sich mit diesen Kräften mitzubewegen und darauf zu vertrauen, dass diese Kräfte aus ihrer Natur heraus eine Verbindung mit dem Herzen und dem Kopf herstellen möchten. Durch all das Urteilen in den Menschen ist eine Spaltung entstanden zwischen dem, was ihr 'höhere Gefühle' und 'niedere Gelüste' oder 'Begierden' nennt, und dies ist eine sehr künstliche Spaltung, die Menschen zur Verzweiflung treiben kann, denn ihr könnt nicht ohne Bauch leben. Ihr kommt nicht daran vorbei, dass ihr Begierden und Sehnsüchte habt, die manchmal Grenzen überschreiten und von denen ihr nicht wisst, wie ihr mit ihnen umgehen sollt. Dies wird euch auch nicht beigebracht. In den meisten spirituellen Traditionen wurde keine Freundschaft mit diesen Kräften, diesen Naturkräften der Passion und Leidenschaft geschlossen. Dafür plädiere ich hier und jetzt. Ihr könnt nur dann eine Brücke zwischen Herz und Bauch, zwischen Himmel und Erde schlagen, wenn ihr den tiefen Kräften vertraut, die sich aus eurem Körper heraus ankündigen.

Ich möchte auf den Beginn von Liebesbeziehungen zurückkommen, einer Phase, in der sich oft eine Urkraft zeigt, die Menschen mitreißt. Verliebtheit ist etwas, das ihr nicht kontrollieren könnt. Sie überkommt euch mehr oder weniger, ihr werdet von ihr mitgerissen. Es besteht eine große Anziehungskraft zu einer anderen Person, die euch dazu zwingt, allerlei Sicherheitsmaßnahmen und Barrieren loszulassen, die ihr aufgebaut hattet. Ihr werdet eingeladen, euch in der Beziehung zu einem anderen Menschen zu öffnen, euch verletzbar zu machen. Wenn dieser Andere dies ebenso empfindet, kann das der Beginn von einer prachtvollen und leidenschaftlichen Begegnung sein. Im gleichen Maße wie die Menschen einander näher kommen und zusammen leben, wird die Verliebtheit langsam in eine eher irdische Liebe transformiert werden. Dies ist eine Liebe, die auch den Schmerz und die dunkleren Teile im Anderen anschauen und damit umgehen möchte. Das ist ein Schritt, der für viele Menschen schwer zu bewerkstelligen ist. Die anfängliche Strömung der Anziehungskraft, Liebe und Verliebtheit ist ein Eingang, durch den ihr Zugang zu allen Ebenen bekommt, die euch mit einem Anderen verbinden können. Früher oder später werden Aspekte in eurem Partner sichtbar werden, die euch missfallen und ärgerlich oder wütend machen. Der Andere ist nicht euer 'Retter', der euch ganz machen oder erlösen wird. Ihr habt euren eigenen Pfad zu gehen, auch wenn ihr einander sehr nahe steht. Das sind Einsichten und Erkenntnisse, die innerhalb der Beziehung wachsen und die euch dazu zwingen, eure eigene Dunkelheit anzuschauen und ebenso auch eure unbewussten Sehnsüchte nach totaler Liebe und die Neigung, all das von einem anderen bekommen zu wollen.

So seht ihr, dass eine Naturkraft wie Verliebtheit euch zunächst in einen Zustand der Ekstase bringt, um euch danach dazu zu 'zwingen', in die Tiefe zu gehen, vom Licht in die Dunkelheit hinein. Und mit Dunkelheit meine ich nichts Verkehrtes oder Schlechtes, sondern einfach die Anteile in euch und im Anderen, die noch nicht im Licht erscheinen durften. Wenn ihr auf die Kräfte in eurem Bauch, eure Sehnsüchte und Leidenschaften vertraut und ihnen ein Bewusstsein hinzufügt, das schaut und entspannt ist und nicht urteilt, dann beginnt die innerliche Transformation, die eine Liebesbeziehung euch bringen kann. Ihr bringt dann Ekstase und Bewusstsein zusammen. Dann nehmt ihr einen Tanz miteinander auf, der Tiefe hat und der auch Tiefpunkte kennt, aber es besteht dann Echtheit zwischen zwei Menschen. Eine erdige, irdische reale Liebe.

Ich bitte euch, euch nochmals eures Bauches bewusst zu werden. Eurer Sehnsucht nach Liebe, aufrichtiger menschlicher Liebe in einer Beziehung, aber auch in einer Freundschaft. Immer wenn ihr auf vertrauter Ebene mit einem Anderen verkehrt, besteht eine Dynamik der Anziehung, aber auch die Notwendigkeit, ganz bewusst und still bei dem zu verweilen, was der Andere in euch berührt. Vertraut auf diesen Prozess, seid nicht enttäuscht oder desillusioniert wegen des Schmerzes, den eine intime Beziehung manchmal zuwege bringt. Es geht um euch und darum, wie ihr hiervon lernt und dadurch wachst. Öffnet euch von der Ebene des Bauches aus für die Liebe. Traut euch, wieder zu leben und offen zu sein für wirklichen Kontakt mit dem Anderen. Und auch wenn ihr bereits länger in einer Beziehung seid und aneinander gewöhnt seid - wenn ihr schon lange zusammenlebt und einander sehr gut kennt - öffnet euch immer aufs Neue, fühlt wieder das Staunen und die Anziehungskraft, die ihr dem Anderen gegenüber einst fühltet. Nehmt nicht selbstverständlich an, dass ihr den Anderen so gut kennt. Es gibt immer neue und unbekannte Bereiche in seinem oder ihrem Bewusstsein.

Wenn ihr so offen seid für alles, was es auf der Ebene eures Bauches gibt, auf der Ebene intimen Kontaktes, dann kann euer Seelenlicht hinein tauchen. Das liebevolle Bewusstsein in eurem Herzen beginnt mit euren irdischen Leidenschaften und Sehnsüchten und auch mit eurem Schmerz, eurem Zweifel und eurer Angst zusammenzuarbeiten. Dort, in der Verbindung von Herz und Bauch, findet die Alchemie des Bewusstseins statt.

Ich danke euch für eure Aufmerksamkeit und möchte euch bitten, euch für einen Moment für die große Liebeskraft zu öffnen, die hier gegenwärtig ist. Sie stammt von euren Führern, euren eigenen Seelen und der Quelle, die in allem lebt. Nehmt das hier versammelte Licht in euch auf, auch dann, wenn ihr dies später in einem Buch lest, ist das Licht für euch gegenwärtig. Es ist nicht zeit- oder ortsgebunden. Dieses Licht ist es, wer ihr in der Essenz seid. Es ist für euch da und es ist ebenso auch von euch.

In diesem Licht sind wir alle miteinander verbunden.

Danksagung

Für die deutsche Veröffentlichung von „Gespräche mit der verbotenen Frau“ bin ich meinem Verleger Robert Rother, meiner Übersetzerin Yvonne Mohr und meiner Lektorin Ingrid Riemann sehr dankbar.

Vielen Dank, dass sie ihre Fähigkeiten, ihre Zeit und ihr Engagement großzügig geteilt haben.

Die Veröffentlichung meiner inzwischen vier Bücher auf Deutsch begann vor mehreren Jahren mit dem unermüdlichen Einsatz und der innigen Motivation von Gabriele Rother, die 2017 leider verstorben ist. Sie hat viele meiner Arbeiten auf Deutsch übersetzt und veröffentlicht, aufrichtig inspiriert durch das Christusbewusstsein, welches auch die Quelle meiner Bücher ist.

Mit der Veröffentlichung dieses Buches denke ich an sie mit tiefer Zuneigung und Dankbarkeit. Danke Gabriele, dass du Licht in diese Welt gebracht hast.

Ich sehe dich da oben lächeln. Du erinnerst uns daran, mit Freude statt mit purem Ernst den Weg zum Herz-getragenen Bewusstsein zu gehen. Du gehörst zu meiner Familie.

Gabriele, auch wenn du nicht selbst Geburtshelferin für dieses neue Buch sein konntest, waren andere Engel anwesend, die sich darum kümmerten. Ich sehe dich als die große Mutter von allem.

Kontaktdaten

Mehr Informationen über die Arbeit von Pamela Kribbe unter:
www.pamela-kribbe.nl, oder aber Mail-Kontakt über:
pamela@jeshua.net.

Weitere Publikationen im Verlag EFT-Edition

Der „zufällige“ Kontakt zu Dr. phil. Pamela Kribbe, die hauptsächlich Jeshua channelt und deren Channelings wir als sehr anregend, praktisch und berührend empfanden, hat den Weg gebahnt für wichtige und berührende Bücher. Es war eine große Synchronizität am Werk, die uns zusammen brachte und dazu führte, dass wir im Dezember 2013 mit großer Freude ihr erstes Buch, die Jeshua Channelings veröffentlichten!

Die Jeshua-Channelings

von Pamela Kribbe

Die Jeshua Channelings sind eine Serie von inspirierten Botschaften über die Transformation des Bewusstseins in der heutigen Zeit. Die Menschheit wächst in ein Herz-basiertes Bewusstsein, in eine Anerkennung der Einheit all dessen, was ist und dem Loslassen von Angst basierten Wegen des Lebens und des Denkens. Die Botschaften von Jeshua werfen ein Licht auf die Geschichte und Bestimmung unserer Seelen und gleichzeitig handeln sie von den alltäglichen Dingen wie Beziehungen, Gesundheit, Arbeit und mehr.

Sie sind in einer verständlichen Sprache geschrieben und berühren mit ihrer Klarheit und praktischen Art.

ISBN 978-3-938814-14-7, 300 Seiten, Softcover, 23,90 €
Auch als eBook und als Hörbuch erhältlich

Im August 2014 erschien dann das nächste Buch von Pamela Kribbe, gefüllt mit so viel Inspirationen und segensreichen Botschaften, die zumindest mein Leben mit einer Erweiterung und Vertiefung meines Verständnisses des Lebens aus dem Herzen gesegnet hat!
Vielen anderen Menschen geht es ebenfalls so, vor allem ist das Buch auch anziehend für jene, die eine tiefere Sicht auf die Dinge haben möchten und echte, praktische Hinweise, wie sich Leben aus dem Herzen im Alltag verwirklichen lässt!

Leben aus dem Herzen - Botschaften inspiriert durch das Christusbewusstsein
von Pamela Kribbe

Leben aus dem Herzen ist Leben entsprechend dem Ruf Deiner Seele. Du kannst das Rufen Deiner Seele an den Gefühlen der Freude, des Friedens und der Inspiration erkennen, die sie Dir bringt. Trotzdem, es zu wagen Deinem Herzen zu vertrauen, beinhaltet oft einen Sprung ins Ungewisse. Du magst mit tiefsitzenden

Ängsten über Deinen eigenen Wert konfrontiert werden und mit Deiner Fähigkeit, Deinem eigenen Weg zu folgen. Dieses Buch ist ein liebevoller Führer auf Deinem Weg in ein herzzentriertes Leben. Es enthält klare und informative Botschaften inspiriert durch die Christusenergie. Sie behandeln verschiedene Themen wie Deine wahre Passion zu finden, wie man ausgeglichene Partnerschaften schafft, den neuen, sensitiven Kindern Eltern zu sein und emotionale Heilung im Angesicht von Angst und Depression. Sie sprechen ebenso von der grundlegenden Transformation, durch die die Menschheit geht, das Ego-basierte Bewusstsein loszulassen und ein Herz-basiertes Bewusstsein zu entwickeln.

ISBN 978-3-93881418-5, 296 Seiten, Softcover, 23,90 €
Auch als e-Book erhältlich

Im folgenden Buch von Pamela Kribbe geht es um ihre ganz persönlichen Erfahrungen mit einer Psychose, und auch den Erfahrungen ihres Mannes und ihrer Freunde, die sie während dieser Zeit begleitet haben. Wir alle kennen diese Dunkle Nacht der Seele, die trotz aller Schwere ein Geschenk der Seele darstellt. Empfehlenswert für alle, die selbst oder aus der Nähe Depressionen und Verzweiflung erleben...

Die Nacht meine Seele
von Pamela Kribbe

In diesem sehr persönlichen Buch schildert Pamela Kribbe ihre eigene Erfahrung mit einer tiefen Depression, der Reise durch die Dunkelheiten ihrer Psyche, der Nacht der Seele. Sie macht Mut, die herkömmlichen Methoden der Psychiatrie mit den spirituellen Ansätzen zu verbinden, um beides in einer geerdeten und ganzheitlichen Form zum Wohl der Menschen einzusetzen.

Im zweiten Teil des Buches gibt es weitere gechannelte Texte über die Nacht der Seele. Eine Quelle der Ermutigung und des Verständnisses für diese wichtigen Erfahrungen auf unserer Seelenreise als Mensch.

ISBN 978-3-938814-18-5, Softcover, 360 Seiten, 23,90 €
Auch als e-Book erhältlich

Der Innere Christus
von Pamela Kribbe

In diesem Buch, welches gerade in Vorbereitung ist und im Frühjahr 2016 erscheinen wird, geht es vertieft um das Erwachen der Seele in der Christus-Energie. Viele Channelings von Jeshua, Mutter Erde, Maria Magdalena und Maria geben tiefe und sogleich praktische Hinweise und Anleitungen für einen Alltag, in dem das Erwachen des Inneren Christus in unserem Herzen im Mittelpunkt steht.

Es ist wieder eine Sammlung von Juwelen für die Seele und ebenso praktische Hinweise für den Umgang mit Ängsten und Schwierigkeiten, die sich im Alltag zeigen.

ISBN 978-3-938814- 37-6, Softcover, 300 Seiten, 19,95 €

Es ergab sich dann eine weitere Serie von Synchronizitäten, woraus die „Erste Hilfe" Bücher von Christine Stark und Ashtar mit praktischen Anleitungen und Besipielen zum Aufbau der Neuen Erde in unseren Verlag kamen.

Band I *"Erste Hilfe"* für Gaia und ihre Kinder - Hinweise und Anleitungen für den Aufbau der Neuen Erde *durchgegeben von Ashtar, dem Kommandanten der Lichtflotte der Galaktischen Föderation des Lichts und seinen Mitarbeitern* - Schriftführerin Christine Stark

„Alles Leben ist Veränderung!“ In Zeiten von gewaltigen Umbrüchen, wie wir es als Einzelne und kollektiv als Menschheit und mit unserer schönen Erde erfahren, brechen auch alte Paradigmen zusammen. Die Galaktische Föderation des Lichts mit Ashtar als dem Kommandanten ihrer Lichtflotte mag von manchen noch als irreal abgetan werden - Fakt ist aber, dass seine Durchsagen an Christine Stark einen Klang von Echtheit und Umsetzbarkeit enthalten, der anziehend wirkt. Wir als Menschen werden aufgefordert, unsere Arbeit zu tun - weit entfernt, uns von äußeren Rettungsaktionen abhängig zu machen - bekommen wir konkrete Anweisungen, die schnell und praktisch umsetzbar sind, um schwierige Situationen aller Art zu besänftigen, zu heilen und umzuwandeln. Nicht nur für uns persönlich, sondern für alles, was existiert - wozu auch das Wesen Gaia gehört, unsere Mutter Erde!

So ist dieses Buch ein weiteres Hilfsmittel, was Menschen in diesen Zeiten von Verwirrung und Umbrüchen begleitet, ihre eigene Kraft zu finden und zu nutzen - zum eigenen Wohl und zum Wohle aller und allem. Dieses Buch richtet sich an alle, die kurz und prägnant Hilfestellungen für verschiedene Situationen bekommen möchten: Heilung, Reinigung, Umwandlung und dem Nutzen der ureigensten Kräfte mit Unterstützung des Hohen Selbst und den Kräften des Lichts.

ISBN 978-3-938814-31-4, Softcover, 120 Seiten, 9,90 €
Auch als eBook erhältlich

Dieses war das erste Buch von Ashtar und Christine, was in unserem Verlag erschien! Ziemlich genau ein Jahr nach Erscheinen des ersten Bandes der „Erste Hilfe“ für Gaia und Ihre Kinder, kam der zweite Band - wieder mit großer Unterstützung aus der Geistigen Welt!

"Erste Hilfe" **für Lichtarbeiter - Hinweise und Anleitungen für die energetische Reinigung und Instandhaltung der Seele**

von der Galaktischen Föderation des Lichts und
Christine Stark

Ein weiteres hilfreiches Buch von Ashtar und seine Freunden, aufgeschrieben von Christine Stark.

Eine wunderbare Ergänzung zum ersten Buch „Erste Hillfe für Gaia und ihre Kinder“ - diesmal mit dem Schwerpunkt auf der persönlichen Entwicklung ein einem Physischen Körper auf dieser wunderbaren Erde!

Jetzt drängt es vielee Seelen, die Altlasten von spirituellem Missbrauch und vielfältigen traumatischen Erfahrungen aus anderen Inkarnationen gründlich zu heilen - und damit nicht nur sich selbst, sondern auch GAIA und ihren Kindern einen großen Dienst zu erweisen! Zur Heilung dieser Altlasten gehört auch das Wissen um neue Möglichkeiten und der energetischen Psychologie. Ashtar und seine Freunde vermitteln den Heilerinnen und Heilern der ERDE die kosmischen Gesetzmäßigkeiten von Seelenheilung und Seelenwisssenschaft, darunter auch Themen wie Besetzung, Implantate und Selenaustausch-Programme.

So machen wirkungsvolle Anleitungen und Hinweise für das Erkennen und den Umgang mit diesen Phänomenen dieses Buch zu einer großen

Hilfe für alle Lichtarbeiter, die zu einer erweiterten Heilung beitragen möchten.

ISBN 978-3-938814-33-8, 280 Seiten, Softcover, 19,95 €

Die Fortsetzung des Bestsellers von Christine Stark „Erste Hilfe" für Gaia und Ihre Kinder. In diesem dritten Buch von Ashtar und Christine Stark geht es um ganz konkrete Maßnahmen zur Heilung der Erde, dei ebenso praktisch und inspirierend sind, wie in den vorhergehenden Büchern.

"Erste Hilfe" für Gaia und ihre Kinder Band 2- Praktische Anleitungen zur Heilung der Erde

durchgegeben von Ashtar, dem Kommandanten der Lichtflotte der Galaktischen Föderation des Lichts und seinen Mitarbeitern - Schriftführerin Christine Stark

Die Fortsetzung des Bestsellers von Christine Stark „Erste Hilfe" für Gaia und ihre Kinder. In diesem dritten Buch von Ashtar und Christine Stark geht es um ganz konkrete Maßnahmen zur Heilung der Erde, die ebenso praktisch und inspirierend sind, wie in den vorhergehenden Büchern.

Ashtar und seine Freunde weisen auf unsere Verantwortung und unsere göttliche Kraft hin, mit der wir ermächtigt sind, all die unterstützenden geistigen Ebenen um Hilfe zu bitten und vor allem selbst zu handeln! Die Reinigung und Heilung der Erde und all der Wesen besonders auf der astralen und kausalen Ebene ist in dieser Zeit des Übergangs eine der wichtigsten Aufgaben für Lichtarbeiter und Erdheiler!

Praktische Anweisungen und Humor, und auch deutliche „Schubser", unserer eigenen Intuition und göttlichen Kraft zu vertrauen, ebenso wieder viele Beispiele aus Christines „Schulung" und Führung, machen dieses Buch zu einem wertvollen Begleiter. Energetisch ist es deutlich spürbar, wie der Segen und die Unterstützung unserer kosmischen Sternenbrüder und Sternenschwestern den Inhalt und die Schwingungen des Buches prägen!

Mögen alle und alles gesegnet sein - auf dem Weg der Erkenntnis und des Erwachens in neue Ebenen der Liebe und des Lichts!

ISBN 978-3-938814-49-9, 286 Seiten, Softcover, 19,95 €

Aus dem reichen Erfahrungsschatz mit EFT entstand die Sammlung der Newsletterbeiträge von 2007 - 2012.

Befreit & leicht mit EFT - Das Beste aus den EFT Info Newslettern 2007-2012 der ATEB EFT-Akademie
eBook von Gabriele Rother

Klopfvorschläge, Tipps und Fallbeispiele rund um EFT aus der langjährigen Praxis von EFT-Trainerin und Heilpraktikerin Gabriele Rother. Viele Möglichkeiten zur effektiven Auflösung von Stress, Angst und Traumata und Erleichterung für Alltag und Praxis für sich selbst und andere.

ISBN 978-3-938814-11-6

Doppel-DVD
EFT lernen & anwenden
mit
Robert & Gabriele Rother

Die beiden EFT-Trainer und Profis Gabriele & Robert Rother stellen die EFT-Klopfakupressur vor und zeigen, wie Sie Stress, Ängste und Blockaden mit EFT für sich selbst leichter lösen können.

ISBN 978-3-938814-03-1

Doppel-DVD
EFT Intensiv Entfaltung
mit
Robert & Gabriele Rother

Fernab von den üblichen Heilsversprechungen zeigt dieser Film die authentische Befreiung von emotionalen Lasten und Selbstsabotage mit EFT Klopfakupressur. Sieben Frauen teilen ihre persönlichen Geschichten, in denen sich jeder wiederfinden kann. Sie zeigen durch ihre Erfahrungen in der EFT Intensiv Entfaltung, geleitet von Gabriele & Robert Rother, wie wirksam sich mit dieser einfachen Technik das eigene Leben zum Besseren ändern lässt.

ISBN 978-3-938814-05-5

Entdecken Sie Ihre erstaunlichen Fähigkeiten mit EFT
von Betty Moore-Hafter

Die erfahrene EFT- und Hypno-Therapeutin Betty Moore-Hafter verbindet Elemente der Hypnotherapie mit EFT Klopfakupressur und zeigt überraschende und wirksame Lösungen für viele Probleme.

ISBN 978-3-938814-00-0
Softcover, 277 Seiten

Alle Titel sind erhältlich über www.eft-edition.com oder direkt bestellen bei office@eft-edition.com

Herzlichen Dank an alle Beteiligten für ihren Beitrag!